全国中医药行业高等职业教育"十二五"规划教材

医药广告实务

（供药品经营与管理、药品服务与管理专业用）

主　编　张　丽（山西药科职业学院）

副主编　郑　林（贵阳中医学院）

　　　　郑秋莹（北京中医药大学）

编　委　（以姓氏笔画为序）

　　　　王秋红（南阳医学高等专科学校）

　　　　李　波（山东中医药高等专科学校）

　　　　张　平（湖南中医药高等专科学校）

　　　　张　乾（山西药科职业学院）

　　　　夏　冬（辽宁医药职业学院）

主　审　高环成（山西医科大学汾阳学院）

中国中医药出版社

·北京·

图书在版编目（CIP）数据

医药广告实务/张丽主编 . —北京：中国中医药出版社，2017. 1（2022.7重印）
全国中医药行业高等职业教育"十二五"规划教材
ISBN 978 - 7 - 5132 - 3779 - 6

Ⅰ . ①医…　Ⅱ . ①张…　Ⅲ . ①医药学 - 商业广告 - 高等职业教育 - 教材
Ⅳ . ①F713.80

中国版本图书馆 CIP 数据核字（2016）第 269202 号

中 国 中 医 药 出 版 社 出 版
北京经济技术开发区科创十三街 31 号院二区 8 号楼
邮政编码　100176
传真　010-64405721
山东润声印务有限公司印刷
各地新华书店经销
＊
开本 787×1092　1/16　印张 17.5　字数 394 千字
2017 年 1 月第 1 版　2022 年 7 月第 4 次印刷
书　号　ISBN 978 - 7 - 5132 - 3779 - 6
＊
定价　49.00 元
网址　www.cptcm.com

全国中医药职业教育教学指导委员会

张美林（成都中医药大学附属医院针灸学校党委书记、副校长）

张登山（邢台医学高等专科学校教授）

张震云（山西药科职业学院副院长）

陈　燕（湖南中医药大学护理学院院长）

陈玉奇（沈阳市中医药学校校长）

陈令轩（国家中医药管理局人事教育司综合协调处副主任科员）

周忠民（渭南职业技术学院党委副书记）

胡志方（江西中医药高等专科学校校长）

徐家正（海口市中医药学校校长）

凌　娅（江苏康缘药业股份有限公司副董事长）

郭争鸣（湖南中医药高等专科学校校长）

郭桂明（北京中医医院药学部主任）

唐家奇（湛江中医学校校长、党委书记）

曹世奎（长春中医药大学职业技术学院院长）

龚晋文（山西职工医学院/山西省中医学校党委副书记）

董维春（北京卫生职业学院党委书记、副院长）

谭　工（重庆三峡医药高等专科学校副校长）

潘年松（遵义医药高等专科学校副校长）

秘　书　长　周景玉（国家中医药管理局人事教育司综合协调处副处长）

前　言

中医药职业教育是我国现代职业教育体系的重要组成部分，肩负着培养中医药多样化人才、传承中医药技术技能、促进中医药就业创业的重要职责。教育要发展，教材是根本，在人才培养上具有举足轻重的作用。为贯彻落实习近平总书记关于加快发展现代职业教育的重要指示精神和《国家中长期教育改革和发展规划纲要（2010—2020年)》，国家中医药管理局教材办公室、全国中医药职业教育教学指导委员会紧密结合中医药职业教育特点，充分发挥中医药高等职业教育的引领作用，满足中医药事业发展对于高素质技术技能中医药人才的需求，突出中医药高等职业教育的特色，组织完成了"全国中医药行业高等职业教育'十二五'规划教材"建设工作。

作为全国唯一的中医药行业高等职业教育规划教材，本版教材按照"政府指导、学会主办、院校联办、出版社协办"的运作机制，于2013年启动了教材建设工作。通过广泛调研、全国范围遴选主编，又先后经过主编会议、编委会议、定稿会议等研究论证，在千余位编者的共同努力下，历时1年半时间，完成了84种规划教材的编写工作。

"全国中医药行业高等职业教育'十二五'规划教材"，由70余所开展中医药高等职业教育的院校及相关医院、医药企业等单位联合编写，中国中医药出版社出版，供高等职业教育院校中医、针灸推拿、中医骨伤、临床医学、护理、药学、中药、中药鉴定与质量检测技术、现代中药技术、中药制药技术、中草药栽培技术、医药营销、药品经营与管理、中医保健康复技术、康复治疗技术、医学美容技术等16个专业使用。

本套教材具有以下特点：

1. 坚持以学生为中心，强调以就业为导向、以能力为本位、以岗位需求为标准的原则，按照高素质技术技能人才的培养目标进行编写，体现"工学结合""知行合一"的人才培养模式。

2. 注重体现中医药高等职业教育的特点，以教育部新的教学指导意见为纲领，注重针对性、适用性及实用性，贴近学生、贴近岗位、贴近社会，符合中医药高等职业教育教学实际。

3. 注重强化质量意识、精品意识，从教材内容结构、知识点、规范化、标准化、编写技巧、语言文字等方面加以改革，具备"精品教材"特质。

4. 注重教材内容与教学大纲的统一，教材内容涵盖资格考试全部内容及所有考试要求的知识点，满足学生获得"双证书"及相关工作岗位需求，有利于促进学生就业。

5. 注重创新教材呈现形式，版式设计新颖、活泼，图文并茂，配有网络教学大纲指导教与学（相关内容可在中国中医药出版社网站 www.cptcm.com 下载），符合职业院校学生认知规律及特点，以利于增强学生的学习兴趣。

在"全国中医药行业高等职业教育'十二五'规划教材"的组织编写过程中，得到了国家中医药管理局的精心指导，全国高等中医药职业教育院校的大力支持，相关专家和各门教材主编、副主编及参编人员的辛勤努力，保证了教材质量，在此表示诚挚的谢意！

我们衷心希望本套规划教材能在相关课程的教学中发挥积极的作用，通过教学实践的检验不断改进和完善。敬请各教学单位、教学人员及广大学生多提宝贵意见，以便再版时予以修正，提升教材质量。

国家中医药管理局教材办公室

全国中医药职业教育教学指导委员会

中国中医药出版社

2015 年 5 月

编写说明

《医药广告实务》是以加快发展现代职业教育的精神为指导，为适应高等职业教育教学改革的要求，满足中医药职业院校广告课程教学的迫切需要而编写。本教材由全国多所中医药院校中长期从事教学改革实践和教学经验丰富的教师共同参加编写，其中部分人员为双师型教师，身兼医药企业之职，使教材更具有实用性和实践性。

本教材不仅适合作为中医药院校高等职业教育药品经营与管理、药品服务与管理专业广告课程的通用教材，也可作为其他高等院校经营管理类专业的选用教材。

本教材从医药广告教学实际出发，根据实际工作岗位的需要，注重学生能力的培养和训练。全书内容精简实用，层次分明，形式多元化，趣味性、互动性强，更易于激发学生的学习兴趣；体例与设计上突出"任务驱动"，以项目为单元安排教学任务，围绕任务阐述教学内容，包含学习目标、课堂互动、阅读资料、经典案例、任务演练、目标检测等项目，有利于提高教学效果。

本教材共分为三个部分，八个项目。其基本内容如下：

第一部分，医药广告认知，包括项目一。介绍医药广告的含义、特征、原则、功能以及广告活动的基本运作机制，是本课程学习的基础。

第二部分，医药广告业务操作，包括项目二、三、四、五、六、七。按照广告运作流程分别介绍医药广告的策划、调研、创意、设计制作、广告媒体选择以及广告效果评估等广告业务知识和基本操作技艺，是本课程学习的重点。

第三部分，医药广告管理，包括项目八。介绍医药广告管理的法律法规、医药广告的行政管理、行业自律管理和广告社会组织监督管理，是本课程学习的补充。

本教材编写分工：项目一由张丽执笔，项目二由郑林执笔，项目三由郑秋莹执笔，项目四由张乾执笔，项目五由夏冬执笔，项目六由张平执笔，项目七由李波执笔，项目八由王秋红执笔。

在本教材的编写过程中，山西医科大学汾阳学院高环成教授于百忙中抽出时间审阅了全部书稿，提出了宝贵意见，在此表示衷心的感谢！

本教材参阅了大量相关的广告学文献和医药广告实例，在此也特向有关文献和广告资料的作者谨致谢意！

由于编者水平有限，本教材难免存在一些错误和不足之处，恳请专家、读者提出宝贵意见，以便进一步修订提高！

编者

2016 年 9 月

目　录

项目一 医药广告认知

学习目标

知识目标：了解广告的构成、类别、作用；熟悉广告的含义、特征、功能；重点掌握医药广告的含义、特征。

能力目标：能准确辨析一则具体广告的目的、功能、构成要素；能描述企业的广告业务流程。

任务1 医药广告概述

广告是现代社会生活不可缺少的一部分，对人们的生活和商业组织、大众传播等有关组织机构，都产生了广泛而深刻的影响。医药广告传播关系人类生命健康的信息，在广告中占有较大比重和分量，认识和研究医药广告，必须准确把握其内涵。

一、医药广告的含义和特征

（一）广告的含义和特征

1. 广告的含义

广告一词来源于拉丁文"Adverture"，原意为注意、诱导、披露的意思。后来演变为英语中的广告"Advertise"或"Advertising"，其含义是"一个人注意到某件事"，"通知别人某件事，以引起别人的注意"。直到17世纪末，英国开始进行大规模的商业活动，这时，广告一词才广泛地流行并被使用。此时的"广告"，已不单指一则广告，而指一系列的广告活动。

中文"广告"一词，即"广而告之"之意。广告有广义与狭义之分。广义的广告是指为了某种特定的需要，通过一定形式的媒体，公开而广泛地向公众传递信息的宣传手段，包括商业广告和非商业广告；狭义的广告是一种非义务性的商业宣传活动或宣传手段，专指商业广告。

商业广告，又称经济广告，是指以营利为目的的广告，是最主要的广告现象。通常是商品生产者、经营者和消费者之间沟通信息的重要手段，是企业占领市场、推销产品、提供劳务的重要宣传形式。如公共媒介对企业商品或劳务进行宣传的节目、营业现场的招贴、橱窗布置和商品陈列等。

非商业广告，又称非经济广告，也称效应广告，是向公众通知某一件事或劝告大众遵守某一规定，以达到某种宣传目的的非营利性广告。其内容和对象都比较广泛，如政府公告、教育启事、宗教声明、寻人启事、招聘信息、求职信息、挂失信息等。

我国新《广告法》以狭义的商业广告为调整对象，其第二条规定："在中华人民共和国境内，商品经营者和服务提供者通过一定的媒介和形式，直接或者间接地介绍自己所推销的商品或者服务的商业广告活动，适用本法。"

2. 广告的特征

（1）广告是一种有计划、有目的的活动（促进商品或劳务的销售）。

（2）广告是用以传递信息的（介绍或宣传商品与服务）。

（3）广告必须有明确的广告主或称广告客户（广告行为的主体）。

（4）广告需要借助一定的宣传媒体（报纸、杂志、电视、广播、网络等）。

（5）广告是要付费的（支付一定的宣传费用）。

（二）医药广告的含义和特征

1. 医药广告的含义

结合广告的含义及医药行业和医药商品的特点，可以认为：医药广告，是指医疗单位和药品企业承担费用，借助一定的传播媒体，有计划地将医疗服务和药品信息传递给消费者（受众），并指导其安全、合理、有效地就医用药，从而促进医药销售、树立医药企业品牌形象的宣传活动。

医药广告包括医疗广告和药品广告。医疗广告，是指利用各种媒介直接或间接介绍医疗机构或医疗技术及其服务的广告；药品广告，是指凡利用各种媒介发布的含有药品名称、药品适应证（功能主治）或者与药品有关的服务及其他内容的广告。

医药广告向广告受众所传递的信息包括医疗单位的医疗技术及其服务的信息、药品生产和经营企业的药品及其服务的信息。

2. 医药广告的特征

医药是关系人类生命安全与身体健康的特殊服务和商品，医药广告除了具有一般广告的特征外，还具有如下特征。

（1）针对性　医疗服务和药品针对具体的适应者和适应证，有严格的使用条件和范围，因此，医药广告必须措辞严谨、准确，绝不能含混不清。医药广告不得过分宣传有效率、治愈率和夸大疗效，否则只会适得其反而丧失广告的感召力。

（2）说理性　医药广告重点是把医疗服务和医药商品的适用范围、功效、不良反应等讲清楚。医药广告说理性极强，可以采用理性诉求广告方式，"说什么"比"怎么说"更重要，摒弃"能销售便是好广告"的传统信条。但绝大多数消费者不懂专业的医药知识，用过多的专业术语向受众进行专业的理性诉求，在药品广告应用中也是不可取的。

（3）**软广告性**　即故事性广告。医药广告是直接为人们健康服务的，相比之下具有更多的人情味，如果通过运用故事情节，以较多的就医、用药知识和诚恳的低姿态，更容易获取受众的良好印象。因此，医药广告不宜出现"选择××医院、购买××药品就是你明智的选择"等广告语。医药广告故事情节必须起于病理，归于产品，抓住关键进行诉求。尽量多采用生活化的语言，增加广告的亲和力，如某减肥产品的广告"小肚子一坐三个褶"。在生活中容易出现尴尬现象的疾病，往往更适合创作故事性软广告，如某脱发产品的广告"头发掉了，婚姻没了"。

案例 1 – 1

　　芬必得止痛药经过了 10 年的营销耕耘之后，在止痛剂市场上的知名度、美誉度均处于领先地位。它的广告创意表现已经不再是过去的"芬必得止疼痛，一天都轻松"或者"连续 12 小时持续发挥药效"之类的功能诉求，而是向观众展示清澈的海水中男女青年和海豚一起畅游的情景，通过海豚和人们轻松愉快的生活，传达"无痛世界自由自在"的心理感受。

阅读资料 1 – 1

经典药品广告语

"关键时刻，怎能感冒"——海王银得菲

"伤痛无忧，活力无限"——云南白药

"今年过节不收礼，收礼只收脑白金"——脑白金

"治疗感冒，黑白分明"——白加黑感冒药

"难言之隐，一洗了之"——洁尔阴洗液

二、医药广告的构成要素

　　概括地说，广告运作过程就是在一定的社会文化背景和政府政策法规及管理（广告环境）下，各厂商（广告主）委托广告公司（广告商）策划和制作广告（广告信息），然后通过大众传媒（广告媒体），将此特定广告信息传达给广大消费者（广告受众）。

　　由此可见，广告的构成要素主要有广告主、广告商、广告媒体、广告信息和广告受众等。医药广告要素与广告运作流程见图 1 – 1。

1. 广告主

　　我国《广告法》所称的广告主，是指为推销商品或者服务，自行或者委托他人设计、制作、发布广告的自然人、法人或者其他组织。医药广告主即承担费用向社会公众传递医药服务信息，最终获取经济利益的医疗单位、企业、其他经济组织或者个人。

　　广告主是整个广告活动中的主体，对广告活动起主导作用。广告主首先是决定广告目标和广告信息内容的主体，其次是广告经费的承担者。当然，广告主同时也是广告的

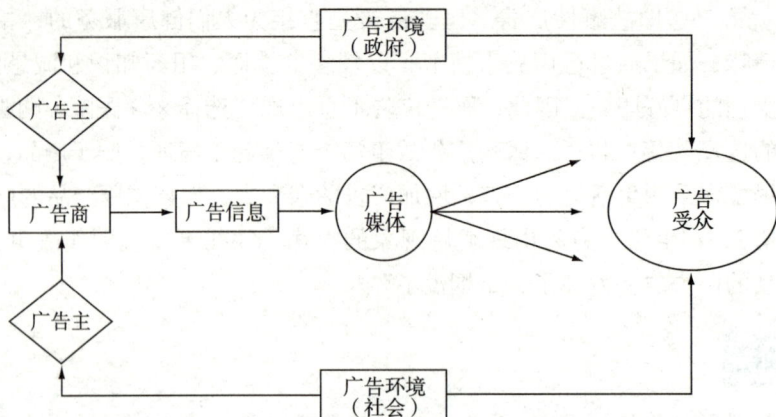

图1-1　广告要素与运作流程

责任主体，要对其所做广告的一切法律后果负责。

2. 广告商

广告商即广告经营者。我国《广告法》所称的广告经营者，是指接受委托提供广告策划、设计、制作、代理服务的自然人、法人或者其他组织，如广告代理公司、广告设计公司、广告制作公司等。

广告经营者在广告活动中扮演的是代理人的角色，面对广告主，它要以主人的意志为转移；面对广告受众，它又要对广大消费者负责。实力较强的企业也可以自设广告部门，策划、设计、制作广告。

3. 广告媒体

广告媒体包括传播广告信息的物体或工具以及从事广告发布业务的机构或主体。

我国《广告法》所称的广告发布者，是指为广告主或者广告主委托的广告经营者发布广告的自然人、法人或者其他组织。

我国《广告法》所称的广告代言人，是指广告主以外的，在广告中以自己的名义或者形象对商品和服务做推荐、证明的自然人、法人或者其他组织。

随着科学技术的进步和市场经济的发展，广告媒体的种类越来越多，凡是能影响人们的感官并能传播信息的物质都可以成为广告媒体。报纸、杂志、广播、电视、网络被称为五大广告媒体。

4. 广告信息

广告信息是广告传播的内容，即广告的客体。广告信息是广告赖以存在的基础，没有信息，广告就失去实际意义。广告信息的来源十分广泛，有经济方面的、政治方面的、文化方面的、地理方面的，也有日常生活等方面的。

5. 广告受众

广告受众是广告信息的接受者，是广告信息传播和影响的对象，是广告诉求的目标群体，是广告营销商品和服务的需求者、购买者和消费者。广告受众的范围可大可小，可根据企业营销计划和市场划分情况而定。

广告受众的情况十分复杂，有针对性地确定广告目标受众，是广告传播成败的一个关键因素。

三、医药广告的分类

广告有多种分类方法，根据不同的出发点和目的具有不同的分类方法，但最终都取决于广告主的需要或者是企业营销策略的需要。按照不同的需要和标准，广告可以划分为不同的类别。

（一）按广告的诉求方式分类

1. 理性诉求广告

理性诉求广告又称说明性广告。即广告采取理性的说服手法，有理有据地直接论证产品的优点与长处，通过诉求消费者的理智来传达广告内容，让消费者理智地权衡判断，进而购买使用。理性诉求方式主要是影响消费者的认知。例如，哈尔滨制药六厂盖中盖的广告"盖中盖含钙沉淀剂，能有效将钙沉淀在骨骼上"；上海黄金搭档生物科技有限公司黄金搭档的广告"花一样钱，补五样"。

2. 感性诉求广告

感性诉求广告又称暗示广告、兴趣广告、诱导性广告或软性广告。即广告采取感性的说服方式，从感情和情绪等方面沟通，向消费者诉之以情，使他们对广告产品产生好感，进而购买使用。感性诉求广告不做功能、价格等理性化指标的介绍，而是把商品的特点和产品能给消费者提供的利益点，用富有情感的语言、画面、音乐等手段表现出来。感性诉求方式主要是影响消费者的情感。例如，雀巢咖啡历久不衰的"味道好极了"；上海家化美加净护手霜广告"放我的真心在你的手心"等。

医药广告感性诉求比理性诉求更吸引人。感性诉求是指药品广告将病症危害、生活尴尬、产品效果巧妙融到一起，文案充满趣味性，语言生动，有故事情节，读广告如同看小说，能有效增强广告的亲和力。同时，通过新奇、幽默甚至荒诞的故事，采用生活情景式的素描手法，一定程度上能实现广泛传播的效应，使广告效果不仅局限于直接受众，还能形成二次传播甚至多次传播。

阅读资料 1 - 2

广告诉求

诉求（Appeal），是制订某种道德、动机、认同，或是说服受众应该去做某件事的理由。诉求分三类，理性的、感性的和道义的。诉求所用语句应具有强烈的感染力。

广告诉求，是指广告通过媒介向目标受众诉说，以求达到所期望的反应，诉以愿望或需要，以博取受众关心或共鸣，最终达到诱导受众购物的目的。

广告诉求是商品广告宣传中所要强调的内容，俗称"卖点"，它体现了整个广告的宣传策略，往往是广告成败关键之所在。倘若广告诉求选定得当，会对消费者产生强烈的吸引力，激发起消费欲望，从而促使其实施购买商品的行为。

广告要进行有效诉求，必须具备三个条件：正确的诉求对象、诉求重点和诉求方法。诉求对象，即某一广告的信息传播所针对的那部分消费者；诉求重点，即广告中向诉求对象重点传达的广告目标和诉求对象的需求信息；诉求方法，即广告的说服方式，从性质上分为理性诉求和感性诉求两类。

课堂互动

处方药广告很难强调感性的东西，毕竟话语权不在患者这里。您认为呢？

（二）按广告的直接目的分类

1. 商品销售广告

商品销售广告，即以促进产品的销售为直接目的，向目标受众介绍有关商品信息，突出商品特性的广告。它力求产生直接和即时的广告效果，在目标受众的心目中留下美好的产品形象，从而扩大产品销售，实现赢利的目标。商品广告是最常见的广告。

2. 企业形象塑造广告

企业形象塑造广告，即以宣传企业理念、树立企业形象、提高企业信誉为直接目的的广告。它着眼于长远的营销目标和效果，侧重于传播企业的信念、宗旨或是企业的历史、发展状况等信息，改善和促进企业与公众的关系，增进企业的知名度和美誉度。它对加速企业的发展具有其他类别的广告所不可具备的优势，是一种战略意义上的广告。

3. 品牌传播广告

品牌传播广告，即以树立产品的品牌形象、提高品牌的市场占有率为直接目的，突出传播品牌的个性，以塑造品牌良好形象的广告。它不直接介绍产品，而是以品牌作为传播中心，从而为促进该品牌的产品销售起到很好的配合作用。

4. 观念推广广告

观念推广广告，即广告主把自己所推崇的某种观念向大众传播，以建立或改变某种消费观念和消费习惯的广告。此类广告一般表现为企业精神、口号、奋斗目标，或对大众的希望等，有助于企业获得长远利益。例如，在可口可乐独霸美国饮料市场的情况下，"七喜汽水"有意识地通过广告宣传，把饮料分为可乐型与非可乐型两大类，从而作为非可乐型饮料脱颖而出，打破了可乐型饮料的垄断地位。

（三）按广告在产品不同生命周期的表达分类

1. 报道式广告

报道式广告，又称介绍性广告、告知性广告。即运用陈述的方式介绍产品的名称、功能、使用方法等特征，以促使消费者知晓该商品并产生初级需求的广告。主要指新产品上市即产品引入期的广告。

2. 劝导式广告

劝导式广告，又称比较式广告、说服性广告。即通过自己产品和服务独特优点的宣传，使消费者选择并认购的广告。广告重点在于突出自己商品的与众不同，因而，许多国家在广告立法上对其有一定的限制。这类广告主要指产品成长期与成熟期的广告。

3. 提醒式广告

提醒式广告，又称提示性广告、备忘式广告。主要指在产品衰退期，产品已经为大众熟悉，经常将产品的品牌提示给大众，以唤起消费者记忆和继续购买的广告。目的是延长产品的生命周期。

（四）按广告媒体的使用分类

1. 印刷类广告

印刷类广告主要指印刷品广告和印刷绘制广告。印刷品广告包括报纸广告、杂志广告、图书广告、招贴广告、传单广告等；印刷绘制广告包括墙壁广告、路牌广告、工具广告、包装广告、挂历广告等。

2. 电子类广告

电子类广告主要指广播广告、电视广告、电影广告、电脑多媒体广告、电子显示屏幕广告、霓虹灯广告等。

3. 实体展示广告

实体展示广告主要指实物广告、橱窗广告、赠品广告、展示会广告等。

4. 其他广告

其他广告主要指一些新兴的、特殊的广告，如烟幕广告、电视墙广告、香味广告、POP 广告、DM 广告、体育广告、人体广告等，不胜枚举。

（五）按广告诉求对象的不同分类

1. 消费者广告

消费者广告是指由商品生产者或经销商向最终消费者传播其商品信息的广告。此类广告一般在大众媒体发布。

2. 产业用户广告

产业用户广告是指向生产者传播有关原材料、机械器材、零配件等生产资料信息的广告。此类广告常在专业杂志和专用媒体上发布。

3. 经销商广告

经销商广告是指以获取大宗交易的订单为目的，向有关经销商提供样本、商品目录等商品信息的广告。此类广告比较注重在专业杂志上刊登。

4. 专业广告

专业广告主要是针对职业团体或专业人士的广告，如医生、美容师、建筑设计人员等。此类广告多介绍专业产品，选择专业媒介发布。

除上述分类之外，广告还有许多分类方法。如按广告产生效果的快慢，可分为时效性和迟效性广告；按广告在传播时间上的要求，可分为时机性、长期性和短期性广告；按广告传播覆盖地区的不同，可分为全球性、全国性、区域性和地区性广告等。

■ **课堂互动**

请你说出医药广告目前运用的一些新型的广告宣传媒体。

四、医药广告的基本原则

现代市场营销以满足顾客需求为中心，广告宣传亦需要顾及宣传对象所能得到的利益。因此，医药广告活动必须遵守以下基本原则。

1. 合法性原则

医药广告活动的全过程必须按照有关法律、法规和政策所规范的内容、形式、范围、程序来进行，否则将会受到法律的严厉处罚。医药广告必须遵守的主要法律法规有《广告法》《药品管理法》《药品广告管理办法》《医疗广告管理办法》《药品广告审查标准》等。

比如，我国现行的《药品管理法》第六十条就明确规定：

药品广告的内容必须真实、合法，以国务院药品监督管理部门批准的说明书为准，不得含有虚假的内容。

药品广告不得含有不科学的表示功效的断言或者保证；不得利用国家机关、医药科研单位、学术机构或者专家、学者、医师、患者的名义和形象做证明。

非药品广告不得有涉及药品的宣传。

2. 真实性原则

真实性是医药广告的生命。广告所传播的信息必须真实、准确、可靠，不能虚夸，更不能伪造虚构；广告要以信为本，讲求信誉，一切承诺均应切实兑现；广告内容要完整，既介绍产品的优点，又要根据具体情况向社会公众提出必要的忠告。

医药类产品属于特殊商品，医药广告传递的医药信息稍有虚假或不慎，极易给消费者带来极大的身体和精神伤害以及经济损失，对社会的危害性巨大。因此，医药广告的真实性尤为重要，更来不得丝毫虚伪的内容，必须严格遵循真实性原则。我国在医药广告管理的相关法律法规中，对违反医药广告真实性原则的各种可能行为进行了明确的禁止，用法律的形式来确保医药广告的真实性原则。

阅读资料 1-3

国家食品药品监督管理总局关于 2015 年第一季度违法药品医疗
器械保健食品广告汇总情况的通报

食药监稽〔2015〕38 号

各省、自治区、直辖市食品药品监督管理局，新疆生产建设兵团食品药品监督管理局：

根据各省（自治区、直辖市）食品药品监督管理部门监测情况，总局现将2015年第一季度药品、医疗器械、保健食品违法广告情况通报如下。

一、总体情况

本期公告汇总期间，各省（自治区、直辖市）食品药品监管部门以发布《违法广告公告》方式，通报并移送同级工商行政管理部门查处的药品违法广告共41096条次，医疗器械违法广告共2882条次，保健食品违法广告共9956条次。38个药品和18个保健食品广告因严重篡改审批内容进行违法宣传，被撤销或收回广告批准文号。对违法广告涉及产品共采取暂停销售、限期整改措施41次。

二、情节严重的违法广告

（一）贵州安平民族制药有限公司生产的药品"枫荷除痹酊（广告中标示名称：火麒麟）"，其功能主治为"苗医：抬奥、抬蒙；僵健风，潘村，莫干己。中医：祛风除湿，舒筋活血，通络止痛。用于寒湿阻络引起的手足麻木，关节肿痛，腰腿疼痛"。广告宣称"风湿骨病吃药多年，不如苗药喷骨几十天，颈椎病快速见效，腰突一喷一揉疼痛消，骨质增生一喷一揉就见效"等。

（二）乌兰浩特中蒙制药有限公司生产的药品"哈敦海鲁木勒十三味丸（广告中标示名称：九九肠胃康）"，其功能主治为"清腑热，消'粘'，止痢。用于胃肠痉挛，呕吐，腹泻，赤白痢疾"。该药品为处方药，禁止在大众媒介发布广告。广告宣称"胃肠病保证治一个好一个，胃肠同治第一方，病除只需三剂药，根治胃肠有奇效"等。

（三）陕西白云制药有限公司生产的药品"天麻头风灵胶囊（广告中标示名称：金沐方）"，其功能主治为"滋阴潜阳，祛风，强筋骨。用于一般性头痛，手足麻木，慢性腰腿酸痛"。广告宣称"治好麻木只需三盒药：一盒祛风邪，周身关节不酸痛；两盒强筋骨，手脚腰腿不麻木；三盒通神精，治好麻木有金方"等。

（四）湖南马王堆制药有限公司生产的药品"养心定悸膏"，其功能主治为"养血益气，复脉定悸。用于气虚血少，心悸气短，心律不齐，盗汗失眠，咽干舌燥，大便干结"。广告宣称"90天即可将心脏内所有血栓化成水样血液，血液循环速度恢复至25岁左右，3个月血脂、心率都正常，心脏内连头发丝大的血栓都没有了"等。

（五）通化爱心药业有限责任公司生产的药品"洋参雪蛤口服液"，其功能主治为"滋肾润肺，健脾益气"，适用于"腰膝酸软，头晕耳鸣，咳嗽盗汗，神疲乏力，食欲减退，手足心热，心悸气短，失眠等以肺肾阴虚、脾气不足为主要表现者"。广告宣称"服用1个周期可使血压平稳，3个月脑血栓基本恢复正常，阳痿早泄1周就好，3~5天胃肠炎可好转，风湿骨病当天止疼，骨股头坏死等效果显著"等。

（六）河南凌云医药科技有限公司生产的医疗器械"腰枕治疗仪（广告中标示名称：曲度腰枕治疗仪）"，其适用范围为"腰肌劳损、腰椎退行性病变、腰椎间盘突出等病症的辅助治疗"。广告宣称"防治腰突不复发，使用 7 天，腰腿酸麻明显好转腰腿轻松；使用 15 天，腰腿酸麻胀消失；使用 1～4 个月，大多数腰椎间盘突出患者突出部位全面复位"等。

（七）西宁董氏康复用品有限公司生产的医疗器械"骨刺贴膏"，其适用范围为"骨质增生、颈肩腰腿痛、腰肌劳损、神经性疼痛、风湿及类风湿性关节炎、肩周炎等症状"。广告宣称"5 年的颈椎病，只几贴头不晕了；1 个多周期的时间，治好了我 8 年的老腰突；贴后第 2 天，关节不僵硬不痛；2 个月用完，全面康复了；10 年都没犯了"等。

（八）山东普比欧生物技术有限公司（证件持有者）的保健食品"普比欧牌阿胶含片"，卫食健字（2003）第 0104 号，其批准的保健功能为"免疫调节、调节血脂"。广告宣称"可以防止乳腺癌的发生；气色精神得到改善，防止衰老；每天含几片，百病不来缠；补气养血百病消"等。

（九）天津滨海索尔特生物技术中心有限公司（证件持有者）的保健食品"科晶牌天然胡萝卜素维 E 软胶囊（广告中标示名称：科晶盐藻）"，国食健字 G20110074，其批准的保健功能为"补充 β 胡萝卜素、维生素 E"。广告宣称"血压一吃就降，头晕、胸闷随即消失，对中风的患者非常有效；2～3 个月妇科病康复，5 个月乳腺癌免受化疗之苦，喜获重生奇迹"等。

（十）成都地奥九泓制药厂（证件持有者）的保健食品"地奥牌紫黄精片"，国食健字 G20050083，其批准的保健功能为"免疫调节"。广告宣称"提高整体抗病能力，修复骨髓，血压、血糖保持稳定，可使感冒发生率降低 52%，可使人年轻 9 岁"等。

三、有关要求

（一）各省级食品药品监管部门要按照总局工作要求，对上述曝光的 10 个严重违法广告，依法撤销其广告批准文号。

（二）严格药品、医疗器械、保健食品广告审核，进一步提高监测频率，加大对违法广告综合整治力度。

（三）采取多种形式提醒消费者在医生或药师指导下购买药品和医疗器械；保健食品没有治疗作用，不能代替药品，需谨慎购买。

国家食品药品监督管理总局
2015 年 4 月 3 日

3. 思想性原则

思想性是医药广告的灵魂。广告不仅是一种经济活动，也是一种政治宣传活动和文化宣传活动，因此，广告不仅要追求经济效益，还要负起社会责任。广告必须主题鲜明，思想内容和表现形式健康向上，绝不能以消极、颓废和空泛肤浅等内容来吸引消费者注意，更不能以反动、淫秽、色情等内容诱发他们的购买兴趣和购买欲望。

4. 艺术性原则

医药广告的创作动机和目的是促使人们购买广告中的医药产品，或改变某种观念，建立某种形象，最终实现广告产品的销售增长。因此，艺术性赋予了广告生命力。

广告在创作和宣传中要进行必要的艺术夸张，通过运用美术、摄影、歌曲、音乐、诗词、文艺等丰富多彩的艺术形式，旗帜鲜明地表现出广告主题，增强广告的通俗性、趣味性、欣赏性。广告的艺术性给真实性和思想性附加以价值，艺术形象越鲜明，越具有创造力，就越能感染社会公众，产生更强的广告效益。

但是，广告毕竟不是艺术作品，尤其是医药产品的广告，首先是受政策法规的制约和管控，其次是受医药产品特定的专业性、功效性诉求的局限，医药广告的艺术性必须建立在真实的基础之上。医药广告传递的医药服务信息说理性较强，要使这种信息能够为社会公众接受、理解并最终记住，就必须以生动活泼、通俗易懂、简洁明快的形式，对所传递医药信息进行艺术化加工。如深圳海王制药的"银得菲"感冒片，以"关键时刻，怎能感冒"的艺术化创作，体现了消费者对感冒药的主治要求——快，牢牢抓住了消费者的需求心理，创造了感冒药销售的成功之例。

5. 科学性原则

广告是随着社会、经济和传播技术的发展而产生和发展的，是基于市场经济的规律和传播的科学规律而存在的。广告工作者必须遵照科学的原理、手段、技术与方法对广告活动进行经营与管理，同时还必须充分运用现代的科学技术与手段，对广告从宏观和微观上进行定性与定量的科学研究，使广告事业产生应有的社会效益与经济效益。

医药作为科技含量较高的服务和产品，在人体使用后呈现出的疗效既有对人体有利的正面疗效的一面，亦有对人体健康有害的不良反应的一面，因而医药服务必须持科学的态度。医药广告在策划、制作、发布宣传时必须以科学的理论为指导，向消费者传递科学的信息以引导其科学地消费，不得含有"无任何毒副作用"等反科学的宣传，以确保医药广告的效果和功能的充分发挥。

6. 创新性原则

随着医药事业发展的日新月异，医药行业的市场竞争日益加剧，医药广告的数量也与日俱增。广告要在激烈的竞争中能够真正发挥作用，就必须注重创新性，否则就将被广告的洪流淹没得无影无踪，很大程度上失去做广告的意义。一般说来，广告的创新性要求达到以下要求：新奇有趣、有理有据、切中主题、富有个性，能够满足受众求新求奇的心理，吸引消费者，而不能简单化、公式化地照搬与模仿。

例如，中美史克"肠虫清两片"的广告新颖且效果较好，接着就有"××丸两粒"与"××口服液两支"等广告，因缺乏新意而致使受众反感。

五、医药广告的功能

> **阅读资料 1-4**
>
> ### 这是一个广告的时代
>
> 广告已经渗透到人类生活的每一个方面，对我们的影响无处不在。有关资料显示，人们平均每天接触到的广告数量达到 150 多条。无论是消费购物、经营销售、学习求职，人们都离不开广告。打开电视有短片广告，使用手机有短信广告，上网有网络广告，到超市购物有招贴广告，就连走在大街上也时常会碰见路牌广告、车体广告之类的，无意间还会被人硬塞给你一张传单广告……
>
> 美国全国电台电视广播公司协会会长哈罗德·费洛斯雷在 20 世纪 50 年代后期就预言，假如广告突然停止，那将使美国 2700 家电台和 400 家电视台关闭，许多报纸和杂志社倒闭，还有许多媒体将缩小规模，失业人数大幅度增加，许多人会争取进入制造业和运输业，证券交易所倒闭，它摧毁美国的速度比起 1000 颗原子弹或氢弹更快。

广告的功能是指广告的基本效能，也就是指广告以其所传播的内容对所传播的对象和社会环境产生的作用和影响。医药广告同其他广告一样，其主要功能表现为以下几方面：

（一）营销的功能

广告营销的功能主要表现为广告对企业（广告主）的影响和作用。

对于企业而言，广告是营销的重要工具和手段，其最基本、最直接的营销功能是最迅速、最经济和最有效地促购促销。广告是企业传递和接收市场信息的重要手段，广告具有扩大销售、提高企业知名度和产品品牌声誉、提高企业竞争实力和经济效益、促进整个企业运行发展的作用。

现代广告业均注入了劝服和诱导的因素，具有了刺激消费、诱导消费以增加产品的使用量和流通量的营销功能，因此，广告对消费者的影响和作用非常明显。企业以经济效益为核心目标，企业的经济实力直接表现在对市场的占有率上，企业之间的竞争也体现在对顾客的争夺上，因此，企业会不遗余力地在广告方面巨额投入，宣传产品，树立形象。

西方广告界有句格言："推销产品不做广告，犹如黑夜之中暗送秋波"。它形象地说明了广告对于企业发展的重要影响和作用。

医药属于特殊商品，其消费者大多没有医药方面的专业知识，他们往往通过医生介绍和广告信息来判别医药产品，并以此决定是否购买。因此，广告成为医药企业营销的重要手段之一，对企业的市场开发具有尤为重要的意义。

案例 1 -2

金嗓子喉宝——成功让人"困惑"

金嗓子喉宝的广告策略曾经被业内众多人士批判，认为选用知名足球明星罗纳尔多做金嗓子喉宝的广告，风马牛不相及。其广告语更是十来年没有什么变动——"保护嗓子，请用金嗓子喉宝"，广告表现也缺乏美感。

但是，金嗓子喉宝却能以每年 6 个亿的销售额和 30% 的市场占有率成为绝对的护咽产品的第一品牌，就其业绩而论则是完全有资格的。而且金嗓子喉宝的业绩并非是像某些产品一样靠入市较早的先机之利，也就是说不是营销定位的先行者，充其量是跟随者而已。但最终金嗓子喉宝"不仅超越了自己，也超越了前辈"，着实让一些业内人士感到"困惑"。

金嗓子能取得如此的成绩主要有以下几个原因。

其一，产品有个好名字。好名字也是销售力，"金嗓子"可谓雅俗共赏，容易记忆，也许是同类产品中名字最好的一个，许多消费者一提到咽喉问题就马上想到金嗓子，这种先天的优势是其能后来者居上的原因之一。

其二，金嗓子喉宝应该算是好产品。这得益于一方面咽喉疾病比较容易起效，得到产品支持；另一方面，其设计者在产品设计之初还是动了一番脑筋。当时的咽喉含片均为药粉压制而成，一含即溶，很难在咽喉部较长时间保持药效，含片一般较小但药量不足，对急性咽喉炎或咽喉不适者如不大量施药，见效也较慢，而润喉糖无治疗作用。这样，两类产品之间存在一个空缺，金嗓子喉宝发现了这个空缺，推出了中间型产品。

其三，选择了一个好市场。金嗓子喉宝选择了需求稳定的咽喉部用药市场，在此基础上，一句"保护嗓子，请用金嗓子喉宝"起到了引导消费、教育广告受众、创造流行、推广品牌的作用。

金嗓子的成功是有必然因素的：选择了一个好市场、一个效果不错的产品、一个较容易被接受的剂型、一个雅俗共赏的名字、恰当的价位等。可见金嗓子在产品上市前期的"功课"做得是相当不错的，这些往往比产品上市之后的许多花哨的技巧更有用。

金嗓子喉宝稳坐咽喉用药头把交椅很好地诠释了什么是广告的经济效益。罗纳尔多那朴实的微笑，也算是起到了提升社会效益的作用。

资料来源：市场部网，张雅嵘，2012 - 3 - 21.

(二) 指导消费的功能

广告指导消费的功能主要表现为广告对消费者的影响和作用。对消费者而言，广告具有指导消费、便利购买、引导消费趋向的作用。

广告是消费者获得商品信息的重要来源。在现实生活中，由于消费者对众多同类商品难以正确选择，而广告恰好能解决这种选择的困惑，对产品的消费能起到一种积极的引导作用。医药消费者大多没有医药专业知识，所以医药广告的诱导性表现得更为突出。

从现代心理学角度来看，广告对消费者的影响和作用主要包括以下几方面。

1. 广告向消费者传播商品信息，吸引消费者注意，帮助其获取需求信息。

2. 广告向消费者提供产品或服务知识，提高其对商品的认知程度，引导其消费。

3. 广告劝导消费者转变消费观念、消费心理、消费结构和消费行为，是消费者进行购买决策的重要参谋。

（三）传播信息的功能

广告传播信息的功能主要表现为广告对社会的影响和作用。

广告最基本的功能就是传播信息，它依其所负载信息内容的不同又具有不同的信息传播功能。广告主要传播商业信息，但同时也传播非商业信息。广告在推动社会经济发展、促进社会精神文明方面的影响和作用也十分明显。

1. 对社会经济发展而言，广告具有推动社会经济发展、促进物质文明进步的作用。广告是现代传播中十分快捷的手段，广告信息的传播，沟通了生产、销售、消费等各个环节，加速了商品流通，从宏观上有力地促进了国民经济的和谐发展。无数事实证明，广告是产、供、需之间强有力的纽带，广告业的发展水平也是衡量一个国家或地区经济发展水平的重要标志之一。近年来，我国的国民收入和社会零售总额每年都以较快的速度上升，广告营业额也在快速增长，这不仅说明了我国市场经济正在迅猛发展，同时也表明了广告业在我国经济发展中所起的作用越来越重要。

2. 对社会文化建设而言，广告发挥着促进社会精神文明程度提高的作用。现代广告常常利用文化资源来达到经济目的，从某种意义上讲，广告也是一种文化现象。广告在传播经济信息的同时能够传播政策信息，协助政府工作；广告能够传播高尚的观念，培养人们正确的生活方式和美好的情操；广告还能美化社会环境，丰富人们的文化生活。因此，成功的广告往往是运用综合性的艺术手法，向人们传播一些有价值的信息，令人健康向上。例如，"献血，是爱，是勇气，是奉献！"再如，某中药店的广告"神州到处有亲人，不论生地熟地；春风来时尽著花，但闻藿香木香。"

阅读资料 1-5

广告作用的双重性

广告是一把双刃剑，有正面效应也有负面效应。

广告不是包治百病的灵丹妙药，只是企业营销在促销领域的一个局部性因素。在实际的企业经营中，如果纯粹地玩广告游戏，以广告炒作代替企业经营，那么关键时候，广告不仅救不了企业的命，相反，企业会因广告而葬送了性命。关于这一点，曾经争夺了中央电视台广告标王，同样两年内迅速衰落的山东"秦池"和广东"爱多"的典型事例可以说明问题。

有人认为，"90%甚至更多的广告是就两种毫无差别的东西展开喋喋不休的争论。"如果没有或缺乏必要的、有效的规制，广告可能会导致和加剧不正当、不公平竞争。

广告在很大程度上会操纵人们的行为。广告可能利用其特殊的潜意识影响、间接情感诉求及其他劝解说服手法等，误导消费者，使消费者违背自己的意愿或者损害自己的利益购买某种商品。对广大老百姓来说，作为公共品的广告同时也具有很大的"外部负效应"。许多广告内容属于"少儿不宜"，相当一部分的性别用品广告令人尴尬、反感。部分广告由于喧哗、冗长、反复，或是含有令人不快的声音、音乐或人物，或是含有愚蠢、虚假、无聊或压抑性的内容，会对人们的日常生活造成很大的负面影响。此外，广告对人们的价值观和生活方式的影响也会有很大的负面效应。

广告作为一种属于上层建筑的社会现象，既作用于社会，又反作用于社会。积极健康的广告会对社会产生良好的影响，促进社会进步；而消极庸俗的广告则会对社会产生不良的影响。因此，必须对广告的双重性给予足够的重视，发挥其积极的一面，克服其消极的一面，以利于社会的和谐发展。

任务演练

列举你熟悉的一些优秀药品广告，并说说它的构成要素、特征和功能。

任务2　医药广告组织及运作

广告组织是承担广告经营活动任务的主体机构，它包括专业广告公司、媒介广告组织、企业广告组织和广告团体组织。

一、广告公司

广告市场中存在着广告客户（广告主，如医药企业）、广告公司和广告媒介三个主体。而在以广告代理制为基础的广告经营机制中，广告公司处于广告市场的主导地位，是实施广告代理制的中心环节。广告公司就是专门从事广告经营活动的商业性服务组织，实际上是"广告代理商"的俗称。

（一）广告公司的基本组织形式

按照服务功能与经营业务的不同，广告公司可以分为综合型广告公司和专项服务型广告公司。不同类型的广告公司，相应地具有不同的组织形式和机构设置。

1. 综合型广告公司

综合型广告公司是可以向广告客户提供广告调研、策划、创作、传播、广告效果测定等全过程、全方位广告代理服务的广告经营企业，是广告代理制的典型组织形式。这种公司一般规模较大，在广告业中虽然数量不多，但客户较为稳定，每一客户的业务量很大，经营额比重较大。其经营规模和专业水平是反映一个国家广告业发展水平的重要标志。

随着信息技术的不断发展和全球市场竞争的不断加剧，综合型广告代理公司也开始由纯粹的广告代理越来越趋向于提供综合性信息服务，日益集广告服务与信息服务于一体。比如，为广告客户提供信息咨询、企业形象设计、大型公关活动等。

2. 专项服务型广告公司

专项服务型广告公司是社会专业化分工的产物，主要从事某类广告业务或经营广告活动某部分业务。这种公司一般经营范围较狭窄，但具有一定的专业优势，能满足特定广告客户的特殊需要。其客户数量较多，但客户的稳定性较差，每一客户的业务量较小。

专项服务型广告公司一般可以分为三种：①提供某一特定产业的广告服务，如房地产广告公司；②提供广告活动中某一环节的广告服务，如广告调查公司、广告策划公司、广告设计制作公司；③提供特定媒介的广告服务，如户外广告公司、交通广告公司等。

（二）广告公司的机构设置与职能划分

广告公司的机构设置与职能划分可以根据具体情况有所不同。一般来说，广告公司的职能部门可分为客户部门、制作部门和媒体部门（见图1-2）。

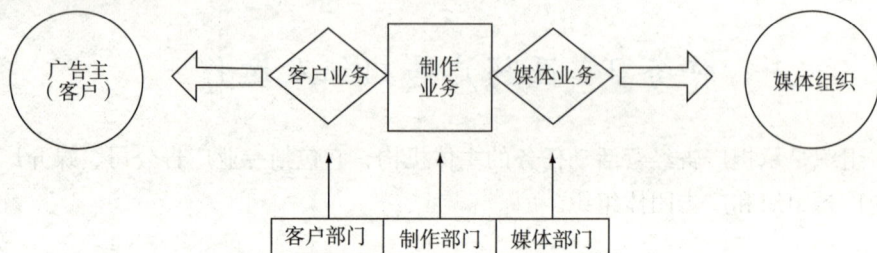

图1-2　广告公司机构

1. 客户部门

客户部门是广告公司的主导者和统筹者，主要职能是接洽客户，承揽客户委托的广告业务，为客户的广告活动进行策划，并据此进行管理及支配使用内部资源。其他部门都要围绕客户服务部门展开工作。

针对较大的广告客户或较大的广告业务项目，可根据客户需要在广告公司设置若干个专户小组，为特定顾客提供系统的广告代理服务。专户小组由一客户主管或客户监督协调工作，下设若干品牌经理或客户执行人，即 AE（Account Executive），具体负责一家客户或一组客户的不同品牌产品的广告宣传，运作协调、灵活，能适应各种广告客户的不同需要。

客户部门要与客户企业取得广泛联系，积极联络与接洽广告业务，依据广告客户提供的有关企业、产品及市场信息，分析广告客户商品和劳务的优劣及市场竞争关系，提出广告宣传要求和广告费用预算，然后会同公司其他有关部门在进一步调查研究的基础上，制订广告计划及具体实施方案，在征得广告客户的认可后，交由各部门执行。

在整个广告活动进行过程中，客户部门作为广告主与广告代理公司之间的双向代表，对内代表客户的利益，对广告计划、设计、制作和发布活动进行全面督导；对外代表广告公司，负责广告征款及时收回，维护公司利益。在具体广告业务开展过程中，客户部门的作用极为重要。

2. 广告制作部门

制作部门或称"创作部"，是广告公司承担广告创意、策划和制作业务的核心部门。其主要职能是依照广告计划完成创意和制作方案，经客户审核同意后进行制作，包括文稿设计创作、拍片、配音、印刷或摄影等具体工作。

创作部门的主要业务程序和项目为：①组建创意小组，确定创意理念和广告方案，这是决定广告质量的关键环节；②制订广告创作过程计划表，以保证广告在最终期限前按时刊登或播出；③进行广告作品制作，这是广告制作部门的主体工作；④审查广告作品，确定广告稿，送交媒体部门。

创作部门的人员构成一般包括创作总监、文案人员、美工、摄影和制作合成等。其中，创作总监负责创作构思，文案人员负责广告内容的撰写，美工负责广告绘画和版式设计，摄影人员负责广告摄影，制作合成人员则专门负责广告的总体表现。

3. 媒体部门

媒体部门是从事有关电视台、报社等媒体节目或版面更新、策划广告对策及预算谈判等日常业务的职能部门。具体业务包括：①调查各种媒体的性质、特点、影响力、收视率或订阅率以及媒体发布费用等信息；②签订广告发布版面、时段等发布契约；③将广告信息通过既定程序传送给媒体发布；④检查媒体发布效果；⑤履行广告经费有关支付手续。

广告公司除了以上三大职能部门以外，还要设置行政部门，负责人事、财务、审计、后勤等日常管理事务。

一些大型广告公司还设有广告计划部、市场调研部等专门组织机构，比如国际4A广告公司。

阅读资料 1 – 6

国际 4A 公司

4A 原指美国广告代理商协会（American Association of Advertising Agencies, 4A），后用来泛指能够承揽客户全面代理业务的综合型广告公司（the Association of Accordited Advertising Agencies）。4A 协会对成员公司有很严格的标准，所有的 4A 广告公司均为规模较大的综合性跨国广告代理公司。

4A 协会于 1917 年在美国的圣路易斯成立，是全球最早的广告协会。从此，广告公司逐渐发展成为"full service advertising agency"，人们将这样的广告公司称为全面广告代理服务公司。4A 的概念由美国迅速扩展至全球并获得广泛认同。

1979 年，第一家外国广告代理商日本电通公司开始为日本家电产品在中国市场做广告。从 20 世纪 80 年代日本家电进入我国市场以来，越来越多的外国品牌进入到中国市场。伴随着客户的市场开拓，跨国 4A 广告公司紧随而来。1998 年全球前 10 名广告公司都在中国设立了合资公司。由于大量国际品牌涌入中国市场，跨国 4A 广告公司在中国的发展非常迅速。1996 年开始，它们除了服务于跨国企业客户外，纷纷争取国内企业大品牌客户，开发国内市场，给本土广告公司带来较大的冲击。

美国 4A 广告公司的典型组织结构（见图 1-3）：

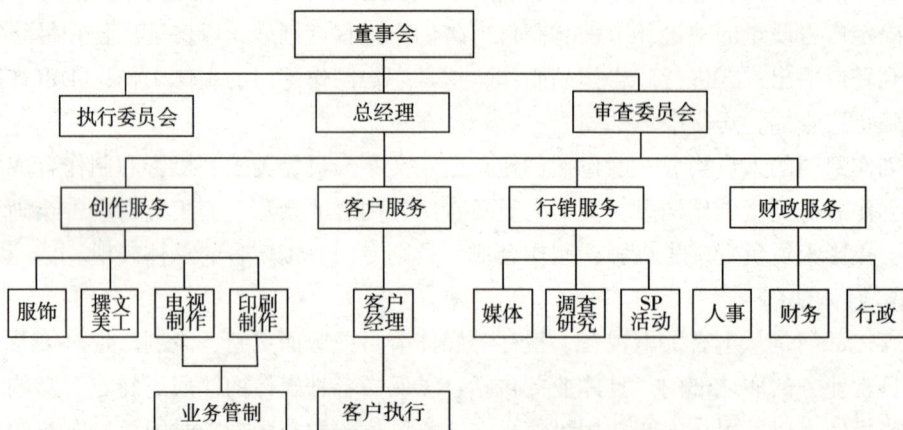

图 1-3 美国 4A 广告公司的典型组织结构

二、媒介广告组织

随着现代广告业的不断发展成熟和广告经营机制的确立，借助新闻媒体传递广告信息的活动也日益频繁，报纸、杂志、广播、电视等各个新闻媒体单位都相应地设立了专门的广告组织，实现媒介广告经营的职能。但由于各个国家和地区的具体情况不同，广告经营运作方式也不同，媒介广告经营的职能和广告机构的设置也不同。

（一）实行完全广告代理制的媒介广告组织

在实行完全广告代理制的国家和地区，媒介在广告经营中一般只承担广告发布的职能，向广告代理公司和广告客户出售媒介版面和时间，是媒介广告版面和时间的销售部门。如在广告业高度发达的美国，媒介以不直接与广告主接洽为原则，除分类广告外，媒介只承担广告发布的职责。由于职能和业务内容单一，这类媒介的广告部门机构设置也比较简单，称为广告局或广告部，下设营业部、编排部、行政财务部等几大部门。营业部门负责对外的业务联络和接洽，编排部门负责广告的刊播编排、整理和校阅，行政财务部门负责行政财务方面的管理，督促广告费的及时回收。

（二）不实行完全广告代理制的媒介广告组织

在没有推行广告代理制或没有实行完全广告代理制的国家和地区，媒介不仅负责广告的发布，还兼任广告承揽与广告代理之职。在我国目前广告代理制还处于初步推行阶段，除规定外商来华做广告必须经由广告代理商外，媒介的广告经营几乎与广告公司没有差别。

我国媒介广告组织的基本职能包括以下几个方面。

1. 设计制作广告

广告媒介单位在承接广告客户的广告时，有的广告已设计制作成广告作品，只是负责安排版面或播出时间。但有的广告客户只提供广告资料和广告要求，要由广告部门负责策划、设计和制作。如报纸和杂志广告的文稿撰写、美工设计，电台和电视广告的脚本撰写、演员排演、录音录像、拍摄、剪辑等。

2. 发布广告

为广告客户和广告公司发布广告是媒体广告部门的基本职能。如何发布广告，直接关系到广告客户广告效果的好坏。一般说来，广告部门应努力按照广告客户的要求来发布广告，以期达到广告客户的预期目的；还需要正确处理各广告客户之间在发布广告问题上的矛盾，使各广告客户达到基本满意程度。

3. 反馈广告效果

广告媒介部门在发布广告之后，往往收到许多读者或听众、观众的来函来电，提出查询或投诉，反映广告的有关问题。媒介广告部门应定期或不定期整理这些来函，如实向广告主反映和建议，加强与广告主或广告代理公司之间的联系，使广告客户及时了解广告播出后的效果。

可见，实行严格意义上的广告代理制，即对媒介广告经营实行广告承揽与广告发布职能的真正分离，使媒介专司广告发布，应是我国广告业发展的方向。

阅读资料 1 – 7

我国主要媒介广告组织的机构设置

1. 报纸、杂志广告部门的组织机构设置

①职能型广告组织：大型报社和大型杂志社一般在内部设立广告部，在广告部下设业务经营科、调查计划科、设计制作科、编排校对科、财务管理科等部门。各部门分别负责广告的接洽、签约、调研、策划、设计制作、实施发布和财务管理等专业业务，并对外来的广告作品负责编辑、检查审核、安排发布

时间与版面的事宜。

②综合型广告组织：中小报社通常在报社内部设立广告科，在广告科下再设编辑、营业、分类广告组等，隶属于报社经理部或编辑部。小型杂志社由于其业务量小，一般不单独另设广告机构，由编辑、美工和发行人员兼办广告业务。

2. 广播、电视广告部门的组织机构设置

广播、电视的广告部门，一般隶属于电台、电视台的业务部，通常在业务部下设广告科（组），在广告科内设业务人员、编导人员、美工人员、财会人员若干人。业务人员的职责较重大，主要承揽广告业务，签订广告合同，搜集广告资料，有的还兼任广告策划和文稿的写作工作。其他广告工作人员分工比较专一，职责比较明确。

广告部门经营广告的形式主要表现在如何在广播、电视节目中来安排"广告节目"，使广告按客户的要求播出。其播出形式主要有三种。

①节目广告：亦称定时广告，是将广播电视的某一个节目时段全部售予广告客户（一家或若干家）做广告。

②插播广告：即在广播或电视节目与节目之间的交换时间所做的广告，一般为 3~5 分钟。

③共同广告：即在某一广播或电视节目中，有数种广告交叉播出，多为临时性的特别节目，如球赛、晚会、精彩电视剧、广播剧等。

三、企业广告组织

企业广告组织，是企业内部设置的专门负责企业广告业务的部门（广告部或附设广告公司）。它作为现代企业组织的重要组成部分，在现代企业营销中发挥的作用越来越大。从目前国内情况看，企业的广告组织可分为三种类型。

（一）形象宣传型广告管理模式

这种模式基于企业广告宣传功能定位，将企业广告纳入企业行政管理系统，作为其一个分支机构来设置。它比较注重企业的形象推广和内外部的信息沟通，而不是市场和销售，存在着广告缺乏时效性和针对性、脱离市场等缺陷。

（二）销售配合型广告管理模式

这是目前国内外企业最普遍采用的一种模式。它隶属于销售部门，功能定位在促销方面，下设市场调研、产品开发等分支部门，其主要作用在于销售配合。如宝洁公司的"品牌经理制"就属于这一类型。这种模式能更好地发挥广告的直接促销效果，但因过分强调广告对销售的配合，影响了企业对广告的长期规划管理。

（三）营销管理型广告管理模式

这种模式将广告部门从原有行政和销售管理系统中提升出来，成为企业实施整体发展战略的重要组成部分。它注重将企业广告的宏观决策、组织管理和推广实施各方面结合起来，加强了企业广告的统一管理和长远规划，有利于企业广告资源的充分开发与合理调配。一些大型企业集团往往采用这种模式。

不管企业采取何种广告管理模式，其广告基本运作程序却是大体一致的，都要经过广告决策—广告计划—广告执行三个阶段。

在具体运行中，我国企业的广告主要有自我执行和委托代理执行两种方式。自我执行，就是企业配置功能齐全的广告部门组织，承担广告调查、设计、制作、实施、广告效果测评等企业广告运作的一切工作和职责。委托代理执行，就是企业委托专业广告公司全权代理广告业务。此方式能极大地提高企业广告效率，增大企业广告的投入产出比，是现代广告发展的需要，符合企业发展的根本利益。

实际上，许多公司自设广告部门，但重要的广告业务则委托专业广告公司代理。此时，广告部门的任务主要是选择合适的广告代理公司，并密切配合其工作，经常监督指导，控制其费用支出，随时为广告活动提供新的观念和新的构想。

四、广告团体

广告团体主要是指广告行业组织，由从事广告业务、广告研究、广告教育或与广告业有密切关系的组织和人员自愿联合组成，对促进广告行业的业务交流、沟通协调及加强行业自律和管理具有重要的作用。

广告行业组织按照地域范围可分为国际性广告行业组织、地区性广告行业组织和国内广告行业组织。

（一）国际性广告行业组织

国际性广告行业组织主要有国际广告协会、世界广告行销公司等。它的出现，对于协调、促进各国广告界的交流与合作，提高广告业务水平具有重要意义。

1. 国际广告协会

创建于 1938 年的国际广告协会（International Advertising Association，简称 IAA），是目前最大、最权威的国际广告组织，总部设在纽约。它是由个人会员和团体会员组成的非营利性组织，会员现有数千名以上，遍布世界百十个国家和地区。该协会设立理事会，协会理事和前任协会主席担任法定理事，每两年召开一次世界广告会议，交流广告经验并探讨有关广告理论与实物方面的问题。我国于 1987 年 5 月 12 日以"国际广告协会中国分会的名义"加入了国际广告协会。

2. 世界广告行销公司

世界广告行销公司（Word Advertising Marketing Ltd，简称 WAM），由世界各地著名广告公司组成，总部设在伦敦，是一个颇具影响力的世界性的行业组织。该组织主要为成员提供业务帮助，如协助开拓国际市场，由世界各地著名广告公司定期培训会员，交流国际经济与市场动态的信息等。

（二）地区性广告行业组织

地区性广告行业组织如亚洲广告协会联盟等。亚洲广告协会，简称亚广联，成立于1987年，是由亚洲地区的广告公司协会、与广告有关的贸易协会和国际广告协会在亚洲各国、各地区的分会等联合组成的洲际广告行业组织，每两年召开一次广告会议，是一个松散型的组织。我国于1987年6月14日以"亚洲广告联盟中国国家委员会的名义"加入亚广联。

（三）国内广告行业组织

我国最早的广告行业协会组织是1927年由上海六家广告社成立的"中华广告公会"，后几经改名，在1933年定名为"上海市广告同业公会"，新中国成立后更名为"上海市广告商业同业公会"。

随着我国广告业的发展，广告行业组织也获得了飞速的发展。目前，我国国内广告行业组织主要有中国广告协会、中国对外贸易广告协会和中国广告学会。1981年，中国对外贸易广告协会成立；1982年，中国广告学会成立；1983年，中国广告协会成立。

其中，中国广告协会是我国最大的全国性广告行业组织，由国内的广告经营单位联合组成，每两年举行一次会议，最高权力机构是会员代表大会。它在国务院有关部门指导下，对全国广告经营单位进行指导、协调、咨询服务活动，对我国广告行业具有较强的指导力和监督力。中国广告协会成立之后，各地的地区性广告协会也相继成立，并成立了媒介协会组织。各广告协会都有自己的章程，对协会的性质、宗旨、任务、组织会员资格和协会活动等做出明确的规定。

五、广告代理制

（一）广告代理制的含义

广告代理制，是指在广告活动中，广告主、广告公司、广告媒体之间有明确的分工，广告主委托广告公司制订和实施广告宣传计划，广告媒体通过广告公司承揽广告发布业务，广告公司处于核心和中介地位，为广告主和广告媒体实现双向、全面代理业务的一种广告运作机制。

广告代理制是当前世界广告业中的主要运作形式，是现代广告业发达程度、广告现代化的一个标志。实行广告代理制，适应了广告业中专业化分工发展的需要，有利于真正完善广告公司的职能，提高广告业的整体水平，借助广告公司的专业经营经验和技能，增强广告促销的效果。

（二）广告代理的类型

广告代理根据其所经办的业务类型或提供的服务范围，可以划分为如下类型。

1. 全面服务型代理

全面服务型广告代理是可以为客户提供包括市场调研、广告计划的制订、创意设计、媒体购买及监控、广告效果测定、营销咨询等在内的全方位服务的广告公司。全面服务型代理是广告代理的主体，其发展程度是一个国家或地区广告事业发展程度的标志。

全面服务型广告公司一般客户数量较少，但较为稳定，每一客户的业务量很大。

2. 有限服务型代理

有限服务型代理是不具备综合性服务能力，只从事企业广告活动的一部分的广告公司。一般来说，这类公司大多是只负责承担广告的策划、设计、制作和发布，不承担市场调查与广告战略的制订等。虽然这些广告公司不如全面服务型广告公司那么专业，但是，这些公司一般规模小，有些在特定的领域内（如创意和设计）水平甚至超过全面服务型广告公司，而且收费相对低廉。因此，对于那些业务量较低、不被全面服务型广告公司所重视的广告主来说，有限服务型广告公司不失为一个好的选择。

与这类广告公司的合作，要求企业广告部门对整个广告运作把控能力要强，同时可能还要与一些其他的相关公司合作，如市场调查公司、品牌策划公司等。

3. 专业型代理

专业型代理是擅长某类商品广告或某种媒体的广告业务的广告公司。其经营领域是特定的，如工业品、金融、新产品开发、直销、主办活动、户外工程、交通、礼品、影视广告代理等。

（三）广告代理制的基本运作机制

现代企业的广告活动往往是一个涉及调查、策划、设计、制作、发布在内的营销系统工程，而企业自身的力量是有限的，必须依靠和委托专业广告代理公司来为其提供专门的广告策划和市场营销服务。

广告代理制要求媒体不能直接向企业承揽设计、制作、发布等广告业务，而是通过广告代理公司这个"桥梁"来联系广告主和媒体。广告代理制的实施，突出了广告公司在广告运作中的中心地位和主导作用，理顺了广告主、广告公司、广告媒介之间合理分工与合作的关系。

在规范的广告代理制下，广告主、广告公司、广告媒介是三位一体、合作博弈的关系。广告公司可凭借其专业化分工的独特业务优势，一方面为客户提供以市场调查为基础、以策划为主导、以创意为中心、以媒体发布为实施手段、以促进客户营销为目标的全方位、立体化服务；另一方面，它又代理媒介的广告版面和广告时间的销售，为媒介承揽广告业务（图1-4）。

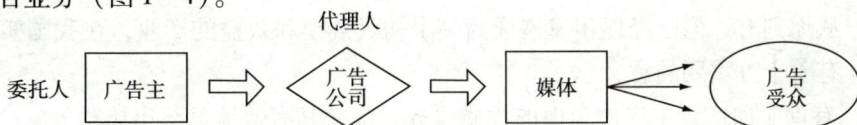

图1-4 广告代理运作机制

（四）广告代理制的佣金问题

广告运作的核心问题是广告代理制度，在广告代理制发展过程中，最重要的是代理费的问题，即佣金问题。广告佣金制主要有以下几种。

1. 媒体佣金制

广告公司的收费方式传统上采取媒体佣金制，即广告公司主要收入来自媒介用广告版面时间的售出而给予的佣金。按国际惯例，大众传播媒体的佣金比率是广告费的15%，户外广告为16.67%。佣金制的缺陷在于：佣金与广告代理工作的努力程度似乎没有直接联系，媒体的刊播费越高，广告公司所得的佣金越多。这样，广告公司就会从自身利益出发，倾向于使用声望高、价格高的媒体。但这种固定的佣金比例容易引起广告主的异议。鉴于媒体佣金制的局限，此后又出现了协商佣金制、实费制、议定收费制、效益分配制等收费制度。

2. 协商佣金制

协商佣金制就是广告客户与广告公司经过协商确定一个小于15%的佣金比例。这在一定程度上保护了广告客户的利益，主要适用于媒介支出费用较大的广告代理业务。

3. 实费制

实费制就是按照广告公司实际的成本支出和劳务支出计算其广告代理费。广告公司依照实际支出的凭证向广告客户如实报销，并根据各项业务所花费的时间获取相应的劳务报酬。实费制留下了低效率的隐患，并且在操作上相当麻烦。

4. 议定收费制

议定收费制是实费制的补充形式，就是广告客户与广告公司针对具体个案，在对广告代理成本进行预估的基础上，共同商定一个包括代理酬金在内的总金额，由广告客户一次性付清给广告公司，广告公司自负盈亏。

5. 效益分配制

效益分配制就是广告公司可以从它所代理广告的实际销售收入中抽取一定的比例作为报酬。这样，将代理的权利与责任联系在一起，广告公司必须承担广告代理活动的风险。但是在实际操作中，销售效果受复杂多样的因素影响，并不是广告所能够直接决定的。

（五）我国的广告代理制

1. 实施广告代理制的意义

广告代理制在广告业发展的不同时期和不同国家有不同的实施意义。我国广告业起步较晚，从无到有，但已经逐步发展成为一个初具规模和效益的产业，在我国实施广告代理制，有着十分重要的意义。

（1）有助于向广告主提供全面的优质服务，促使其有效地参与市场竞争。

（2）有利于完善媒介单位的经营并促进其发展。

（3）有利于提高我国广告策划、创意、制作、发布的整体水平，从而提高广告宣传的经济效益和社会效益。

（4）有利于广告监管机关对广告活动的管理，有效地缩小监管范围，加大监管力度。

（5）有利于有效地与国际主流广告市场接轨。

2. 广告代理制的内容

在国家工商行政管理总局《关于进行广告代理制试点工作的若干规定（试行）》，对广告代理制的基本内容做了规定，具体有以下几个方面。

（1）广告客户必须委托有相应经营资格的广告公司代理广告业务，不得直接通过报社、广播电台、电视台发布广告。对于分类广告，如简短的礼仪、征婚、挂失、书讯广告和节目预告等可除外。

（2）兼营广告业务的报社、广播电台、电视台等，必须通过有相应经营资格的广告公司代理，才可发布广告（分类广告除外）。其经营范围核定为："发布各类广告（含外商来华广告），承办分类广告。"

（3）代理广告业务的广告公司要为广告客户提供市场调查服务及广告活动全面策划方案，提供、落实媒介计划。广告公司为媒介承揽广告业务，应有与媒介发布水平相适应的广告设计、制作能力，并能提供广告客户广告费支付能力的经济担保。

（4）报社、广播电台、电视台下属的广告公司，在人员、业务上必须与本媒介广告部门相脱离，不得以任何形式垄断本媒介的广告业务。

（5）实行广告代理制后，广告客户和广告媒介可以自主地选择服务质量好的广告公司为其代理广告业务。广告代理费的收费标准为广告费的15%。

3. 广告代理制存在的问题

随着广告代理制在我国的逐步推行，广告业已大力进行广告代理制的试点，进一步理顺了广告公司与媒介的职能分工关系，基本实现了广告代理设计制作和发布的脱离。但广告代理制发展中仍存在广告媒体的高度垄断性带来的问题。在实际工作中，广告业务运作很少通过广告公司代理，基本上是以广告主直接请媒体发布广告为主。

目前，我国本土广告公司尤其是一些中小型广告公司没有形成或遵从惯例性的佣金制度，它们往往是通过与媒体的非正常关系来获取代理费比例。在我国广告市场上，有许多广告公司本身是从原来的媒体单位独立出来的，与媒体有相当良好的关系，在媒体投放的时候可以拿到比较低的价格、比较好的空间和时间、比较高的回扣。于是，面对广告客户的时候，这些公司往往不是通过创意好坏、制作水平高低、策划能力优劣，而是采用低价战略或不合理的关系，来与竞争对手竞争取胜。这种媒体的不平等竞争，搞乱了广告市场价格，更影响了我国广告公司的策划、创意、制作水平的提升，造成的最终结果是制约了广告代理制的有效实施和健康发展。

任务演练

结合一则具体的药品广告，提出医药广告运作思路，描述广告业务运作流程。

任务 3　广告的产生与发展

广告在世界各国的产生和发展都有着共同的规律，它们都是随着商品的产生而产生，随着科技的发展而发展的。同时，一定的社会制度和社会发展水平也对广告的发展产生着制约作用。

一、国外广告的产生与发展

（一）国外原始广告

从远古广告产生，到 1450 年德国人谷登堡发明铅活字印刷术，这一时期的广告以口头、招牌、实物、文字为主要形式。

历史研究证明，世界上最早的文字广告，是在埃及尼罗河畔的古城底比斯发现的、现存英国博物馆的一张写在羊皮纸上的广告，内容是悬赏一个金币缉拿一个名字叫谢姆的逃奴，距今已有 3000 多年的历史。

早在古希腊、古罗马时期，一些沿海城市的商业比较发达，广告已有叫卖、陈列、音响、图文、诗歌和商店招牌等多种形式。

在 2000 多年前，古罗马火山爆发，将繁荣一时的庞贝城掩埋于地下。后经考古发现，在纵横交错的街道建筑物的墙上和柱子上，有 1600 多处刻有各种广告文字和图画，其内容有推销商品、文艺演出、寻人启事等，还有用于竞选的政治广告。

据考证，商店的标牌广告起源于公元前 5 世纪至公元前 2 世纪的以色列、希腊和罗马。在古罗马，人们用一个正在喝酒的士兵图案表示酒店，而用一头骡子拉磨表示面包房。

1141 年，在法国的卜莱曾出现一个由 12 人组成的叫卖组织，并得到国王路易七世的特许，在大街小巷进行叫卖活动。1258 年，国王发布《叫卖人法则》，对叫卖活动加以规范。

（二）国外近代广告

1450 ~ 1850 年，这一时期以印刷广告为主体形式，报纸广告大行其道，杂志广告日渐出现，广告业发展初具规模。世界广告活动的中心是英国。

在中世纪，我国印刷术传到西方，推动了西方印刷广告的发展。1472 年（另有说法：1475 年、1480 年），英国第一位出版人威廉·卡克斯顿创办印刷所，印出了第一本英文书和推销该书的广告。该书是法译英的小说集，开创了印刷品广告之先河。此后，印刷业逐渐在欧洲大陆的其他国家得以发展。

西方的第一份印刷报纸是 1609 年在法国斯特拉斯堡发刊的。1622 年，第一份英文报纸《每周新闻》在伦敦出版，同年第一次刊登了一则出售书籍的广告。1625 年英国《信使报》刊登了一则图书出版广告。1650 年英国《新闻周报》登出了寻马悬赏启示。

1666 年《伦敦报》正式开辟报纸广告专栏。1704 年，美国的第一份报纸《波士顿新闻报》创刊，在其创刊号上刊发了一则推荐报纸作为宣传媒介的广告，这是美国的第一份报纸广告。到 1830 年，美国已有报纸 1200 种，有些报业主竟拿出 1/2 或 3/4 的版面刊登广告。英国在 1837 年有报纸 400 多种，刊出广告 8 万余条。但是，在这一时期，由于经济原因，报纸的发行量有限，报纸广告的影响面也较小。

世界上最早的杂志是创刊于 1731 年的英国杂志《绅士杂志》。1741 年美国出版过两本杂志《美国杂志》和《大众杂志和历史记事》，分别在出版 3 个月和 6 个月后就夭折了，但这毕竟开创了杂志的新纪元。1830 年，海尔夫人在费城创办《哥台妇女书》杂志，成为美国妇女杂志的先驱。1706 年，德国人阿洛依斯·望菲尔德发明了石印技术，开创了印制五彩缤纷的招贴广告的历史。

（三）国外近现代广告的过渡期

1850 ~ 1911 年，这一时期报纸、杂志大量发行，广告传媒加速大众化，专业广告公司开始兴起，标志着广告开始向现代广告过渡。世界广告中心从英国逐步转向美国。

世界上有影响的报纸相继创刊，如英国的《泰晤士报》和《每日邮报》、美国的《纽约时报》、日本的《读卖新闻》和《朝日新闻》，以及法国的《镜报》等。这些报纸的主要收入来自广告，广告成为沟通产销信息的主要手段，如当时的《纽约时报》62% 的篇幅为广告。

在 19 世纪末，一些大众化媒介刊物出现，如 1883 年创刊的《妇女家庭杂志》，在 1900 年发行量即达 100 万份之多。

专业广告公司产生。1841 年，伏尔尼·帕尔默在美国费城创立了世界上最早的广告公司，代客户购买报纸广告版面，并自称是"报纸广告代理人"。这一行业大受企业客户欢迎，也使得报业效率和收入大大提高。

1865 年，乔治·路威尔在波士顿成立了专门出售广告版面、作为报刊独家广告经纪人的广告公司。他又于 1869 年发行美国新闻年鉴，公开发表全美和加拿大多家报纸的估计发行量，对版面价值有了评价标准，使独家广告代理业开始兴起。

1869 年，弗朗西斯·艾尔在美国费城创立了第一家具有现代意义的广告公司——艾尔父子广告公司（N. W. Ayer & Son）。其经营重点从单纯地为报纸推销广告版面，转到为客户提供策划、设计、制作广告及测定广告效果等全面的服务业务。1875 年，该公司实行"公开合同制"，规定为广告客户和广告媒介提供服务，其代价是将真实的版面价格乘以一定的比率作为佣金，并将佣金固定为 15%。这一制度于 1917 年在美国得到正式确认，并一直沿用至今成为国际惯例。

此后，不同规模的广告公司相继出现，据统计，这一时期美国广告公司约有 1200 家。

广告新技术不断运用。1853 年，在摄影技术发明不到几年的时间里，纽约的《每日论坛报》第一次采用照片为一家帽子店做广告。从此，摄影图片成为广告的重要表现手段。1910 年夏末，在巴黎举办的一次国际汽车展览会上，首次采用霓虹灯做广告，一年后巴黎马特林荫大道首次成功地安装霓虹灯广告招牌。

（四）国外现代广告

进入 20 世纪后，伴随着世界经济的空前发展和科技革命的浪潮，特别是 1920 年以后，现代广告业迎来了蓬勃发展的历史时期。其重要标志是电子广告问世，广告媒体日趋多样化，各种广告行业组织纷纷成立，广告进入了现代化的电子技术时代，广告业已不再单纯是一种商业宣传工具，而发展成为一门综合性的信息产业，广告活动走向整体化。

美国是世界上广告业最发达的国家，也是现代广告的发源地。

世界上最早开办广播电台的是美国。1920 年，第一家领取营业执照的广播电台——匹兹堡西屋电器公司的商业电台开播，1922 年电台开播广告业务。继美国之后，其他国家也相继建立了广播电台，都设有商业节目，主要播放广告。

1929 年，英国广播公司在伦敦设立了世界第一座电视台。美国在 1920 年开始试验电视，但在 1941 年才有商业电视正式播出。20 世纪 50 年代美国首创彩色电视之后，使电视成为最理想的广告传播媒介，在其后的广告业中独占鳌头，从而突破了印刷媒介一统天下的格局。

随着广播、电视、电影、录像、卫星通信、电子计算机等电讯设备的发明创造以及光导纤维技术的运用，广告传播实现了现代化。而广告公司的经营活动也向着全面智能型、能为广告客户提供全面服务的现代广告代理业过渡，推动了一些大型广告公司的产生。1923 年，美国最大的广告公司——杨·罗比肯广告公司创办。美国广告在发展过程中，不断在广告观念、广告手法和经营方式上进行革新，促使广告经营向现代化、整体化方向迈进。

除了报纸、杂志、广播和电视四大媒体外，随着科技的发展，广告表现形式更趋多样化。芝加哥百家进步博览会将霓虹灯广告推向高潮；购物点广告（POP）普遍流行；邮递广告得到普遍运用；空中广告借助于先进技术，引人注目。随着互联网的运用，国际化大众传播媒体获得日新月异的发展，广告业已经取代了旅游业而成为世界上最大的"无烟工业"。到 1992 年，美国广告营业规模就已经达到 1346 亿美元，几乎占世界广告业总规模的一半。

进入 21 世纪，作为信息产业支柱的广告业，其发展面临着前所未有的机遇和挑战。广告渗透到当代社会经济领域的各个角落，对人们的日常生活、价值观念、生活方式等产生越来越大的影响；广告理念和运作模式也发生新变革、新组合，人性化、个性化的软性广告已成大趋势，广告经营规模在全球范围内形成"无国界"扩张之势。

二、中国广告的产生与发展

（一）中国古代广告

我国广告的历史相当悠久，广告的起源可以追溯到 3000 年前。《周易·系辞》记载，远在神农时代，就有"日中为市，集天下之民，聚天下之货，交易而退，各得其所"的场面。出现了市场交换，广告也就作为商品交换中必不可少的宣传工具而发展起来了。根据《周礼》记载，在当时的社会经济生活中，凡是进行交易都"告子士"。在商周时代，交易要以铭文形式铭刻于青铜器之上，这种铭文可以称为广告最早的萌芽。

口头吆喝广告。《楚辞·天问》中记载："师望在肆，昌何识？鼓刀扬声，后何喜？"师望是指姜太公，他在被周文王启用之前，曾在朝歌做买卖，"鼓刀扬声"就是形容他在卖肉时敲着刀高声吆喝以招揽生意。这种叫卖广告的形式逐渐发展成为有板有眼的各种腔调，一直流传下来。

实物广告。《晏子·春秋》中记载："君使服之于内，犹悬牛首于门，而卖马肉于内也。"晏子是春秋时期齐国的宰相，引文含有"要使臣民从内心信服，要表里如一"的意思，但客观上反映了当时曾经将牛头陈列于门首以招揽顾客的情况，是以实物作为幌子广告的历史记载。

标记广告。随着生产的分工和商品交换的扩大，刻在产品上表示私有权和纪念、装饰的铭文、年号，开始成为产品生产者的标记。出土的春秋时期文物中，发现有不少民间手工业者制作的陶器、漆器和绢绣等产品上面刻有"某记"的字样。如果这些物品拿到市场上交换，标记字样就兼有实物广告和文字商标的功能。

招幌广告。从战国到隋朝年间，出现了悬帜、悬物等广告。《韩非子·外储说》中记载："宋人有沽酒者，升概甚平，遇客甚谨，为酒甚美，悬帜甚高。"这里的帜就是酒旗。汉代的悬物广告比较流行，它是在店铺门前悬挂与经营有关的物品或习惯性标志，起到招牌的作用。

唐宋年代，出现了灯笼广告、旗帜广告、招牌广告、音响广告等，有"高高酒旗悬江口"（张籍）、"水村山郭酒旗风"（杜牧）、"酒旗摇水风"（白居易）等诗句为证。宋代张择端的《清明上河图》不仅展现了当时汴京的繁华，也展现了酒楼茶肆等众多店铺使用招牌招揽生意的情景。这些招牌一般悬挂在店门前，有的用文字表示，有的用图案表示，有的则图文并茂，店主可根据自己经营的性质确立招牌式样，也可以由招牌反映行业性质。这说明我国古代的招牌广告不仅相当普遍，而且有一定的艺术性。

随着印刷术的发明和使用，我国又产生了印刷广告。现藏于上海博物馆的北宋济南刘家功夫针铺广告铜板（图 1-5），是迄今为止发现的世界上最早的印刷广告，比西方第一份铅印广告还早三四百年。这则广告铜版刻板四寸见方，上面横排刻着"济南刘家功夫针铺"的标题，中间是白兔儿抱铁杵捣药的图案，图案左右各有四字，即"认门前白兔儿为记"，下面竖排刻有说明商品质地和销售办法："收买上等钢条，造功夫细针，不误宅院使用；客转为贩，别有加饶，请记白"。从这则广告，可以看到现代广告的轮廓。而这种印刷广告的出现，标志着当时的商业广告已具有较高的设计水平。

宋代以后，广告的突出形式就是明代的插图广告。由于明代在文化上出现了小说热潮，为了有利于小说出售，书商同绘画者、雕刻者相结合，以书籍的插画做广告，推动书籍的销售。我们现在可以从《水浒传》《西厢记》《牡丹亭》等书中看到这些插图广告。明清时代，广告的发展越来越讲究形式美，店铺的名目和招牌的书写都很讲究，出现了"全聚德""六必居"等老字号店铺，也出现了很多名人写的广告对联。

图1-5　北宋济南刘家功夫针铺广告

（二）中国近代广告

中国近代广告是指 1840 年鸦片战争到新中国成立前这一段历史时期的广告发展状况。随着帝国主义的军事侵略，西方资本主义国家展开了对中国经济和文化的侵略。外国资本和商品大量涌入，客观上促进了我国工商业的发展。大批商人、政客、传教士的到来，不仅为中国带来了各种各样的商品，也带来了西式的报馆，而"广告"一词也正是在这个时候传入我国的。现代形式的报纸在中国的出现，客观上促进了中国广告向现代形态的演进。中国近代广告主要是报纸广告和杂志广告，它取代了古代广告而发挥着主要传播作用。

第一批近代中文报纸是鸦片战争前后由外国传教士创办的教会报纸，只刊登不多的广告。1815 年，英国传教士米怜在马来西亚创办了《察世俗每月统计传》，这是最早刊登广告的定期中文刊物。鸦片战争后，外国人相继在中国沿海城市及内地主要城市创办了上百种报刊，其中影响较大的有《遐迩贯珍》《申报》《新闻报》《万国公报》等，主要刊登货物、物价、市场行情和船期等广告，目的是为了沟通中外市场行情，推销外货。

从 19 世纪 50 年代开始，在香港、广州、汉口、福州等地，陆续出现了中国人自己办的报刊。1858 年，创办于香港的《中外新报》是第一份中国人主办的现代报纸；1874 年，创办于香港的《循环日报》是近代中国出版时间最长、影响最大的报纸。《昭文新报》《汇报》等也都刊登国货广告，与外商展开了"商战"，起到了较好的宣传国货的效果。到 1922 年，我国中外文报纸已经达到 1100 多种，标志着中国广告开始进入现代阶段。

随着报刊的分工，杂志开始走上独立发展之路，这其中杂志广告为刊物提供了独立发展的经费。《生活周刊》《东方杂志》《妇女杂志》在读者中影响较大，它们都刊登较大篇幅的广告。

除了报刊广告，也出现了许多其他形式的广告。1917 年，上海先施百货公司制作了我国最早的橱窗广告；1923 年，我国境内第一座广播电台在上海创办，在节目中插播的广告是中国最早的广播广告；1927 年，上海大世界屋顶安装了我国最早的霓虹灯广告；1936 年，上海《新闻报》把写着"新闻报发行量最多，欢迎客选"的广告条幅用气球放入空中，这是我国首次出现的空中广告。这个时期，车身广告、月份牌广告、日历广告等也都已经出现。

19 世纪下半叶开始，专门从事广告经营活动的广告公司和广告专业人员应运而生，广告业在中国诞生了。随着广告业的发展，广告理论的研究开始出现。1918 年，我国成立了最早的广告研究团体——北京大学新闻学研究会，它把广告作为新闻学研究和教学的一部分。1919 年 12 月由北京大学新闻学研究会出版了徐宝璜所著的《新闻学》一书，书中将"新闻纸之广告"作为一章进行了论述，初步对广告理论进行了探讨和研究。随后出版了一些有关广告理论的著作，重要的有 1930 年出版的苏上达著的《广告学纲要》、1933 年出版的丁馨伯著的《广告学》等，把广告学的研究提高到一个较高的水平。1920 ~ 1925 年，一些大学先后开设了"广告学"专业课程，标志着我国广告学作为一门独立学科诞生了。

（三）中国现代广告

新中国成立后，由于经济、政治、社会诸方面的原因，广告事业在经历了一个长期的曲折过程之后，才得以迅速恢复和发展。

在新中国成立初期的一段时间里，广告行业因政府所采取的各项措施而得到一定程度的恢复和发展。报纸、杂志、电台、路牌等商业广告业务都很活跃，同时还举办过几次全国性展览会和国际博览会。但是，广告的发展一直比较缓慢。

1953 年，我国开始执行第一个五年计划，从事大规模的经济建设。与此同时，开展了对资本主义工商业的社会主义改造。由于当时国家对私营工商业实行加工订货、统购包销的经济政策，从而导致广告业务的剧跌。

"文化大革命"期间，广告作为"封资修"的东西被砸烂，广告管理机构解散，广告事业受到前所未有的破坏而陷于一片空白。

1978 年 12 月，中共中央召开了十一届三中全会，宣布全党把工作重心转移到经济建设上来，提出了"对外开放和对内搞活经济"的政策。从此，商品生产不断发展，对外贸易迅速增长，从而为广告的恢复和发展提供了契机。

1979 年 1 月 4 日，《天津日报》刊登天津牙膏厂的广告；1 月 23 日，《文汇报》刊登了第一条外汇广告；1 月 28 日，上海电视台播出了我国第一条电视广告——参桂补酒；3 月 15 日，上海电视台播出了我国第一条外商电视广告——瑞士雷达表；1980 年 1 月 1 日，中央人民广播电台播出建台以来第一条商业广告。

从此，各地的广播、电视和报纸相继恢复广告业务，广告公司（社）相继成立，中国广告业开始迅速发展。到 1999 年，全国广告营业额已达到 622 亿元人民币，广告经营单位 64882 家，广告从业人员 58.7 万人。到 2003 年，广告营业额达到 1078.68 亿元，广告从业人员 871366 人，广告经营单位达 101786 家。2014 年，我国广告经营总额超过 5600 亿元，广告经营单位达 54 万余家，年增长率达到 22%，广告从业人员达到 270 多万人，比上一年增加近 10 万人，中国广告市场的规模目前已位居全球第二，中国广告业在对外开放和国际化的环境中，不断汲取国际广告业的先进理念和实践经验，与国际广告业在相互促进与融合中共同进步，已成为中国经济文化与世界经济文化互联互通的桥梁和纽带（参见《2003 年中国广告业统计数据分析》《2015 年中国广告行业发展调研与市场前景分析报告》）。

中国广告业自 1979 年恢复以来至今 30 多年的发展中，形成了一定的行业规模和分工较细的齐全门类，在广告服务质量、广告运作水准和专业化程度、广告教育和人才培养等方面，均取得了令人瞩目的成就。在广告管理方面，成立了中国广告协会和各省市级广告协会等广告行业组织，1995 年 2 月 1 日起正式颁布实施、2015 年 9 月 1 日修订实施了《中华人民共和国广告法》，规范和促进了我国广告业的发展。

任务演练

结合课本内容，课外收集资料，说说我国广告业发展的现状和趋势。

项目小结

医药广告是医疗单位和药品企业，借助一定的传播媒体，有计划地将医疗服务和药品信息传递给消费者，从而促进医药销售、树立医药企业品牌形象的有偿宣传活动。由广告主、广告商、广告媒体、广告信息和广告受众等要素构成。它除了具有一般广告的特征外，还具有针对性、说理性、软广告性等特征；它复杂多样，依据需要可以划分为不同的类别；广告最基本的功能是传播商品信息、促进销售，在引导消费和精神文明建设中也发挥着重要作用。

广告组织是广告经营活动的主体机构，包括广告公司、媒体广告部门、企业广告部门和广告团体。广告代理制是在广告活动中，广告客户、广告公司、广告媒介之间明确分工的一种广告运作机制。广告代理制的实施，有利于促进广告行业的科学化、专业化建设，提高广告业的整体水平和消除行业内的不正当竞争。

▐ 目标检测

一、复习思考

1. 你是如何理解医药广告含义的？

2. 医药广告必须遵循哪些基本原则？

3. 医药广告如何发挥其引导消费的功能？

4. 企业广告组织与专业广告组织有哪些异同？

5. 为什么 P&G、可口可乐、微软等公司都没有设立自己的广告公司，而把广告业务交给企业之外的广告公司来做？

二、案例分析

脑白金广告　烦归烦效果才是硬道理

"如果脑白金让你睡得更香，请你告诉 10 位亲友脑白金好，如果脑白金让你精力充沛，请你告诉10位亲友脑白金好……如果脑白金对你没有效果，那就请你告诉100位亲友不好"。

相信很多人对上述广告语已经不会陌生，在"今年过节不收礼，收礼只收脑白金"之后，脑白金的广告诉求已经从送礼转变到疗效。新广告场面辉煌，热闹至极，在一直表现平静的电视广告中依然个性十足。广告的最后，在一片欢呼声中，脑白金用强有力的声音喊出了"有效才会有道理""脑白金请广大市民作证"的口号。

脑白金从来都是新闻的产生地，其广告更是争议的焦点。2002年1月，脑白金就因"送礼篇"这个"不受欢迎的广告"，首度在四川打出广告向电视观众致歉，并承诺不仅要制造好产品，更要拍摄较高水准的电视广告。也许这一次就是脑白金为观众制作的较高水准的电视广告。但许多受众反映，这个广告并不能改变脑白金已经在消费者心中形成的品牌形象。"广告是打得多，但就因为太多了，所以人们对此有了免疫力，所谓物极必反也。该调整一下广告策略了，也让'脑白金'休息一下，它不累，我们都看着累啊！一件事物看久了都会对它产生反感，品牌广告播久了，只会让人讨厌它。虽然知名度高，但顾客也跟着慢慢没了。"一位网友这样评价脑白金的新广告。

中国广告教育研究会会长、厦门大学新闻传播系主任陈培爱教授说，脑白金广告创意确实难以恭维，但创意不好并不意味着效果不好，而且对创意的理解每个人都有不同的看法。从脑白金以前的广告来看，其创意也差强人意，但脑白金舍得花钱，以量取胜，以频繁的露面和全国的大规模投放，收到了良好的效果，销量节节攀升。他们非常了解保健品的运作之道。这次新版广告虽然风格有所变化，但广告为的就是提高销量这种理念没有变，所以做出这样的广告来不足为奇。

创意是广告的一个方面，但可以肯定的是脑白金尽力营造的绝对是它产品及企业的影响力。影响力之一就是脑白金广告的播放频率，高频率地在地方台曝光，给受众的感觉无非是脑白金非常有实力，能够不惜重金在电视台投放如此高频度的广告。而事实上，据了解，如果广告主购买的时段和时间很长，那么电视台尤其是地方电视台给予企业的折扣非常可观，有的甚至能够达到1折的程度。

从这一点上看，脑白金不但没有"破财"做广告，反而做了一件"一本万利"的事情，而且在全国造成了很大的影响力。

第二个影响力就是脑白金对消费者价值取向的影响。从整个保健品的行业来看，这个行业很多产品都是不需要做成长线的，正如陈培爱教授说的，保健品与其他产业不同，大都是短命的，大概5年左右就要死掉，很难有活到10年的。保健品广告为的就是促销，为的就是在短期内赚大把钱，这个行业很少有人去做品牌，所以从行业特点来说，脑白金要的也许不是品牌，而只是在消费群众中的影响。当人们读他的广告语耳熟能详之后，往往会在人与人之间造成一定的影响力，从而对消费产生影响。利用这种"卖点"，广告量大而且制作场面宏大，从某种程度上说是延长了脑白金的生命周期。

分析：

1. 结合脑白金广告，阐述医药广告的构成元素和诉求方式。

2. 分析脑白金广告对其产品销售的作用。

3. 评价脑白金广告的社会效益。

三、实训操作

【实训项目】

设计一个推销"脑白金"的广告。

【实训目的】

通过实训，使学生能够在理解广告的含义、特征、要素、表现、功能等广告知识的基础上，灵活运用所学知识，简单分析并设计广告。

【实训内容】

"今年过节不收礼，收礼只收脑白金"的电视广告可谓家喻户晓，请查阅相关资料，在分析脑白金及其广告的基础上，模拟设计一份精彩的"脑白金"推销广告（形式不限），并提出"脑白金"广告的运作思路。

【实训步骤】

1. 教师课内布置任务，学生每6~8人一组，根据要求课外准备。

2. 广告设计应具有一定的艺术性，主题明确，内容简练，富有新意。

3. 广告运作应符合实际，具有可操作性。

4. 一周之后，在课堂内，每个小组向大家陈述其广告运作思路，用PPT展示其广告作品。

5. 陈述应态度积极，声音洪亮，表达清楚、完整，PPT制作和展示条理清晰。

6. 教师和同学们共同评价。

【实训评价】

（满分100分）

1. 专业知识，包括应知广告基础知识、应会广告运作知识和其他相关知识等。（30分）

2. 专业能力，包括分析解决问题能力、应用知识能力、创新能力、协调沟通能力等。（45分）

3. 学习态度，包括自主意识、参与意识、合作意识、精神风貌等。（15分）

4. 临场表现，包括举止文雅大方、服饰得体、语言礼貌、表述清楚等。（10分）

（张丽）

项目二 医药广告策划

知识目标：了解医药广告受众及其心理；熟悉医药广告策划的概念和原则；掌握医药广告策划的内容、程序和策划书的编制。

能力目标：能根据医药广告策划的一般原则和内容，结合具体的医药商品实例进行广告策划，并编写医药广告策划书。

任务 1 医药广告受众分析

广告界有这么一句名言："科学的广告术是依照心理学法则的。"医药广告同其他广告一样，要想获得成功，就必须符合消费者的心理和行为特点。

从心理学角度讲，有效的广告焦点是如何吸引受众的"注意力"，并且使之"在微笑中被说服"，从而产生购买动机。可见，有针对性地识别目标受众，并且认识、研究广告受众的心理行为活动规律，是进行医药广告策划、创意和发布的前提条件，是提高医药广告有效性的必然要求，是广告传播成败的一个关键因素。

一、医药广告受众的含义

医药广告受众，是指医药广告信息传播的目标对象。任何人都可能成为医药广告受众，但只有那些具有消费需求、并有消费意识和能力的受众才有可能成为医药消费者；而只有成为医药消费者，对医药广告主（医药企业）才更有现实的意义。

广告受众心理，就是指广告受众在接受广告信息时所产生的一系列心理活动，包括感性的、理性的、情感的、意志性的、个体性的和社会群体性的等各种心理现象和心理规律。而这一切心理活动，都是受广告受众的心理需求制约的。

广告受众的心理需求对广告的效果起着决定性的作用。一个完整的广告必然包含广告主、广告媒体、广告费用、广告受众、广告信息五个必不可少的要素。在广告的构成要素中，广告信息、广告媒体、广告费用三个要素都是能够被广告主所控制掌握的，而只有广告受众是唯一的、不能被广告主左右的、具有主观能动性的要素，而且医药广告的效果最终必须也只能通过医药广告受众体现。

二、医药商品消费的特征

医药商品是一种特殊商品，其使用对象为消费者的身体，稍有不慎，导致的后果便很难预料。因此，医药商品的消费具有以下特征。

1. 医药商品消费的特殊性

医药商品的消费不同于一般商品的消费，消费者在消费一般商品时，大多持积极、主动、享受和乐于消费的心态，消费的过程一般来说没有痛苦，更多的是乐趣。而消费医药商品时，则是因为其机体处于不正常的痛苦、压抑状态，心情低落，消费过程没有任何乐趣可言；消费的主要渠道也只有医院和零售药店两种；消费者和医药商品的提供者在商品信息的拥有上又呈现严重的不对称性；特别是在医院，满眼看见的是情绪低落的患者，面对的是高深莫测的医师和毫不容许讨价还价的昂贵药费……这使得消费者在消费一般商品时的"上帝感"在此很难找到！

2. 医药商品消费的被迫性

医药商品的消费对一般消费者而言，大多不是积极主动地去消费，而是因为机体发生了各种各样的疾病后，因治疗需要而不得不进行消费。这种消费的被迫性使得消费者在消费的过程中不得不处于被动地位。因此，一般消费者对医药广告的接受也有一定的被动性。

3. 医药商品消费选择的被动性

由于一般的大众消费者缺乏医药商品的专业知识，在消费医药商品时难以正确判断和正确选择，其选择权为具备专业知识的医师、药师掌握，致使其消费具有被动的特点。这种被动性表现在：①信息拥有上的被动；②商品选择上的被动；③获取方式上的被动；④价格上的被动；⑤使用上的被动；⑥使用效果判断上的被动等许多方面。由于医师在选择上的主动，在选择面上比较广泛，同时选择又要受到多种因素的影响，这对医药广告的效果将产生较大的制约作用。

4. 医药商品消费的紧急突发性

对于发生疾病，很多患者缺乏相应的心理和经济准备，但是病情的治疗又不容许拖延、耽误，导致医药商品的消费具有紧急突发性。这种紧急突发性使得消费者在消费医药商品时不可能从容地进行选择，而是很快地就要决定如何消费，这就要求医药广告主重视医药广告的平时积累。

5. 医药商品消费的反复长期性

医药商品的消费在一个人的一生中，绝不会是一次性消费。在漫长的一生中，任何人对医药商品的消费都必然是一个反复、长期的消费过程，特别是慢性疾病的消费更是如此。这种特殊性将导致患者不会轻易去得罪医药商品的提供者，特别是医院和医院的医师。所以医院和医师将对医药广告效果起一定的作用。

三、医药消费者的心理需求

阅读资料 2-1

广东现代国际市场研究公司曾就中成药和 OTC 药品的消费进行调研,调查显示,消费者在选择购买家庭日常药品时,影响其行为的主要因素排列次序分别是:药品的疗效(89%),药品的质量(71%),药品的价格(57%),品牌知名度(37%),药品的成分(28%),厂家实力(14%),促销活动(3%)。可见,如果能成功地让人们相信某种药品功能强、效果显著,那么这种药品的市场开拓和销售就已经成功了一半。此外,质量、价格、品牌等因素也是产品促销或广告宣传时需要加以考虑的。

在消费医药商品时,消费者主要关心的是医药商品的如下几方面特性,并且主要是从这几个方面来选择医药商品的。

1. 医药商品的安全性

医药商品的安全性是指医药商品使用于人体时对人体造成损害的大小。常言道,"是药三分毒",任何药品在人体使用后都会或多或少地产生对人体造成伤害的不良反应。在以前,一般消费者由于缺乏医药的相关知识,对此没有引起足够的重视。随着临床大量不良反应的报道和消费者自身素质的不断提高,医药商品的安全性已成为消费者在选择医药商品时首要考虑的因素。

案例 2-1

整肠生——巧打肠道用药安全牌

在由抗生素引起的医药事故频发的今天,用药安全已经引起了全社会的关注,"安全性"是社会对药品关注的焦点。因此,整肠生以"新一代肠道药"的概念和所有肠道药竞争,并提出"治肠不伤肠"的核心诉求,大力倡导"肠道用药急需升级换代",抢夺其他肠道用药消费者,顺势成为业内领军品牌。在整肠生的平面和电视广告中,许晓力拿着整肠生,做着"OK"手势的幽默形象在消费者脑海留下了深刻印象。经过一系列的成功运作,包装为蓝白双色搭配的整肠生成为 2006 年、2007 年、2008 年肠药市场最抢眼的品牌,其微生态系列产品销售业绩达到 4 个多亿。

2. 医药商品的有效性

医药商品的有效性是指医药商品使用于人体后对疾病治疗效果的大小。消费者使用医药商品的根本目的就在于医药商品的有效性。阅读资料 2-1 中的调查结果足以说明这一点。

3. 医药商品的合理性

医药商品的合理性是指所确定的医疗方案及其所使用的药品对于患者疾病情况的适宜程度及其不良反应的大小。目前，临床上大量存在不合理用药的情况，如小病大处方所致的一个感冒要花费数百元药费、抗生素滥用、盲目使用昂贵的进口药品等。

4. 医药商品的及时方便性

医药商品的及时方便性是指消费者获得和使用医药商品的难易程度。由于医药商品用途的特殊性，使得医药商品的获得和使用必须服从于疾病的治疗需要。因此，广告主应重视如何使消费者能及时方便地获得医药商品。

5. 医药商品的舒适性

医药商品的舒适性是指消费者使用医药商品时所承受的痛苦大小。医药商品使用时往往要使消费者承受一定的痛苦，但其目的是使其机体恢复正常，是治疗疾病所必需的。消费者对此大多持理解和认同的态度。

6. 医药商品的经济性

医药商品的经济性是指医药商品使用后，患者所获得的治疗效果与患者为此所支付费用的比例关系。由此可看出，经济性应该服从是否合理用药及其治疗效果，而不是单纯地指患者所支付的费用大小。

上述医药商品的消费心理在医药专业人员和普通消费者之间是有所差异的，如对安全性与有效性，医药专业人员更重视前者，而普通消费者中则有一部分更看重后者；对合理性与经济性，普通消费者更多的是看重后者，而医药专业人员则更重视前者。由于现在医药商品的获取渠道主要是医院和社会零售药店两种，这两种渠道各有特点；药品又有处方药和非处方药（OTC）之分，其销售管理要求不同。这对医药广告的策划、表现形式、广告效果都会产生很大的影响，医药广告主和广告公司进行广告策划时必须高度重视。

> ■ **课堂互动**
>
> 分析一则中药保健品广告能有效地吸引广告受众"注意力"的焦点。

四、医药广告受众心理分析

当今，广告已经渗入人们生活的各个方面，人们很难避开或不接触广告，消费者对广告会做何心理反应和行为反应呢？清楚地认识这一问题，对于进行医药广告策划具有重要的指导意义。

（一）影响消费者购买行为的因素

1. 态度对购买行为的影响

态度，是个体对某一特定事物、观念或他人稳固的，由认知、情感和行为倾向三个成分组成的心理倾向。人们对所有事物都持有态度，但态度不是与生俱来的，而是后天取得的。态度一经形成，具有相对持久和稳定的特点，并逐步成为个性的一部分，使个体在反应模式上表现出一定的规则和习惯性。

消费者对产品、服务或企业形成某种态度，并将其贮存在记忆中，需要的时候就会将其从记忆中提取出来，以应付或帮助解决当前所面临的购买问题。因此，医药企业和医药广告都必须秉承合法、真实、诚信、以理服人、以情动人的基本原则，从而在广告受众心目中形成良好的态度。

一般而言，消费者的态度对购买行为的影响，主要通过以下三个方面体现出来。

（1）消费者态度将影响其对产品、商标的判断与评价，而且这种判断与评价具有持久性和稳定性的特点，一旦形成，很难改变。所以一旦医药广告被确认为虚假广告后，消费者是很难改变对该企业的不良判断与评价的。

（2）消费者态度影响其学习兴趣与学习效果。由于广告效果离不开其指导消费的功能，如果消费者对某企业形成了不良的判断后，广告是很难起到此作用的。

（3）消费者态度通过影响其购买意向，进而影响其购买行为。对具有良好评价的企业，消费者是很乐意去购买其产品的，但很难想象消费者一旦形成对某个企业或广告的不良判断和评价后，还会再去购买其产品。

2. 其他因素对购买行为的影响

虽然态度能在一定程度上影响消费者的购买行为，但是，态度并不是最终的决定性因素。除态度外，购买行为还要受到下列因素的影响。

（1）购买动机　是指消费者为了满足某种需要而产生购买活动的欲望和意念，它是推动消费者做出购买行为的一种内在推动力。即使消费者对某一企业或某一产品持有积极态度和好感，但如果缺乏购买动机，消费者也不一定会采取购买行动。

（2）购买能力　消费者可能对某种产品特别推崇，但由于经济能力的限制，只能选择价格低的其他产品。如很多医院的产科都设有单人温馨病房，但是在享受高品质服务的同时，也意味着消费者需支付更高的价格，故而会影响产妇家属的选择。

（3）情境因素　情境因素如节假日、时间、生病等，都可能导致购买态度与购买行为的不一致。当时间比较宽裕时，消费者可以按照自己的偏好和态度选择某种牌号的产品；但当时间非常紧张时，消费者实际选择的产品与他对该产品的态度就不一定有太多的内在联系。

（4）社会压力　他人的态度和反应也会影响消费者的行为，但在不同的社会文化背景下，消费者面临的社会压力是不一样的。

阅读资料 2-2

1. 普通患者对医学科学的知识相当有限，所以在药物的购买和使用过程中，医生起着关键甚至是决定性的作用。一般来说，患者对医生特别是名医，犹如小学生对老师一样，都是非常信任的，医生的忠告往往就是他们的决定。所以利用医生的威信来影响消费者，是医药用品推销的有效手段。有关调查结果也支持了这种看法，城市居民把"医生"作为药品最可靠的信息来源，其次是"电视媒体"和"家人亲友"。可见，在推荐药品上，要充分发挥医生、电视媒体和家人亲友的作用。

2. 为了促进产品销售，医药企业都非常注重在零售渠道上的推广，如在店外发放传单、张贴海报等。但是作用如何呢？广东现代国际市场研究公司曾调查发现：36%的人注意到了店外发放的宣传单，31%的人关注到了张贴海报，24%的人接触了促销人员或医生的助诊、讲解。但是，只有很少的人认为这些促销手段会对他们的购买决定产生影响，可见大部分消费者去药店买药前早已心里有数。

（二）广告受众对广告的整体态度

当今消费者对广告普遍形成了如下几种具有代表意义的态度。

1. 广告的必须性

鉴于广告对我国经济和社会发展所做出的突出贡献，大部分消费者都能理性地认识到广告对市场和消费的必须性。同时我国公众的生活模式也发生了很大的变化，工作节奏紧张，生活追求多样，也不得不借助广告来满足全方位的需求，广告对人们的生活发挥了极大的作用。同时，广告还能带给消费者各种各样的信息、知识和技能。因此，广告从主流面而言是必需的、有益的。

2. 广告的无可替代性

广告虽是一种付费的信息传递模式（信息还有其他不付费的传播模式，如新闻报道），但广告新颖奇特的诉求、夸张的艺术加工、灵活多样的表现形式、反复多次的密集渗透、跨越时空限制等特点，是其他信息传播模式所不能比拟的，从而导致广告的不可替代性。

3. 对广告的疲劳

据有关部门统计，2012 年全球的广告费高达 5000 亿美元，我国的广告费已高达数千亿元，如此海量的广告无时无刻不将消费者处处包围。但数量庞大的各类广告，只有极小部分与特定的消费者需求相关，那些无关的广告则给广大消费者形成了噪声干扰，且这种现象无时无刻无处不在，无法躲避，导致了消费者对广告宣传的疲劳和无奈。

4. 对广告的逆反

当今我国各种媒体播出的广告，绝大部分为商业广告。出于商业利益，广告主不可避免地要对所播出的商品信息进行有目的的选择、夸大，甚至虚构、杜撰。在广告费用上，媒体费用高涨，高昂的广告费最终都只会转嫁到商品价格上，迫使消费者买单，最终都是消费者受伤。违规发布公告、虚假宣传比比皆是，这样一来，广告诚信受到极大的怀疑，导致了受众对广告所传递信息和产品的逆反心理。我国医药行业更值得对广告的诚信进行深刻反省。

（三）广告受众对广告的评价

广告受众对广告的各个方面，根据广告的合法、真实、诚信、以理服人、以情动人的基本原则等评价标准进行量化和非量化的测量过程，最终得出一个对医药广告的普遍结论。总的来说，广大消费者对当今广告，形成了比较共同的评价（见阅读资料 2 - 3）。

阅读资料 2 - 3

广告受众对广告的评价

1. 广告发展迅猛，对经济发展起到了极大的促进和推动作用。

2. 广告数量泛滥，总量庞大。

3. 定位精准、诉求恰当、表现手法灵活的精品广告少，虚假、夸大、杜撰的平庸违法广告多。

4. 各种广告媒体费用增长迅速，最终还得由消费者买单。

5. 对广告的感觉是：生活、工作、消费离不开，不喜欢，但却被紧紧包围着，躲都躲不开。

6. 虚假广告泛滥，应加大审查和监管力度。

7. 广告行业在按照市场化运营的同时，必须严格规范广告的各个方面。如医药广告不得宣传疗效，不得用明星代言，不得随意发布处方药广告。

8. 广告主和广告运营人应加强诚信建设。

任务演练

下面是一份有关消费者广告态度的市场调查问卷。请任意选择三种不同职业和年纪的家人、朋友进行调查，了解他们对广告的态度。

1. 您每天看电视的时间大概是（ ）（单选）

   A. 基本不看　　　　　　B. 1 ~ 2 小时

   C. 2 ~ 3 小时　　　　　D. 3 ~ 4 小时

   E. 4 小时以上

2. 您每天看电视广告的时间大概是（ ）（单选）

   A. 基本不看　　　　　　B. 5 ~ 10 分钟

   C. 10 ~ 15 分钟　　　　D. 15 ~ 30 分钟

   E. 30 分钟以上

3. 您最喜欢看的电视节目类型是（ ）（可以多选）

   A. 电视剧　　　　　　　B. 新闻

   C. 娱乐节目　　　　　　D. 访谈类

   E. 体育节目

4. 对于电视广告，您的态度是（ ）（单选）

   A. 喜欢看，很关注　　　B. 有吸引我的就看看

   C. 无所谓　　　　　　　D. 不喜欢

   E. 非常反感

5. 您正看着电视节目突然插播广告，您会（　）（单选）

   A. 换台看别的节目去

   B. 不换台，一会儿再回来

   C. 不换台，看

   D. 看一会广告觉得无聊换台

6. 您觉得目前电视广告的问题在于（　）（可以多选）

   A. 广告时间太长　　　　　B. 广告没创意

   C. 节目中随意插播广告　　D. 虚假广告太多

   E. 同一广告反复播出

7. 您认为目前的电视广告的数量（　）（单选）

   A. 广告太多了　　　　　　B. 广告有点多

   C. 广告适中　　　　　　　D. 广告挺少

   E. 没太注意

8. 您通常会在什么情况下看到网络广告（　）（多选）

   A. 浏览新闻、信息　　　　B. 观看视频播放

   C. 收发邮件　　　　　　　D. 网上聊天

   E. 玩游戏

9. 您更愿意浏览哪种类型的网络广告（　）（多选）

   A. 视频形式　　　　　　　B. 游戏中场景镶嵌

   C. 网络页面　　　　　　　D. 浮动式广告

   E. 网络在线活动

10. 什么样的广告最能吸引您的关注（　）（可以多选）

   A. 幽默的　　　　　　　　B. 温馨浪漫的

   C. 画面大气唯美的　　　　D. 你喜欢的代言人的

11. 请问您观看一个广告的时候，您期望从中得到什么（　）（单选）

   A. 产品介绍

   B. 有关公司背景

   C. 使用产品之后的效果

   D. 动人心弦的视觉效果

   E. 新颖、有趣、有创意的广告词

12. 你觉得广告和产品有何联系（　）（单选）

   A. 产品有名就是因为广告做得好

   B. 产品有名，与广告没关系

   C. 产品有名，广告可以锦上添花

   D. 产品有名，也必须做广告

任务2　医药广告策划运作

医药广告由于其具有传递信息强、速度快、覆盖范围广、表现形式灵活、诱惑力强等优势，成为医药商品营销最强有力的、不可或缺的促销手段，塑造了许多成功的医药品牌和企业。因此，任何企业在发布医药广告之前，都必须经过一个周密的策划阶段，综合分析各种有利和制约因素，制订可行的广告策划方案。

一、医药广告策划的含义

阅读资料 2-4

策划，原为"策画"，其中"画"同"划"。策，最主要的意思是指计谋，如决策、献策、下策、束手无策；划，指设计、筹划、谋划。

当今赋予了策划更多的含义：美国哈佛企业管理丛书认为策划是一种程序，在本质上是一种运用脑力的理性行为；日本策划家和田创认为策划是通过实践活动获取更佳效果的智慧，它是一种智慧创造行为；我国《公共管理》（杨艳主编，国家行政学院出版社）一书认为策划在本质上是较佳的决定手段，也是行动的先决条件，包括确定目的，以及为达到目的的最佳手段。

策划，可简单理解为"就是根据所希望达到的目标，订立具体可行的计划，谋求使目标成为事实"。由此可见，策划讲求的是"运筹帷幄，决胜千里"。

策划的概念包含五个要素：策划者、策划依据、策划方法、策划对象与策划效果的测定与评估。

1. 广告策划

广告策划，就是对广告的整体战略与策略的运筹规划，是对于提出广告决策、实施广告决策、检验广告决策全过程做预先的考虑与设想。广告策划不是具体的广告业务，而是广告决策的形成过程。

广告策划可分为两种：一种是单独性的，即为一个或几个单一性的广告活动进行策划，也称单项广告活动策划；另一种是系统性的，即为企业在某一时期的总体广告活动策划，也称总体广告策划。

2. 医药广告策划

医药广告策划，就是根据医药企业的营销计划和广告目标，对医药广告活动整个过程所进行的前瞻性和全局性的决策和谋划。即通过周密的市场调研和系统的分析，制订出一个与医药市场情况、医药产品状态、医药消费群体相适应的、经济有效的广告计划方案，并加以评估、实施和检验，从而为医药企业的整体经营提供良好服务的活动。通过广告策划工作，使广告准确、独特、及时、有效地传播，以刺激需要、诱导消费、促进销售、开拓市场。

一个完整的医药广告策划主要包含以下要点：

（1）广告主的营销策略是广告策划的根本依据。广告是营销组合的重要因素，直接为广告主的市场营销服务，因此，广告策划不能脱离广告主的营销策略的指导。

（2）广告策划有其特定的程序，这种程序应该是科学、规范的，以保证广告策划不是漫无目的的设想和缺乏章法的随心所欲。

（3）广告策划应该提出广告运动（活动）的总体战略，停留在具体行动计划层次上的"广告计划"并不是广告策划。

（4）广告策划应以市场调查为基础。虽然广告主的营销策略已经为广告策划提供了依据，但是它仅仅来自广告主的单方面，还不足以显示由消费者、产品和竞争对手所构成的市场的全貌。因此，广告策划必须以科学、客观的全方位的市场调查为基础，追求广告活动进程的合理化和广告效果的最大化。

（5）广告的诉求策略、定位策略、表现策略和媒介策略是广告策划的核心内容，它们必须脱离平庸、与众不同，但又要求能产生实际的广告效果。

（6）广告策划的结果以广告策划文本的方式来体现。

（7）广告效果的测定方法应该在广告策划中预先设定。

（8）广告策划的目的是追求广告进程的合理化和广告效果的最大化。进程的合理化，就是广告运动（活动）要符合市场的现实情况，并且能够适应市场的发展；效果的最大化，就是广告策划要提供能够产生最佳的广告效果的策略和方案。

二、医药广告策划的特征

1. 明确的目的性

俗话说"凡事预则立"，策划是一个行为过程，它不仅是人的行为过程，也是资源配置并最终耗费的行为过程。因而，广告活动的广告目标必须明确，达到一定预期目标是策划的目的。医药广告策划必须服从医药企业市场营销的目的要求以及企业营销战略和策略要求。面对不同的市场、产品、消费者、竞争者，医药企业的广告目标应具有不同的内容，没有目标的广告策划是没有意义的，目的不明确的广告策划也是没有效率的。即使目的明确，但在运作过程中背离目标的要求而偏离方向的广告策划，也将会带来难以估量的风险。

2. 灵活的创新性

当今医药广告数量庞大，竞争激烈，广告目标受众每天陷入各种广告信息的包围之中，因此，大多消费者已经形成一种对广告的"疲劳症"。在此种情形下，一个平庸的广告是很难吸引到消费者注意的，因此更谈不上对其形成刺激和诱导、进而促进实施消费的可能。要想从众多的广告中脱颖而出，医药广告必须具有创新性，这是策划的关键。同时，由于医药市场竞争日益激烈，市场及其环境发展变化多端，一个优秀的广告策划必须能够灵活地适应市场的发展变化，在实施过程中能够建立起良好的信息反馈和调整机制，能及时调整广告实施方案，使得整个广告策划活动保持充分的灵活性。

3. 严谨的科学性

医药广告策划活动具有内在规律，是一个创造性思维的过程，但绝不是随心所欲的，因此，广告策划必须遵循其一般规律和科学。首先，广告策划是由信息收集与分析、确定医药广告战略和医药广告目标、制订和选择医药广告策略并形成计划方案、编制医药广告策划书、医药广告制作、医药广告实施、广告效果测评等环节构成的，这些环节是众多学科交叉融合的规程，体现了医药广告策划的科学性；其次，广告策划要综合运用经济学、美学、新闻学、心理学、市场调查、统计学、文学等学科的研究成果。

4. 完整的系统性

医药广告策划是由医药广告策划主体、策划内容、策划依据、策划方案和策划结果等要素环环相扣，构成的一个完整的运动系统。缺少任何一个要素或各个要素之间不能协调统一，医药广告策划活动就无法正常进行。广告策划从调研开始，根据目标市场的特点确定广告目标。在制订广告活动具体策略时，要以整体广告目标为出发点，各环节相互衔接，密切配合。

5. 真实的可操作性

医药广告策划的关键在于执行，以帮助企业更好地实现医药广告目标。因此，医药广告策划要在战略和策略的指导下制订出一系列可以操作的方式方法，使广告策划的思想和意图能够真正落到实处，使医药广告效果和效益得以真正实现。这种可操作性包括环境条件的可能性、医药企业的可承受能力、医药广告公司的可执行能力等内容。

三、医药广告策划的原则

医药商品是受到专门的法律法规规范的特殊商品，其广告发布过程中除了必须遵循我国广告法的一般规范外，还必须遵循医药商品专门的法律法规的规范。因此，进行医药广告策划，必须遵循以下原则。

1. 广告内容必须以产品为出发点

医药商品广告所传播的信息必须具有客观性、真实性，即实事求是地传播产品的信息。广告允许适当地进行艺术的夸张，但绝不能随意地夸大、故弄玄虚，更不能信口开河、捏造事实、做虚假的广告宣传，这一点在医药广告中显得尤为重要。医药商品的"说什么"，必须遵循其在使用说明书中规定的内容，不能擅自增加说明书中没有的内容，更不得有违广告法及医药管理相关法律、法规的规定。

我国新出台的《广告法》更是对医药广告做出了严格的规定，如第十六条规定医疗、药品、医疗器械广告不得含有下列内容：表示功效、安全性的断言或者保证；说明治愈率或者有效率；与其他药品、医疗器械的功效和安全性或者其他医疗机构比较；利用广告代言人做推荐、证明等。否则，广告主体必将受到我国医药监督管理部门和广告监督管理部门的处罚。

2. 广告诉求必须以消费需求为核心

医药消费者是医药广告信息的接受者和广告效果的体现者，因此，医药广告必须要牢牢把握消费者心理，切实了解消费者的消费需求，能触动消费者心理，激发消费者的消费兴趣与欲望，从而实现医药广告目标。一则好的药品广告除了要阐明作用机理，还应该能煽动消费者的激情，引起消费者的共鸣，勾起消费者的购买欲望。

同时，由于绝大多数消费者并不具备相应的医药专业知识，因此在医药广告传播中必须要做到深入浅出、通俗易懂，但这也绝不意味着矫揉造作、粗俗不堪。如"洁尔阴"的广告诉求"难言之隐，一洗了之"，既煽情又通俗，但却不粗俗，就切中、打动了无数的女性消费者，使该产品取得了傲人的市场业绩。

3. 广告媒体选择必须合法

我国现行的《药品管理法》明确规定：处方药可以在国务院卫生行政部门和国务院药品监督管理部门共同指定的医学、药学专业刊物上介绍，但不得在大众传播媒介发布广告或者以其他方式进行以公众为对象的广告宣传。非处方药（OTC 药品）则可以在医药专业媒体和大众媒体上发布广告。

许多药品广告企业在选择媒体时并不做过多考虑，只是一味地考虑将广告范围传播得越广越好，忽视了媒体的专业性质问题。如 2013 年 6 月 14 日国家工商行政管理总局、国家食品药品监督管理总局公布了整治虚假违法医药广告专项行动中发现的十大虚假违法医药广告典型案例，大多集中于广告发布媒体的违规上。

广告媒体按其传播内容是否为医学专业内容，可分为大众媒体和医药专业媒体。大众媒体是指以普通社会人群为主要信息接受者的影视、新闻、文化等媒体；医药专业媒体是指主要受众为医药专业人员的医学、药学类媒体。

4. 广告诉求必须恰当合理

医药广告的生命力在于其合理诉求，因为绝大多数消费者并不懂医药知识，如果只进行专业的理性诉求是一般消费者无法理解和接受的。所以更多的医药广告采取的是合理的感性诉求，将产品、生活、效果巧妙融合在一起，语言生动，有故事情节，从而有效增强了广告的趣味性和亲和力，使广告效果不仅局限于直接受众，还能形成二次传播甚至多次传播，极大地提高了广告的宣传促销效果。

同时，医药广告必须强调只能给消费者定位准确的单一诉求。每一种药品都有其相应的适应证，这个世上从来就没有所谓包治百病的灵丹妙药，在进行广告创意的时候一定要找准定位。一种药品可能会同时具有若干种功效，但在实际传播中往往只是针对其中的一种，从中提炼出最核心的一个诉求，也就是给消费者唯一的，并且必须是简单、容易记忆的诉求，持之以恒宣传。这样，虽然广告语往往只有寥寥数语，但广告所宣传的药品却能给人留下深刻的印象，并最终取得良好的市场销售业绩。

案例 2-2

泻利停——广告成为经典

哈药集团的"泻利停"广告的成功，主要得益于广告的创意、再结合知名笑星的幽默表现，"拉肚子，选好药，选药也要有诀窍，别看广告。看什么？看疗效啊！泻利停，泻利停，治痢疾拉肚子，地球人都知道啊"的广告诉求，不仅消费者都能背下这版广告的全部方案，也使得"都知道啊"这句话一度成为流行语，从此"泻利停"深入人们的脑海，建立了"拉肚子就用泻利停"这样一种牢固的、很难被取代的品牌印象。

5. 广告表现必须有创新性

医药商品的特殊性决定了其在广告传播中应该做到以理服人，向消费者阐明作用机理，但这绝不意味着医药广告就应该是一味地枯燥说教。医药广告肩负着向大众传递医药商品信息的功能，要想取得良好的传递效果，就必须避免直白空洞的说教式的传递信息，否则极易导致广告受众对广告的反感和心理抵触。广告首先在紧扣产品的前提下，可多采用生活化的表达形式和诉求，使用生动的场景，打动消费者心理，从而达到刺激、启发消费兴趣和欲望的目的。

广告大师波迪斯说："巧妙地运用幽默，就没有卖不出的东西"。幽默是广告的润滑剂，一则优秀的广告能够让人们在观看的同时不由自主地发出会心的笑容，从而使受众在愉悦的心情中对产品留下深刻的印象。

案例 2-3

荣昌肛泰——创新药品、创新广告

荣昌制药根据中医脐疗原理，采用透皮吸引技术，研发的肛泰贴肚脐治疗痔疮，避免了栓剂、膏剂肛门直接给药的弊端。在 1994 年上市时，简简单单的六个字"贴肚脐，治痔疮"，再加上幽默的电视广告、国内首创系列漫画广告配谐趣风趣的打油诗以及贴满了大江南北的卫生间不干胶公益广告，几乎给当年痔疮市场带来了革命性、颠覆性的变化，迅速赢得了消费者的好感，取得上市一年就销售上亿的好业绩。

6. 广告传播必须强化整合效果

现在的市场营销强调多渠道、多媒体的整合营销方案，充分发挥各自媒体和渠道的优势整合，尽量避免单一的广告模式。可以考虑在产品推广的不同阶段，根据具体状况，加强与电台讲座、电视专题片、终端 POP、人员口碑传播、售后服务问答等方式的配合，以形成立体式传播效应，随即辅以广告社区活动、电梯广告、手机短信广告、车载电视广告等，将药品广告进行资源的有效整合，达到更好的广告传播效果。

7. 广告宣传必须注重恒久性

广告是一项长期复杂的系统工程，不能搞突击式、集中式的宣传，不能刻意追求时效性，应有计划、分阶段地实施宣传。

阅读资料 2-5

药品广告策划常见的误区

误区一：广告创意苍白，宣传没有亮点

许多药品企业急功近利，广告创意、广告文案或软文广告等缺乏创意，没有诱人亮点，宣传苍白。特别是针对那些新上市的产品，多半采取的是概念炒作，而不是功效，主要是图个脸熟，使消费者看过来看过去都是老一套，既达

不到广告效果，又失去信誉度，失掉消费者。药品广告创新需要运用全面的广告创意组合，使药品的市场开拓具有理性和先进性，也更有冲击力。比如新疆的和田维药，企业通过全新的广告创意组合和广告与观众的互动组合，让和田维药的每一个亮点都得到充分的发挥，上市50天，一级城市的回款量达到160万元，给和田维药带来了希望的亮点，也开辟了药品广告创新的新路子。

药品在广告宣传时主要以理性诉求和情感诉求为主。由于众多药品广告诉求的范围比较狭窄，不像其他产品可以从外观、性能等多方面着眼，从而导致目前药品广告基本上以单一的产品疗效诉求为主，这种诉求方式尽管可以使人们对药品的功能一目了然，但容易使广告形象呆板乏味，没有任何看点，可能只能让那些老年人产生一定的信服，而作为其他群体就不一定会理会这样的广告。广告通常是出现有关产品画面，话外音叙述产品的功效，或反复播放产品的名称，即便有人物出现，也难以与产品引起人们的共鸣，广告也难成"气候"。其实只有广告的有效组合，让消费者在娱乐中得到教育，并且真正地通过正确的诉求来打动他们的心，才是上上策。

误区二：药品广告"连哄带骗"，宣传夸张离奇

现在一些企业做药做保健品，喜欢通过宣传威胁来解决市场的消费问题。许多企业和产品为了吸引住患者和消费者，在广告中宣称该药品几乎百分之百的治愈率和有效率，声称是祖传秘方，药到病除，如果不买就可能致伤、致残甚至死亡。以心脑血管类产品为例，许多广告采用"死亡"之类的字眼，来刺激消费者和患者的购买欲望，结果太强的刺激只会丧失广告的感召力，使广告适得其反。这些过度夸张离奇的宣传和恐吓虽然骗取了患者对购买所宣传药品的安全感，却使被吸引的受众群体具有了防御心理。

误区三：盲目使用明星代言，过度追求明星效应

现在的企业厂商利用明星做广告的非常多，对消费者几乎到了"视听暴力和精神污染"的程度，广告效果和后期的产品销售却并不如想象的那般理想。从1989年李默然为"三九胃泰"做广告从而开创了明星做广告的先河以来，药品广告采用明星的现象层出不穷。明星们固然有一定的市场号召力，但是药品是一种特殊的消费品，面对越发理性的消费者，它不同于衣服或装饰品，模仿性差，所以明星广告已不一定能形成期望的市场效应了。明星的后面是什么？药品通过明星达到知名度，但知名度以后怎么办？唯有的出路，那就是疗效。即使明星吹嘘得再凶，若产品没有疗效，那么广告产品最后还会让消费者从市场中清除出去。像某感冒药，有一时期，几乎把中国的明星们全用上了，但到现在，这个感冒药真的自己"感冒"了，在市场中再也见不到它了，因为什么？因为消费者不认明星的账，而是认疗效的账，没有效果再吹也没有用。

误区四：整版、连版广告轰出"繁荣假象"

以往的报刊媒介的药品广告，曾经风行的大篇幅软文几乎很少见了，而以半版、整版和连版的"软硬结合"广告仍大肆流行，看起来使所鼓吹的产品呈现出一派繁荣兴旺的场面。"软"广告部分包括夸张离奇的新闻案例、痛苦尴尬的生活细节和绘声绘色的证言独白，与产品功效"硬"广告进行组合，排版类似报媒新闻的方法，具有很强的隐蔽性。这种做法实际上就是"以讹传讹"，造成的后果只能是"一损俱损"。药品企业竞争过于激烈，加之现在的媒介众多，比如电视就有公交车上的车视 TV、写字楼里的分众传媒、医院里的医药专用 TV，再加上各式电视频道，而消费者一天能接收的信息量是有限的，这样使得广告信息大量被淹没，促使诸多厂商在广告投放版面和频次上竞争日趋激烈，导致了企业间和媒体间在一定程度上的恶性竞争。对于药品厂商而言，在广告投放上成本过高、费用过大，企业就想方设法提高药品的价格，一个 1.5 元成本的药品，到了市场就成了 100 多元的产品。但有时企业也失算，由于价格过于膨胀，消费者不理会这样的产品，这就出现了有些企业血本无归的局面。对于媒体而言，则会竞相提价或压价，使行业和媒体都遭遇恶性循环，药品成了人们向政府投诉的重点对象。

误区五：大肆利用权威、患者恶炒，打出"世界性"幌子

许多广告中打着权威专家坐诊、专科门诊、特色医疗等招牌，宣传推销所谓的特效药品，要是没有这样的权威，产品就好像没有权威一样。还有的谎称攻克世界医学难题，获得过国内及国际大奖，让患者感觉其疗效神奇，诱骗患者购买该药品，使使者与消费者信任度下降。有些药品厂商为了宣传疗效，在一些新闻媒体上使用"患者"做招牌，再以患者"承诺"招揽患者，进行扩大疗效的宣传活动。这只适用于那些疾病发作的频率高、痛苦大的病症，如失眠、癌症、糖尿病、心脏病等。这种广告宣传与海洛因颇为相似——适量可以止痛，功效强大；一旦上瘾，后果将不堪设想，使产品真正的价值贬值。

误区六：违法广告如雨后春笋——层出不穷

现在药品越来越难做，国家管得越来越严，很多药品企业改做保健品。保健品除了不说疗效外，其他什么都可以打着擦边球乱讲。很多人常常忽略肩上的责任，一句"广告就是为了卖货"，让很多企业和广告商在从事营销传播时找到了违规的理由。由于受到利益的驱动，一些新闻媒体无视国家有关药品广告的法律法规，发布一些严重违法的药品广告，有的甚至刊登严重失实的药品广告。

四、医药广告策划的内容

广告策划实际上囊括了整个广告活动的所有内容，是对整个广告活动进行全面的策划，其主要包括以下几方面内容。

1. 医药广告市场分析

市场分析是广告策划和创意的基础，它基于市场调查，是通过一系列的定量和定性分析得出广告主和竞争对手及其产品在市场的地位，为后续的策划工作提供依据。市场调查主要以产品营销活动为中心展开，围绕着市场供求关系来进行。

市场分析的主要内容包括医药广告环境（营销环境）分析、广告主背景（企业经营情况分析）、产品分析、市场竞争状况分析以及消费者情况分析。通过深入细致的调查分析，了解市场信息，把握市场动态，研究医药消费者的需求方向和心理嗜好，并且明确广告主及其产品在人们心目中的实际地位和形象，为广告策划提供大量的第一手资料。

2. 医药广告目标确定

医药广告目标是指医药广告活动要达到的目的。广告目标的确立要有明确的衡量指标，既要有实际性，又要有可操作性。具体包括：①广告活动后企业或产品的知名度及美誉度提高的百分比；②市场占有率及销售额或销售量提高的百分比；③消费者对企业或产品的态度或评价的转变情况。

医药广告作为企业的营销手段，必须服从于企业的营销目标，因此医药广告目标是企业营销目标的阶段化和具体化的体现。首先，确定医药广告活动的目标，必须分析研究企业的营销目标，将广告目标定位于提高医药产品的知名度、激发消费者的购买欲望、扩大产品在医药市场的占有率和销售额等具体方面，促进医药企业营销目标得以实现；其次，医药广告目标的实施，使医药广告达到传播某种信息，让人了解医药产品或观念、促进产品销售、树立企业和产品良好的形象等目的。

3. 医药广告传播区域和目标受众界定

医药广告传播区域指医药广告目标受众生活的区域与范围。确定传播区域要根据医药广告战略进行周密筹划，在考虑到各种媒体特点和目标消费者接触媒体习惯的前提下，要突出重点区域，采取分阶段区域策略或层层滚动推进策略等，将有限的广告投资优化组合配置，以使有限的投入获取更大的广告效果价值。

在策划医药广告活动时，必须根据消费者的消费需求、购买习惯、购买动机等不同的消费心理，采取市场细分化策略，将其划分为不同类型的消费群体。把可能的目标消费群体分析出来，才能使医药广告活动具有明确的目标消费群体，并根据目标消费群体的消费心理和消费行为特点去实施医药广告，做到有的放矢。

4. 医药广告定位

医药广告定位就是根据消费者的需求、重视和偏爱，对准备宣传的商品进行分析，明确自己和竞争对手在目标消费群体中的不同形象，树立自己产品在目标消费者心目中独特优秀的形象，并迅速强化这种形象，以获得认同肯定。

定位的重点在于对潜在顾客的想法施加影响，使消费者产生一种符合自己心愿的印象。商品的特性、企业的新意识、消费者的需求和喜好三者协调恰当，就能正确地确定产品定位和医药广告定位。例如，西安杨森的"吗丁啉"以胃动力药的唯一定位深入人心；"治颈椎病，选颈复康"成就了河北承德颈复康药业在治疗颈椎病领域的显赫地位。

案例 2 - 4

光华小柴胡——成于精准定位

光华小柴胡颗粒是白云山光华药业公司的主打产品，由于小柴胡颗粒在2000年来的临床应用中功效甚多，《伤寒论》中表述太专业，致使定位相当困难，产品也一直是不温不火。2009年，光华小柴胡邀请了包括声浪传播在内的国内最出名的几家做药品比较专业的广告策划机构参与，使小柴胡的定位得以清晰，从数家广告公司中脱颖而出。光华小柴胡的新定位："光华小柴胡，不伤肝胃的感冒药！"

新定位运用了"扬长避短"的策略。小柴胡最大的卖点不在于是多么强的感冒药，而是它的"温"性，尤其是疏肝和胃的附加值，也是所有感冒药都无法比拟的强有力的卖点，光华小柴胡的未来必将会成为老少皆宜、家家常备的绿色感冒药。为了快速赢取市场，其还特邀请香港当红演员佘诗曼为产品代言。

精准的定位立即让光华小柴胡在众多感冒药中脱颖而出，广告投放以后，光华小柴胡的销售量在短时间内上升了70%，成为广药集团中最成功、最赚钱的一个品牌。

5. 医药广告创意表现

医药广告创意是医药广告策划的重点，首先是广告主题的确立，即明确要表达的重点和中心思想。广告主题由产品信息和消费心理构成。产品信息是广告主题的基础和依据，消费心理是广告主题的灵魂和生命，只有将两者合二为一的主题才能打动消费者。

广告创意是个极为复杂的创造性的思维活动过程，其作用是要把医药广告主题生动形象地表现出来。成功的广告创意可以使医药广告作品在内容和形式上都焕然一新，具有强烈的感染力和感召力。比如，"排毒养颜胶囊"创造性地提出排毒养颜的概念，"白加黑"倡导的"治疗感冒，黑白分明"，产品名称和广告信息都在清晰地传达产品概念。

6. 医药广告媒体选择

医药广告媒体的选择，是运用科学的方法对不同的媒体进行有计划的选择和优化组合的过程。广告媒体选择的原则是以最小的成本取得尽可能大的医药广告效果。

广告活动是有价的传播活动，选择广告信息传播媒体是广告运作中最重要的环节之一。医药广告媒体种类繁多，不同的传播媒体具有不同的特征，在传递广告信息时会呈现出较大的效果差异。因为不同的消费者具有不同的媒体接触规律，只有选择那些适合于目标受众的媒体，医药广告传递信息的功能才能得到保障。

7. 医药广告费用预算

广告费用预算就是对广告活动所需费用的计划和匡算。医药广告经费预算是要决定医药广告费投入的数量、方向与时机，从而有效地保证对医药广告活动进行管理和控制，大大提高医药广告工作效率，加强工作责任感，并为评价医药广告效果提供具体的经济指标。否则，再好的广告策划也必将如同空中楼阁、水中花，无法付诸实施。

不同的目标受众具有不同的广告媒体接触规律，不同的广告媒体具有不同的广告传递效果，不同的广告发布时间累积呈现不同的广告量效差异，而这一切导致了广告费用的明显差异。这是任何医药企业在发布广告时都必须预先进行仔细预算的。一项成功的医药广告策划，必须以可靠的医药广告预算为前提，因为它支撑着整个医药广告策划内容，合理、科学的医药广告预算能保证医药广告活动按计划进行。

8. 医药广告效果评估与监控

医药广告效果，是医药广告通过广告媒体传播之后所产生的作用，一般表现为医药广告的经济效果、心理效果、社会效果等方面。医药广告效果测定是医药广告活动中的一个重要环节，通常设立包括三个方面内容，即经济效果、社会效果和心理效果的各种广告指标去进行监测和评估。医药广告的效果监测和评估不是等医药广告发布完了以后才开始进行，而是贯穿于广告发布的整个过程中。不同的阶段，可以设定不同的效果指标进行考察、评估，并根据评估结果随时进行合理的调整，从而使医药广告发布的整个过程处于可控、有序的进行之中。

五、医药广告策划的步骤

医药广告策划的整体性和系统性特征，要求医药广告策划活动必须遵循一定的程序和方法，这是保证广告策划工作质量的基本前提。医药广告策划是一个严密复杂的、系统和科学的活动，在策划的不同阶段有不同的任务、侧重点和中心内容。虽然每项具体的广告其策划工作细节会有所差异，但就一般医药广告策划的规律而言，整个广告策划活动一般都要经历以下四个阶段。

1. 广告市场调查分析阶段

市场调查分析阶段是医药广告策划的起点。通过调研活动，搜集有关医药市场信息资料，分析企业的市场营销环境，目的是了解市场、产品、消费者的动态以及竞争对手情况及其广告策略。然后分析研究所取得的资料，写出市场调查报告，为企业营销和广告决策提供依据。

医药广告调查分析的内容主要包括：企业产品的历史、现状、特点及营销状况，消费者的需求、动机及购买能力，市场的社会经济环境、对产品的容量及竞争状况。

2. 广告决策计划阶段

决策计划阶段是在广告调研的基础上，对广告活动的整个过程和各项活动环节进行决策和规划。其主要工作内容包括：广告定位，确定广告目标，制订广告策略，编制广告预算，制订广告效果评价的方法和具体的广告计划，最后形成医药广告策划书作为企业广告活动的行动指南。

医药广告的终极目标是促进医药产品更好地销售。但是，由于企业的不同发展时期、产品的不同生命周期、不同的市场区域和竞争状况、企业的长期战略目标与阶段性目标等诸多因素的综合作用，医药广告的目标将会不同。

3. 广告执行实施阶段

执行实施阶段主要是执行并实施广告决策与计划。其主要工作内容包括：根据广告决策确定广告表现形式，进行广告的设计和制作；根据广告决策确定媒体形式，落实广告媒体，发布广告。广告计划经过有关部门批准之后，即可进行广告设计、创作，进而制作成广告作品，并对广告作品进行事前测定与评价，然后定稿并按计划实施发布。

4. 广告评价总结阶段

评价总结阶段包括广告效果测评和广告策划工作的总结两项工作任务。广告效果测评主要是对广告发布后的传播效果和促销效果进行测定评估；广告策划工作的总结就是对广告策划各项工作进行总结与评价，形成广告策划工作总结报告。广告作品发布之后，要运用各种方式对广告效果进行调查，并根据调查结果写出广告总结报告。

任务演练

回顾汇仁肾宝、白加黑、荣昌肛泰、洁尔阴等药品广告，讨论分析这些药品广告策划的成功之处。

任务 3　医药广告策划书撰写

一、医药广告策划书的形式

广告策划在对其运作过程的每一部分做出分析和评估，并制订出相应的实施计划后，最后要形成一个纲领式的总结文件，我们通常称为广告策划书。

医药广告策划书是根据医药广告策划结果而写的，是提供给医药广告主加以审核、认可的医药广告运动的策略性指导文件。

医药广告策划书一般有以下两种形式。

1. 表格式的广告策划书

这种广告策划书比较简单，使用范围不是很广。一般列有广告主现在的销售量或者销售金额、广告目标、广告诉求重点、广告时限、广告诉求对象、广告地区、广告内容、广告表现战略、广告媒体战略、其他促销策略等栏目。

2. 书面语言叙述式的广告策划书

这种广告策划书运用广泛，是把广告策划意见撰写成书面形式的广告计划，因此又称广告计划书。

二、医药广告策划书的撰写原则

1. 广告策划书要简洁明确，重点突出。语言力求简要、概述、易读、易懂；尽量避免重复相同的概念，删除一切多余的文字；避免冗长，一般不要超过 2 万字，如果篇幅过长，可将图表及有关说明材料用附录的办法解决。

2. 广告策划书在每一部分的开始最好有一个简短的摘要，在每一部分中要说明所使用资料的来源，使计划书增加可信度。

3. 广告策划书应量化、具体，具有可操作性。策划书中涉及的营销目标（如销售额、市场占有率、购买率等）和传播目标（如知名度、认知度、理解度等）都应明确地设定出来。策划书中的各工作指标标准要具体和量化，必要时用数字来表达。如广告活动中目标受众人数、覆盖地区数量、广告活动的目标购买率、增长率等都须有量化的数据指标。

4. 广告策划书在撰写过程中，视具体情况，有时也将媒体策划、广告预算、总结报告等部分专门列出，形成相对独立的文案。

三、医药广告策划书的内容格式

广告策划书可能因撰写者个性或个案的不同而有所不同，但一份完整的广告策划书大体包括如下内容：前言、市场分析、广告战略或广告重点、广告对象或广告诉求地区、广告策略、广告预算及分配、广告效果预测。

1. 前言

前言是总纲，总领整个广告策划书，用以简明概要地说明广告活动的时限、任务和目标，必要时还应说明广告主的营销战略。前言是全部计划的摘要，它的目的是把广告计划的要点提出来，让企业最高层次的决策者或执行人员快速阅读和了解，使其对策划的某一部分有疑问时，能通过翻阅该部分迅速了解细节。这部分内容不宜太长，以数百字为佳，所以有的广告策划书称这部分为执行摘要。

2. 市场分析

市场分析部分一般包括四方面的内容：①企业经营情况分析；②产品分析；③市场分析；④消费者研究。撰写时首先应根据产品分析的结果，说明广告产品自身所具备的特点和优点；再根据市场分析的情况，把广告产品与市场中各种同类商品进行比较，并指出消费者的爱好和偏向；如果有可能，也可提出广告产品的改进或开发建议。有的广告策划书称这部分为情况分析，用以简短地叙述广告主及广告产品的历史，对产品、消费者和竞争者进行评估。

3. 广告战略或广告重点

一般广告策划书应根据产品定位和市场研究结果，阐明广告策略的重点，即说明用什么方法使广告产品在消费者心目中建立深刻的印象；用什么方法刺激消费者产生购买兴趣；用什么方法改变消费者的使用习惯，使消费者选购和使用广告产品；用什么方法扩大广告产品的销售对象范围；用什么方法使消费者形成新的购买习惯。有的广告策划书在这部分内容中增设促销活动计划，写明促销活动的目的、策略和设想。也有把促销活动计划作为单独文件分别处理的。

4. 广告对象或广告诉求地区

主要是根据产品定位和市场研究来测算出广告对象有多少人、多少户，确定目标市场，并说明选择此特定分布地区的理由。根据人口研究结果，列出有关人口的分析数据，概述潜在消费者的需求特征和心理特征、生活方式和消费方式等。

5. 媒体广告策略

此部分用以详细说明广告实施的具体细节。撰文者应把所涉及的媒体计划清晰、完整而又简短地设计出来，详细程度可根据媒体计划的复杂性而定。也可另行制订媒体策划书。一般至少应清楚地叙述所使用的媒体、使用该媒体的目的、媒体策略、媒体计划。如果选用多种媒体，则需对各类媒体的刊播及如何交叉配合加以说明。

6. 广告预算及分配

根据广告策略的内容，详细列出媒体选用情况及所需费用、每次刊播的价格，最好能制成表格，列出调研、设计、制作等费用。也有人将这部分内容列入广告预算书中专门介绍。

7. 广告效果预测

此部分主要说明经广告主认可，按照广告计划实施广告活动预计可达到的目标。这一目标应该和前言部分规定的目标任务相呼应。

在实际撰写广告策划书时，上述几个部分可以增减或合并分列。如可增加公关计划、广告建议等部分，也可将最后部分改为结束语。

案例2-5

医药广告策划书范例

中国桂林梅高医药广告策划公司为医药广告主——桂林天和制药公司的产品"天和骨通"（治疗骨刺）所做的医药广告策划，获得1996年纽约医药广告节AME（advertising marketing effectiveness，医药广告营销效果）银奖。这是我国至今唯一获得国际医药广告界认可的医药广告营销效果、策划人水平的国际奖，现将其主要策划内容介绍如下。

一、市场分析（目标市场与目标群体）

大城市（100万以上人口）居民，40岁以上，中高等收入，或能享受公费医疗服务的居民。

原因：①骨刺高发于中老年人；②用药时间较长且定价较高，故定向于中高收入城市居民及有公费医疗的居民，使价格不至成为障碍；③尽管农村有9亿人口，但由于收入低，难以承受药品费用，且本产品因医药广告费用预算限制，只能确定用印刷医药广告，难以到达农村。

二、产品定位

"天和骨通"定位于一种专治骨刺疼痛（不同其他品牌那样，治疗一般肌肉疼痛）的较高价格的口服药。产品支持点是它的缓释配方（消费者感到是一种科技的进步）。

1. 具体策略

（1）优异制造技术和最有效的药用成分。

（2）包装设计上的"现代感""科技感"，强化这个定位来激发购买欲望。

（3）适当的高价格，以区别其他品牌。

（4）开始定位于大城市，后向周边地区辐射。

（5）针尖式地集中选择目标城市中最大和最有效的经销商。

2. 理由分析

（1）中国人皮肤上的毛很少，传统喜欢用药膏贴于患处，而不是服药。治疗骨刺疼痛一类的产品大多采用膏药式，因为中国消费者声称膏药更方便、更舒适，且比打针、吃药更少副作用，所以中国人更信赖这种传统药物贴膏。

（2）中国市场上充斥着各种品牌的膏药，竞争相当激烈，但所有这类产品包装都十分低劣，价格低廉。

（3）大规模的医药广告调研、大量的资料收集表明：很多中国的中老年人深受骨刺的痛苦，发病率高，但没有一个竞争品牌把产品定位于治疗骨刺的疼痛。

（4）几乎所有被询问者都同意：现在没有一个品牌拥有吸引人的、有趣的、独特的、现代的、科技感强的产品包装。同时多数被访问者声称：他们愿为解痛效果更好的产品多付一些钱。

3. 营销与医药广告目标

于 18 个月内达到：在北京市、天津市及河北、浙江、广东、广西等省（自治区、直辖市）的主要城市，产品在医院和药店的使用率超过 50%。

（1）总销售收入 1750 万元或更高。

（2）在主要城市中 40 岁以上患者的品牌、认知度超过 50%。

（3）在目标市场区域，医生和患者的首选率超过 50%。

（4）在目标区域，医生和患者的首选率超过 50%。

目标（1）、（2）、（3）项由抽样调查来检验。

4. 传播与医药广告目标

通过理性的、科技的诉求，直接宣传产品专治骨刺疼痛。其具体做法如下。

（1）产品重新命名为"天和骨通"。它含有"天地人和"之意，此传统名字更易为中国消费者接受。

（2）突出宣传缓释配方，并以文案来解释天和缓释机制。医药广告口号"12 小时不间断提供药力，有效抑制骨刺疼痛"用于所有医药广告和促销物品标题上。

（3）新包装设计，其中包括一个彩色的产品标志（LOGO），上面有很多彩色小球，亚里士多德式的人体图形以及世界地图。这个 LOGO 已成为天和制药 CI 系统的一部分，新设计的彩球用来表明缓释作用的原理。

（4）促销品设计是在印刷品和物品上印有图片，画着一个彩球飘在一个女子的裸背上，以此来暗示药品的渗透力。采用正式宴会这一促销活动方式来介绍产品。

5. 媒体策略

(1) 当地的报纸为首选媒体，按重要性依次为 POP、TV、杂志、路牌、灯箱、霓虹灯。

(2) 由于 POP 医药广告的可视性和有效性，本策划书选其为第二重要媒体。

(3) 由于产品是季节性产品，冬季为旺销期，故媒体的排期主要集中于秋冬之交。

理由是：①本案最重要的策略是创造消费者对本产品的缓释配方和专治骨刺的认识，故宜选用适于说理性的印刷媒体；②考虑尽可能少的医药广告费投入，当地报纸可以最有效地传达这些概念，所以选择了当地报纸；③由于预算少，故 TV 医药广告只用于营销活动，在目标城市的导入期，展现药品与品牌；④杂志、路牌、灯箱、霓虹灯用以维持对品牌的认识。

6. 效果反馈

本医药广告策划，由于营销战略正确，传播策略有效，只用了 500 万元医药广告及促销费，就在 18 个月内创造了 7000 万元的销售额，医药广告费用小于收入的 10%。在北京、天津、广州、杭州、石家庄等主要目标城市有 3% 的药店、超过 60% 的医院使用天和制药的产品，品牌认知度在上述城市中的 40~50 岁目标群体为 52%，45 岁以上为 70%，医生首选率为 60%，患者首选率为 65%。各项结果均超过或大大超过了预定目标。

7. 本医药广告策划书的启发

(1) 营销战略的制订来自医药广告调查的结果与分析。

(2) 医药广告人的角色和现代医药广告活动的作用绝不仅仅是"管医药广告"，事实上包括产品定位、命名、包装、定价、目标市场销售渠道、医药广告促销等各环节活动之沟通。

(3) 小费用换取大效益，这不仅与医药广告创意有关，而且与医药广告人给产品重新定位有关。

本案是重视医药广告与营销战略的结果。

任务演练

课外查阅资料，结合一份具体的医药广告策划书，分析医药广告策划过程的各个步骤。

项目小结

医药广告信息传递的效果受到多种因素的影响和制约，其中最重要的一点就是医药广告是否是根据医药消费者的心理特点及对医药广告受众的接受心态来设计、策划及表现，并最终刺激、启发消费兴趣与欲望。

　　医药广告策划是医药广告人合理而有效地控制医药广告活动的进程，以实现医药广告目标的活动，具有目标性、程序性、整体性、操作性、动态性、创造性等特点。它一般包括分析广告环境、确定广告目标、明确广告对象、明确广告传播区域、广告定位、广告创意、广告媒体选择、广告预算、广告实施策略及效果检验等内容，并遵循一定的程序进行。

　　广告策划在对其运作过程的每一部分做出分析和评估，并制订出相应的实施计划后，最后要形成一个纲领式的总结文件，即广告策划书。

▣ 目标检测

一、复习思考

1. 医药消费的特殊性有哪些？
2. 广告受众对医药广告的总体态度和评价是什么？
3. 医药广告策划的特征和原则是什么？
4. 医药广告策划的内容和基本程序是什么？
5. 医药广告策划书的主要内容有哪些？

二、案例分析

"新康泰克"上市策划的启示

袁晓懋

　　国庆长假刚过，媒介即纷纷报道，新康泰克销势走好，上市1个多月，南京、合肥、广州、成都等城市即赶上泰诺、银得菲、999等感冒药品的销量，并不断攀升。此时距新康泰克9月3日上市不到2个月时间。新康泰克在群雄争战的OTC感冒药市场，迅速博回消费者的青睐，销量节节攀升，市场占有率不断提高，使康泰克市场空缺已被填补的传言不攻自破。在硝烟甚浓的感冒药市场，因被禁售而退出市场，今卷土重来，达到如此效果，其营销运作无疑值得探究。

　　2000年11月15日，PPA事件对中美史克简直像一场噩梦，康泰克、康得因含有PPA而退出市场。292天后，史克公司投资1.45亿元人民币，以PSE代替PPA，研制出不含PPA的新感冒药品新康泰克。以怎样的面孔上市，在被200多种感冒药挤占的市场如何通过成功的市场运作，再拔头筹，第一炮是关键。中美史克精心的上市策划，使新康泰克成功打响第一炮，回味其精彩运作，会让我们得到有益的借鉴。

　　1. 重视培育品牌，珍惜品牌财富

　　在市场策略中，品牌的价值是市场营销的核心，而强大持久的品牌所拥有的核心实力，不仅仅是知名度，更重要的是向消费者提供有意义的服务承诺，是与消费者建立牢固的心理和情感交流。自1999年起，中美史克即创造了以康泰克胶囊为原型的"康泰克先生"作为品牌代言形象。"康泰克先生"活泼可爱，性格亲和，不失专业可信的形象，推出之初即获得消费者喜爱，并成为中国药品广告创意的突破。此次新康泰克上市亦使用了"新康泰克先生"作为代言形象，目的是延续这一有效的广告创意。在"新康泰克先生"广告测试中，重点城市内88%的消费者表示喜爱这一形象。

新康泰克上市即获成功，与康泰克这一品牌影响是分不开的，新产品定名为"新康泰克"，是原有"康泰克"品牌的延续和发展。根据市场调研，康泰克品牌在全国享有超过89.6%的认知度，并在"疗效好、起效快、作用时间长"等关键性产品特性上都有超过同类产品的表现。在康泰克退出市场的这段时间，消费者仍然对品牌抱有一定的好感。在2001年全国20个城市的定量调研中，90%的消费者表示"会接受"或"可以考虑接受"康泰克重回市场。正是康泰克品牌在消费者中形成的强大的品牌资产，以及消费者给予品牌的信赖，让史克公司有充足的信心续用"康泰克"品牌。

2. 产品遇难，勇于壮士断腕

2000年11月15日国家食品药品监督管理总局发布暂停使用和销售含有PPA的感冒药制剂的通知，其中包括中美史克公司的康泰克和康得两种药品。通知发布后，中美史克立即举办了媒介恳谈会，表示支持国家药监局的决定，并正式对外宣布停止两种产品的生产和销售。康泰克和康得两种产品自此退出市场。PPA事件广受公众瞩目，也引起消费者对感冒药使用的恐惧。中美史克的康泰克，经多年的市场推广，成为感冒药市场的领导品牌，占有中国约1亿元的份额。遇此危机，史克公司没做任何辩护，果断决策，英雄断腕，让产品立即退出市场，损失是巨大的，但决策非常英明。现在回头分析，这一决策顺应时势，结果失去的是无可挽回的产品利益，但却保住了"康泰克"品牌这一巨大的无形财富，为新康泰克292天后能卷土重来、夺回市场奠定了良好基础。企业这一勇于壮士断腕的营销策略，应值得广大企业学习。像南京冠生园月饼事件，其营销者即没看到这一点，使其品牌资产仍在不断流失，让人痛惜。

3. 策划以消费者为本

新康泰克上市策划处处以消费者为本，尊重消费者的主体地位，体现出中美史克健康的人文关怀精神。在上市新闻发布会上，作为公关新闻稿的重要部分，公司杨伟强总经理讲话中，通篇满怀对消费者的感激之情。康泰克曾是史克公司的一个知名品牌，但我要说，创造康泰克品牌的，不只是中美史克，更重要的是广大的消费者。多年来他们不断从品牌的使用体验对产品的疗效进行验证，最终形成了对品牌的信赖和偏爱，这样我们的品牌才有了生命。在康泰克退出市场的"静默期"，我们发现，许多消费者对康泰克品牌仍抱有一种好感，很多人对不含PPA的新康泰克的推出持欢迎和鼓励的态度。正是消费者给予我们品牌的信任和信心，激励着我们投注每一分力量来创造更好的产品去回报他们。因为我们深知，消费者对品牌的信心，才是我们赢取市场竞争、重回市场领导地位的最大支持。其广告宣传也以熟悉的康泰克广告语与消费者相维系，深含情感关怀。

4. 医药广告宣传核心定位的继承与发展

广告必须建立品牌独特的市场定位，为消费者提供他们最为关心的消费利益。多年来康泰克的品牌口号"早一粒、晚一粒，远离感冒困扰"，就有效地传达了对消费者的利益承诺，成为家喻户晓的广告语。新康泰克继承了这一广告的核心定位，以"新康泰克，12小时缓解感冒症状"唤起消费者的品牌回忆，维系好康泰克这一品牌的忠诚顾客。但 PPA 阴影犹在，广告宣传必须消除顾客的疑虑和恐惧心理。在新康泰克上市之初，上市广告着力向消费者提供他所关注的信息，例如"不含 PPA"、国家对产品的验证认可，并发展了新康泰克先生用放大镜仔细检查产品包装的广告创意，以提高产品的可信度。同时广告还在继承新康泰克有"快速起效""药力长达 12 小时"这两大优点的基础上，突出 PSE 使药力释放更加精确、药效更加稳定。品牌的继承与发展，应整合出优势资源，继承好无形的形象资产，品牌发展应突出新发展的亮点，在广告投入前这一点一定要清晰。新康泰克品牌的广告宣传定位很值得借鉴与学习，即使同一品牌的打造也应有如此思想，在整合优势基础上发展。

5. 以企业文化传播烘托新品上市

品牌的信誉，很大部分源于对企业的信任，企业文化、实力、形象对维系消费者好感和信心非常重要，也是产品品牌资产的重要部分。2000 年 12 月 27 日，史克必成与葛兰素威康合并成为葛兰素史克公司（GSK），成为世界上最大的制药企业集团。GSK 的市场价值为 1890 亿美元，在全球范围内的 41 个国家拥有 108 家生产厂，产品供应 140 个国家，销售额达到 275 亿美元，全球共计 10 万名员工。通过融合前身各自强有力的技术和资源，葛兰素史克在抗感染、中枢神经系统、呼吸系统和胃肠代谢系统四个医药领域处于领导地位。葛兰素史克公司在多个相关领域为中美史克提供了强有力的支持。合并后 GSK 的实力、行业地位、研发能力，无疑让消费者对新康泰克疑虑顿消。新康泰克上市，GSK 副总裁亲临新闻发布会发表演说，这些内容通过媒介渠道广为宣传，成为新康泰克迅速推广的巨大动力。

另外，中美史克还大打企业精神牌，宣传其"以变应变，迎接挑战"的企业哲学，宣传优秀的企业文化和企业形象烘托新康泰克上市。在康泰克退出市场的 292 天里，中美史克独立承担了约 6 个亿的直接经济损失，却没有为此让一个工人下岗，因为我们考虑到员工们的家庭，考虑到他们作为熟练技术工人对企业的价值。对人的关注换来的是员工们高昂的工作热情。在上市前的动员会上，员工们一起手拉手合唱一曲《团结就是力量》，许多人都激动得流下眼泪。这段企业故事通过电视、报纸、POP 手册广为传播，使得新康泰克上市增添了人文精神和情感内容，更具亲和力。

6. 媒介造势，起伏有致

媒介造势一靠医药广告，二靠公关新闻。新康泰克上市动用电视、报纸、户外、POP、DM 等几乎所有广告媒介，从全国性媒介到区域性媒介，再到终端广告，层层叠入，以达最大信息到达率。在安徽省，即向药监局申请了 21 种广告，集中火力在 8 月底、9 月初推出。在公关宣传上，据笔者在网上不完全统计，自 8 月 10 日至 10 月 9 日，新康泰克上市的报纸报道全国近 300 篇，前后有三个报道高潮，一是 8 月中下旬的中美史克将有新品上市，感冒药市场争夺激烈的炒作，二是 9 月 4 日后新康泰克卷土重来，正式上市的聚焦，三是 9 月 20 日以来新康泰克销售看好的报道。其中以第二阶段的新闻最多，且集中于经济类、医药健康类、晚报类媒介，共约 200 篇。在品牌众多的感冒药市场，正是倚其声势浩大的媒介造势，使新康泰克借传媒之力，强势上市成功，成为市场焦点。纵观 2 个月的广告宣传，有焦点，有声势，但不做作，不哗众取宠，未发生负面效应，处理得自然而有序。

新康泰克上市策划还有很多可圈点之处，其抢在秋风渐起、易患感冒的季节上市，借助政府的权威与信誉，坚定消费者信心，上市前全面深入品牌形象调查，还有新产品命名策略和整个策划流程的系统性、层次性和整体性，都值得作为个案进行深入研究。

分析：

1. 请总结"新康泰克"广告策划是如何分析广告受众心理而取得成功的。

2. "新康泰克"上市广告策划案的特点有哪些？

3. 根据案例提示，你如何看待企业形象和品牌在医药广告策划中的作用？

三、实训操作

【实训项目】

进行医药广告策划并撰写策划书。

【实训目的】

检验学生对药品广告策划相关知识的掌握情况及运用相关知识分析解决实际问题、进行广告策划的能力。

【实训内容】

根据所给下列背景资料，按照医药广告策划书撰写要求，编制一份简单的"葵花牌小儿肺热咳喘液"广告策划书。

葵花药业产品"小儿肺热咳喘口服液"广告的报道

企业介绍：葵花药业集团是黑龙江省一家全国大型医药企业集团，下辖 14 家企业，全国中成药行业著名药业集团，前身为黑龙江省葵花药业股份有限公司，经过多年的发展，已经成为享誉全国的知名药业品牌，"葵花"商标更被国家被认定为"中国驰名商标"，同时受到了广大百姓朋友的广泛认可，在群众心目中享有极高的知名度。集团主营业务以中成药为主，同时涵盖化学药和生物药等，集药品制造、营销、科研于一体，共拥有片剂、丸剂、散剂、栓剂、胶囊剂、合剂、颗粒剂、糖浆剂、软膏剂、浸膏剂、喷雾剂等 15 个剂型，目前已形成以护肝片为代表的肝胆用药系列、以胃康灵和美沙拉嗪肠溶片为代表的胃肠用药系列、以小儿肺热咳喘口服液和小儿化痰止咳颗粒为代表的小葵花儿童用药系列、以康妇消炎栓和更年安片为代表的妇科用药系列、以双虎肿痛宁喷雾剂和加味天麻胶囊为代表的风湿骨病用药系列、以复方氨酚烷胺颗粒和感冒清热颗粒为代表的葵花蓝人呼吸感冒用药系列、以补虚通瘀颗粒和通脉颗粒为代表的心脑血管用药系列、以头孢克洛颗粒和阿莫西林胶囊为代表的抗生素用药系列等 8 大系列和 724 个准字号药品的产品新格局，其中国家中药保护品种 3 个，国内独家品种 12 个，被列入国家基本药物目录的产品达 181 个。

营销背景：从 2007 年起，葵花药业面临的主要课题，就是在"双品"（葵花牌胃康灵和护肝片两大品种）之后，如何打造出拥有与双品同样销售规模的第三品。

广告创意：葵花药业本来有一个专门的儿童药商标，但在开始推出儿童药品牌的时候，最后还是沿用了"葵花"牌商标，采用了"单品牌，多形象"的策略，创作了小葵花的卡通形象来代表葵花的儿童药品牌。并用新代言形象，而不是新文字商标来推新品类。这样做的好处是可以尽量用一个品牌卖更多产品，发挥更大效益。

市场定位：根据葵花药业的品种资源，提出进军儿童药市场的战略。销售儿童药的系列产品，推出小葵花品牌，借此解决可持续性发展的问题，希望最终把小葵花打造成为中国儿童药的第一品牌。这个过程是一个布局和落子的过程。第一支产品——小儿肺热咳喘口服液的战略任务就是扎下金角，不仅自己要活下来，还要完成建立起葵花儿童药品牌的任务。第二支主打产品——健儿消食口服液的战略任务就是筑起银边，并与小儿肺热咳喘口服液互为呼应，使葵花儿童药产品家族渐成雏形。最终要形成儿童药品牌，把所有的儿童药品种装到这个品牌里。

借助甲流的概念，当葵花牌小儿肺热咳喘液被黑龙江省卫生厅列为儿童抗甲流储备药后，葵花药业再次加大宣传力度，在全国各地方电视台和36家主要新闻媒体同时传播，并在全国市场开展以店员教育和小葵花活动为主要内容的宣传风暴。

策划：儿童药战略从企业战略到产品开发、品牌形象、包装设计、广告创意等，都是在一个团队、一个系统里一次成型。创意设计了小葵花卡通代言人形象；规划了儿童药的产品结构并提出新产品的开发创意；设计了所有的产品包装；策划了"小葵花妈妈课堂"，并将之发展成为一个品牌体验平台。

延伸：第一个葵花儿童药广告中的第一句话，就喊出"小葵花妈妈课堂开课啦"。开展"小葵花妈妈课堂"，通过与医院、社区和幼儿园及其他协作伙伴的合作，展开大量有关儿童健康的公益活动，形成丰富的内容；建立"小葵花妈妈课堂"专题网站，定位为"儿童用药专家"，是为了让消费者在这个搜索的时代进行品牌体验，把"小葵花妈妈课堂"打造成为中国家长儿童健康和安全用药的知识和互动交流平台。网络的发展极大地保护了消费者的权益，也相应地为优秀企业建立品牌提供了新的渠道。消费者在有需求时可通过搜索获得资讯，确定购买对象；可以对已确定的购买对象查看其口碑；在使用后上网发表意见，分享使用评价。这都极大地降低了消费者获得资讯以及发表意见的成本。

效果：小儿肺热咳喘口服液已成为儿童咳嗽药的第一品牌，健儿消食口服液也在儿童消化市场成为主流品种，并直接带动了小儿化痰止咳颗粒等全线葵花儿童药产品。由于产品过硬，消费者认可，带来了滚动增长。葵花牌小儿肺热咳喘口服液覆盖率很高，占同类品种的60%左右。儿童医院占25%～30%，其他同类二甲医院资源占用率为50%～60%。特别是在甲流最严重的时期，黑龙江市场仅10天就销售出1万件，相当于全年销售量。不到3年，小葵花已成为中国领先的儿童药品牌之一。

业绩：①4亿元：葵花药业的儿童药系列销售额近4亿元，仅小儿肺热咳喘口服液单品种就完成了2.7亿元的销售额；②零库存：在甲流肆虐期间，葵花牌小儿肺热咳喘口服液需求量大增，在11月，在增加一倍产量的情况下，连续7天成品库存为零；③市场份额为60%：葵花牌小儿肺热咳喘口服液覆盖率占同类品种市场的60%左右。

【实训步骤】

1. 阅读并分析上述导读资料。

2. 回顾医药广告策划的原则、内容、步骤等知识。

3. 回顾医药广告策划书的格式和内容等知识。

4. 学生分小组进行讨论分析，完成实训任务。

5. 各小组之间进行交流实训结果，老师和学生共同评述。

【实训评价】

（满分 100 分）

1. 所做的医药广告策划与导读资料相符。（10 分）

2. 能分析医药产品特点，建立与医药产品相符的广告诉求。（20 分）

3. 策划书内容翔实、具体、完善。（30 分）

4. 策划书能结合实际，可操作性较强。（20 分）

5. 策划书的格式与标准格式相符。（20 分）

（郑林）

项目三　医药广告调研与预算

学习目标

知识目标：了解医药广告调研的含义及方法，熟悉广告预算的意义和方法；掌握医药广告调研的步骤、调研问卷设计的技巧及调研报告的撰写方法。

能力目标：能结合实际完成一次具体的医药广告调研，包括调研问卷设计、实施调研和调研报告的撰写。

任务1　医药广告调研

一、医药广告调研概述

（一）医药广告调研的含义

医药广告调研，是医药企业或广告公司采用科学的方法，按照一定的程序和步骤，有计划、有目的、有组织、系统地收集、分析、归纳、整理有关医药产品或企业、市场以及受众等与广告活动相关信息的活动。

广告调研包括对广告创作前、创作中、投放和效果所进行的社会调研，是围绕和伴随医药广告活动各个环节，对广告传播过程进行合理有效的控制。其结果的分析及建议为企业提供广告决策的依据。

"广告是七分走出来的，三分想出来的。"这就是强调做广告必须通过大量、广泛的市场调研，为广告决策提供真实可信的材料。比如，宝洁公司为了评价产品广告的效果和用户满意度，每年会和超过700万的消费者进行各种方式的交流，其每年投入的调研费用高达5~7亿美元。

我国广告界也有这样的话：广告活动的核心是广告策划；广告策划的重点是广告决策；提供广告决策的依据是广告分析；广告分析的依据是广告信息；广告信息的主要来源是广告调研。这五句话构成了一个严密的逻辑关系，充分说明了唯物辩证法关于实践是第一性、意识是第二性的基本原理。

（二）医药广告调研的作用

1. 为医药广告的策划提供所需资料

医药广告策划是对医药广告活动的全局性规划和安排，但医药广告策划绝不能凭空臆造，随意进行，而必须依据特定的市场状况、消费心理和产品的特点等来做出科学的安排。医药广告调研通过收集并分析研究医药广告市场、消费市场等大量的相关信息，为医药广告策划提供决策依据。

2. 为医药广告的创意和设计提供依据

医药广告活动是一种创造性很强的活动，但医药广告创作不同于一般的艺术创作，不能渗入创作者的主观意志和爱好，不能凭借美感随心所欲地发挥。医药广告创作的目的性、功能性很强，其构思和设计必须围绕着医药广告主商业目标的实现而展开。因此，医药广告的创意和设计必须建立在对产品、消费者和市场状况深入了解，即医药广告调研活动的基础上。

3. 为制定医药广告策略的制订提供导向

医药广告策略的制订要求方法得当、行之有效，要做到这一点，就必须使所制订的策略切合市场的实际。例如，要符合目标顾客的心理需要，要具备与对手竞争的能力等。这就要求医药广告决策人员必须熟悉市场状况，做到有的放矢、目标明确。医药广告调研正是医药广告策略的制订者了解市场信息、熟悉市场环境的基本途径，它能为医药广告策略的制订提供基本导向，使医药广告策略与医药市场实际紧密相连，从而发挥出医药广告策略的巨大威力。

阅读资料 3 –1

市场调研——药品广告的一剂良药

20 世纪初期，广告界尚认为广告的市场调研是种"告诉人们笨驴有两只耳朵"的工作，完全是种浪费。在美国 30 年代经济危机后，广告调研逐渐受到了广告公司和广告客户的重视，调查的内容也日渐丰富。尤其是盖洛尔教授等人发明的抽样调查方法，使市场调研手段有了突破性进展，企业决策者越来越重视广告调研所提供的信息。事实证明，调研活动如同市场医生为企业的产品望闻问切，再根据病情开一剂良药。国内某个著名品牌的彩电广告是一组花瓣跌落水面的特写画面，配合超重低音的音响效果，该广告无论从创意还是制作水平看，均为国内电视广告的精品。然而当它播出后，产品的销量却大减。后经公司对此广告做调研分析后，找出了症结所在：这则由外国人设计的广告忽略了中国人忌讳"花落""花败"的心理从而影响了产品的市场推广。

对于药品广告，市场调研同样也能为其事前、事中、事后决策提供科学指导。在产品欲以广告形式向众人展示之前，市场调研能为广告创意带来灵感。这方面的一个典型案例是"白加黑感冒片"广告。该广告在事先做了充分的调研后发现市场上的绝大多数感冒药物都有使人困倦的副作用，于是抓住自身产品特点找准了广告的主要诉求点，响亮地提出了"白天吃白片不瞌睡，晚上吃黑片睡得香"的广告诉求语，给人"万绿丛中一点红"的印象，产品销售取得极大成功。若没有事先周密细致的市场调研，很难想象谁能闭门造车式地"发明"这个绝佳策划。

广告播出后的市场调研能帮助企业判断不断地对所投入的广告费追加是否获得了足够的报偿。基于此目的，应测定广告传播的效果对销售的影响。计划、实施、评价是经营管理的三步骤，一般人大都着重于计划实施，却忽略了最后一步的评价。医药企业往往只知争抢中央台的黄金时段，盲目地加大广告投入，一味追求广告创意，但花了大笔广告费之后究竟发挥了多大作用却不得而知并少有过问。相比之下，日本等国家的广告业注重广告播出后大众对其效果的评价，将其作为整个策划的焦点之一。广告投资与效果的关系虽十分复杂，有时花了钱打广告却不一定能马上卖出商品，有时商品即使卖出去了也并非纯粹是广告的力量，但总还是有章可循的。

此外，跟踪性的医药广告调研还能为企业及时调整广告战略提供依据。例如南方医药经济研究曾为广州药业的"消渴丸"产品做过成功的跟踪性广告调研。第一次调研，帮助客户全方位地了解到了当时全国口服糖尿病用药市场的具体情况，使广州中药一厂确立了将"消渴丸"作为主打品牌投入广告宣传的决心；3 年之后的第二次市场调研帮广告客户了解到了几年来广告产品的市场地位变化和整体市场动态，使企业及时调整了广告及营销策略；而再过 2 年之后的第三次市场调研则通过对同类竞争品种的品牌营销状况调查，清晰勾画出该类产品的生命周期，结合市场形势和中药研发热点，再次给中药一厂的第二轮广告策略提供了科学的依据。通过几年的市场营销广告投入，该品种的销售业绩蒸蒸日上，在 5 年之内从最初的几千万元销售额上升为突破了 3 亿元大关。

实践证明了医药广告调研的作用。在全球化的今天，国内医药行业遵守国际游戏规则已不可避免，广告宣传的重要性将愈加凸显，为此做药品广告一定要对广告调研足够重视，花大力气改变落后状况，以期望药品广告的质量跃上新台阶，改变人们对药品广告粗制滥造的印象。

（三）医药广告调研的原则

1. 目的性原则

医药广告调研是一项目的明确的工作，必须有组织、有计划、有步骤地收集信息，为解决广告活动中某一具体问题服务。例如，消费者调研的目的是为了了解消费者需求，以便进行药品研发与生产；广告策划的市场调研则是为了确定药品的市场定位。所以，不同医药广告活动的调研目的是不同的，明确医药广告调研的目的，可以使调研活动更具针对性与实践性。

2. 科学性原则

医药广告调研不是简单地搜集情报、信息的活动，为了在时间和经费有限的情况下，获得更多更准确的资料和信息，就必须对调查的过程进行科学的安排。采用什么样的调查方式，选择谁作为调查对象，问卷如何拟订才能达到既明确表达意图又能被调查者易于答复的效果……这些都需要进行认真研究才能为未来的广告诉求设计提供科学依据。

3. 实践性原则

医药广告调研本身就是一种社会实践，只有在广泛实践的基础上才能掌握真实可靠的数据，获得翔实完整的信息，从而为广告活动的开展提供基本支持，利用最少的资源获得最大的收益。同时，医药广告调研的结果也必须接受市场实践的检验。

案例 3-1

艺术的广告，科学的调研

著名广告大师、科学广告的启蒙者霍普金斯非常重视广告调查。在做任何一个广告之前，他都要进行认真的实地调查，并且对结果进行科学的分析，寻找不同的诉求点，使产品在同类产品中名列前茅。著名的案例有固特异轮胎、喜力滋啤酒、百普素登牙膏等。

"喜力滋啤酒是经过蒸汽消毒的！"这是一句几十年来被人们津津乐道的广告语，也是霍普金斯的经典案例之一。

喜力滋啤酒是霍普金斯为 J. L. 斯塔克公司策划的一个广告活动。在所有的啤酒花中，喜力滋名列第五。当时所有的啤酒都标榜自己是"纯啤酒"，但是却并没有给消费者留下太深的印象。

霍普金斯认为，为了能够使喜力滋脱颖而出，就必须找出新的诉求点，而不应该只停留在所有啤酒都关注的"纯"字上。为此，霍普金斯进了一家酿酒学校，了解相关的酿酒知识；进了一家酿酒工厂，专门研究酿酒工艺。在这个过程中，他发现，在厚玻璃围成的屋子里，首先经过空气过滤，在纯净的环境中冷却；然后通过一个巨大的过滤器，进行过滤。并且喜力滋使用的酵母是经过 1200 次才得到的最好的口味；为了保证酿酒使用的水的质量，工厂要从 1200 米的地下取水。

了解了这些过程及其细节，霍普金斯如获至宝。他把这些做了详尽的描述，使人们感受到了真正的"纯净"的含义。这则广告让喜力滋啤酒的销量在短短的几个月内一下子跃居第一，并且该地位一直保持了几十年。

霍普金斯认为，"广告看起来是那么简单，而为了诉求于简单的人们，它也必须简单。但是，在这些广告的背后，很可能是大量的数据、大量的信息和好几个月的调查研究"；"一个观点如果讲得具体而明确，其分量往往倍增。说钨灯比碳灯更亮，你会有些怀疑。说它的亮度多三倍，人们就会认为你做过实验和对比。"

思考题：霍普金斯是如何通过广告调研为广告策划提供依据的？

资料来源：李惊雷.广告调查［M］.郑州：郑州大学出版社，2014.

二、医药广告调研内容

医药广告活动是通过医药广告媒体向目标市场宣传产品，引起消费者的兴趣，促使消费者购买，最终使企业在市场竞争中取胜的过程。因此，有效的医药广告调研应包括医药广告环境调研、广告主体调研、目标市场调研、市场竞争调研、广告媒体调研及广告效果调研等内容。

（一）医药广告环境调研

医药广告环境就是与医药广告宣传有一定联系、对医药广告宣传有一定制约作用的各种条件。由于医药广告宣传所涉及的因素很多，所以医药广告环境相当复杂。大体而言，医药广告环境主要包括地理环境和人文环境。

1. 地理环境

地理环境主要是指医药广告传播地区的自然环境，特别是医药广告的目标市场所处的地理位置、交通状况、生态特征、气候特点等。

2. 人文环境

人文环境主要包括政治环境、法律环境、经济环境和社会文化环境等，它们对医药广告活动的具体开展具有很强的制约作用。

（二）医药广告主体调研

医药广告主体是指医药企业及其产品。只有在对医药企业及其产品充分了解认识的基础上创作出的广告，才能准确地宣传企业形象、传递产品信息，从而使广告受到消费者的认可，激发消费者的购买欲望。

1. 医药企业调研

医药企业调研就是对企业的历史发展、综合实力、同行业地位及企业形象等方面的调研。企业何时创立，创立的背景如何，创立以来的发展状况，发展规划与战略，企业现有规模，企业管理模式、管理组织和制度，企业文化建设，企业在国际、国内同行业中的地位，企业品牌形象、技术形象、市场形象、经营者形象，企业视觉识别等，这些似乎与医药广告内容无关，但对于医药企业和医药广告代理公司来说，却是不可缺少的。

进行医药企业调研，对于宣传企业形象、准确把握企业特色、提高医药广告说服力和渗透率，具有极其重要的作用。

案例 3-2

同仁堂

同仁堂作为中医药行业的老字号，拥有悠久的企业历史和雄厚的企业实力。通过对企业主体的调研，准确把握住企业文化的特色与核心，并将其成功运用在管理与宣传中。一方面是同仁堂人的道德品质，另一方面是宫廷制药的严格要求。历代同仁堂人始终恪守"炮制虽繁必不敢省人工，品味虽贵必不敢减物力"的古训，树立"修合无人见，存心有天知"的自律意识，造就了制药过程中兢兢业业、精益求精的严细精神，赢得了消费者对品牌和产品的信任与喜爱。同仁堂这个名字就是它最好的广告。

思考题：同仁堂的企业主体调研应侧重于哪些方面？

2. 医药产品调研

医药产品调研就是在医药广告创作之前，对所宣传的医药产品自身情况及销售情况进行详细的调研。产品调研可从产品属性分析、品牌形象分析及产品生命周期分析等方面着手。

除少数医药广告宣传企业形象外，绝大多数医药广告是宣传具体产品，而且医药广告所要达到的最终目标也是为了提高医药产品的销售额。在医药广告发布的有限时间或空间内，要给公众留下强烈而美好的印象，乃至直接激起医药广告受众的购买欲望，就必须准确地传达医药产品最主要的特点、最与众不同的特性等信息。而要做到这一步，必须进行产品调研，掌握产品实际资料，使得医药广告创作言之有物，持之有据，激发医药广告制作人员的灵感，从而创作出好的广告作品来。

案例 3-3

产品生命周期调研与医药广告定位

对产品生命周期的调查可以为广告策划提供依据。在一次关于漱口水的调查中，发现产品的目标市场占有率仅为10%，有90%的消费者还是非使用者，这说明漱口水这种产品还处于导入期。根据这个调查结果，企业进一步研究非使用者不使用该产品的原因，以及调查刚刚转变为使用者的转化动机。经过调查发现，非使用者中有43%的人认为"牙膏已经足够了"，32%的人认为"漱口水只对口臭的人有必要"，31%的人认为"刚刷牙后再用漱口水可以中和引起细菌的气味"。根据这些调查和分析，可以调整广告的诉求重点和产品定位，从而说服更多的目标消费者。

思考题：你将如何调整广告的诉求重点和产品定位？

资料来源：舒咏平.广告调查［M］.武汉：武汉大学出版社，2014.

（三）医药广告目标市场调研

广告的目标市场客观上受到企业目标市场的约束。医药企业及广告公司确定医药广告的目标市场，必须在市场细分的基础上，经过细致的调查研究，从中选择最有效应的市场面作为医药广告宣传的主要对象。

市场细分是对消费者的构成进行分析，按其需求的不同将市场分割成不同区域。通过医药市场细分，有利于医药企业及时发现市场机会，开拓新市场；有利于医药企业合理制订和实施营销方案，提高应变能力和竞争能力；有利于医药企业有效地利用资源，取得良好的经济效益。

医药广告目标市场调研包含在市场细分的过程中。通过市场细分，医药企业和广告代理公司可以把握不同消费市场的特点，确定医药广告的目标市场，准确地把广告焦点对准医药广告目标，使医药广告制作有的放矢。

（四）医药市场竞争调研

在市场经济条件下，同类医药商品的竞争十分激烈，医药企业要在激烈的市场竞争中得以生存和发展，必须充分了解竞争态势和竞争对手的状况，对市场竞争和竞争对手进行调研。

1. 市场竞争总体状况

首先要查明同类企业或产品竞争对手的数量，然后分别调研其市场状况，如这些企业的市场占有率、生产能力、产品质量、成本、价格、税负、市场控制能力以及与贸易伙伴的关系等方面的情况。比较各个竞争对手的产品特点，从中找出自己产品的优点和不足。对自己产品的优点，要加大宣传力度，作为医药广告的诉求重点，增强消费者对这些优点的认识和信赖；对产品的缺点，医药企业要设法加以改进，以全面提高企业及产品的竞争力。

2. 竞争对手媒体监测

通过大众媒体和其他医药广告媒体的监测，了解竞争对手的广告投入费用、广告代理商、广告媒体、广告表现形式及广告效果等，研究分析竞争对手在广告宣传策略、广告内容创作和广告媒体选择上的成功经验或失败教训，从而不断改进和修正自己的广告策略和表达方式，这样既可以在广告创作中避免作品的雷同，又可以在他人基础上创作出独具匠心的医药广告。

阅读资料 3 – 2

广告主的市场竞争地位与广告定位

在任何位置上都有机会，只要企业能够找准自己的定位。对于市场领导者、市场挑战者、市场跟进者、市场拾遗者，都是如此。

如果广告主是市场领导者，那广告的表现就可以"老大"一些。在中国的羽绒服品牌中，波司登是最喜欢拿销量说事儿的，它的"13 年销量遥遥领先"广告语，不知道说服了多少消费者甘愿掏钱包。

当广告主以市场挑战者的身份出现时，就可以表现得叛逆、刺头一些，百事可乐早期的广告策略一直采取对比的手段，力图树立"年轻、活泼、时代"的形象，暗示可口可乐的"老迈、落伍、过时"。

当广告主是市场跟进者时，就要表现得"乖"一些，对行业"尊敬"一些，比如早期的蒙牛，就曾打出"为民族工业争气，向伊利学习"的口号。

当广告主是市场拾遗者时，就可以考虑品类创新策略，独自开辟一个新品类，成为新品类的老大，比如七喜曾是非可乐的老大，雅克曾是维生素糖果的老大。

资料来源：李惊雷. 广告调查［M］. 郑州：郑州大学出版社，2011.

（五）医药广告媒体调研

医药广告媒体调研即对各种医药广告传播媒体的特征、效能、经营状况、覆盖面、收费标准等进行的调研。通过媒体调研，以便根据医药广告的目的要求，运用适当的广告媒体，取得更好的广告效果。

1. 传统媒体调研

传统媒体调研即进行报纸、杂志、广播、电视等媒体性质、发行量、读者层次或传播范围、节目特色、视听率等调研。

2. 网络媒体调研

网络媒体调研即进行门户网站、视频网站、专业在线社区等调研。

3. 其他媒体调研

其他媒体调研包括户外、直邮、交通、电话、灯箱及销售点广告等媒体调研，主要调研它们的功能特点、影响范围、广告费用、接触率等。

（六）医药广告效果调研

医药广告效果调研是在医药广告制作、发布过程中，为了检测广告效果、评价广告作用而进行的调研。医药广告效果调研的内容主要有对医药广告经济效果的调研、对医药广告心理效果的调研、对医药广告社会效果的调研。

医药广告效果调研一般分事前调研、事中调研和事后调研。

事前调研是指在医药广告发布前对广告目标对象所做的小范围调研，以了解消费者对该广告的反应，据此改进医药广告设计和创作。

事中调研是指在医药广告作品正式发布后到整个广告活动结束之前的广告效果的调研，主要是针对广告作品和广告媒体的选择运用方式的调研。

事后调研是指医药广告活动结束后对广告效果所做的调研，以确定医药广告的实际效果，总结经验以便在下次医药广告活动中取得更佳的广告效果。

阅读资料 3-3

广告效果临界点

一个产品是否能被消费者接受，广告的美誉度是非常关键的。从世纪蓝图广告效果监测调查（AdueTM）数据发现，广告美誉度与消费者的购买之间是成正比的关系，对广告的喜欢程度有多高，消费者的购买意愿就有多强。如果将消费者对广告的喜欢程度从非常不喜欢到非常喜欢分成五个等级，非常喜欢是 5 分，非常不喜欢是 1 分，数据分析发现，消费者的喜欢程度每下降 1 分，未来还愿意购买该产品的消费者数量就会平均下降 14.8%。

因此，如果一个广告被大多数人所不喜欢，则选择购买该产品的可能性就会很小。

三、医药广告调研步骤

（一）确定调研目的，拟订调研题目

围绕医药广告目标，确立一个明确的调研目的，指出究竟为何要作此调研、需要获取什么资讯、调研要解决什么问题，是广告调研活动的第一步。

在实践中，广告调研有时是为了确定品牌在市场中的位置，有时是为了了解目标消费群体的特征，有时是为了测验广告文案，有时要评估广告活动的效果。不管目的是什么，也不管目的有几个，在调研之前一定要弄清楚，而且要以一定的方式表达出来。例如，当广告调研的目的是了解广告的诉求对象时，研究者必须明白如何界定广告诉求对象，从哪些方面来界定，拟订相关题目。

课堂互动

以某一具体药品为例，讨论在以其为目的的广告调研中应包括哪些方面。

（二）拟订调研方案，制订调研工作计划

广告调研方案是对某项调研本身的设计。它包括调研目的、调研对象和样本、调研地区范围、调研项目、调研方法、调研内容提纲和调研表格、调研时间和进度、调研资料分析方法、调研人员安排以及调研活动所需的经费预算等，是指导医药广告调研工作的依据。

广告调研工作计划是对医药广告调研的组织领导、人员配备和考核、工作进度、完成时间和费用预算、注意事项等的预先安排，目的是使调研工作能够有计划、有秩序地进行，以保证医药广告调研方案的实现。

医药广告调研方案和调研计划各有不同的作用。一般来说，大型的医药广告调研活动需要分别制订调研方案和工作计划。对于一些范围较小、内容不是很复杂的医药广告调研，可以将二者结合起来，只拟订一个医药广告调研计划即可。

（三）设立调研机构，培训调研人员

医药广告调研部门应根据调研任务和调研规模的大小配备调研人员，建立医药广告调研机构。调研人员可以是本单位调研部门的专职人员，也可以是从其他部门抽调的人员，对调研人员的选择将直接关系到医药广告调研的质量。

1. 调研人员的条件

（1）具有一定的创造力、想象力和良好的心理素质。

（2）了解医药广告调研的目标和所要解决的问题。

（3）掌握同被访者沟通的面谈技术。

（4）善于观察被调研者的心理变化及行为动机。

（5）能正确表达所收集的资料。

（6）有一定的医药广告调研或市场调研的知识和经验。

2. 调研人员的培训

为了保证调研结果的可靠性，还需要集中组织调研人员学习或培训，内容主要包括：①调研目标；②所调研的产品专业知识；③调研方法和基本技巧。

（四）实施调研，收集资料

医药广告调研所需的资料可分为原始资料和现有资料两大类。原始资料是指需要实地调查才能获得的第一手直接资料；现有资料是指政府机关、企事业单位或个人现有的第二手间接资料。

在实际调研中，应当根据调研方案所提出的资料范围和内容，尽可能组织调研人员搜集现有二手资料，这样既节省时间又节省成本，对资料的历史背景也比较清楚，也可与实地调查资料进行对比。当现成的二手资料不能解决调查问题时，企业必须针对调查问题专门收集一手资料。

收集二手资料，应运用科学规范的调研方法确保资料的客观性、完整性、准确性和可靠性，对某些需保密的资料，应由专人负责搜集、保管。收集一手资料，应进行实地调查。实地调查工作的好坏将直接影响调查结果的正确性，因此，调查人员要保持客观的态度，边调查边分析，发现问题要追根究源，把调查深入下去。

（五）整理分析资料，撰写调研报告

医药广告调研所获得的资料往往是分散的、零星的，也可能是片面的、不真实的。因此必须对所收集的调研资料加以整理和分析，这样才能客观地反映被调研事物的内在联系，揭示问题的本质和各种市场现象间的因果关系。这一步工作主要包括：资料的检查、核实和修正；资料的分类汇编；资料的分析和综合。

调研报告是广告调研活动的收尾环节，它可以证明调研过程的科学性与真实性，阐述研究结果并提出建议，同时具有正式文献所具有的权威性。一份优质的调研报告能够为广告调研活动画上一个圆满的句号。

四、医药广告调研方法

广告调研方法是指广告调研人员获取各种广告信息的资料所采取的具体方法。广告调研方法种类较多，按调研材料来源可分为文献调研和实地调研；按调研研究的形式可分为问卷调研与访问调研；按调研范围可分全面调研和部分调研。这里介绍几种常用的适合于医药广告调研的方法。

（一）文献调研法

文献调研法是指调研者利用文献资料进行医药广告调研的方法。在采用文献法进行调研时，要了解文献资料的来源，并对其进行评估、搜集和整理。

1. 了解文献资料的来源

文献资料的来源主要包括企业内部资料和外来资料两大类。

（1）**企业内部资料**　即来自企业内部的自有的数据，包括企业档案和企业活动文书。

（2）**外来资料**　即通过函电或走访的形式向有关机构索取的文献资料，主要有以下几种：①出版物类，如商业年鉴、民间组织或协会的统计数据、政府部门的统计数据、报纸与杂志等公布的信息；②计算机数据库，如在线网络查询、国家或地方统计局的数据库、各大型零售商的进出仓货物数据库等；③专业提供商业数据的公司出售的数据信息。可以提供文献资料的机构有：图书馆、政府机构、行业协会、商会、出版社、研究所、消费者组织、企业或公司等。

2. 评估文献资料来源

对文献资料的来源进行评估包括以下几方面：一评文献资料的综合性，看是否能够提供足够的专业资料；二评文献资料的专题性，看提供的资料与哪方面的专题有关；三评文献资料的时效性，看提供的资料是否迅速及时、费用如何；四评文献资料的准确性，看提供的资料是否准确、来源是什么、由谁提供的。

3. 搜集和整理文献资料

搜集文献资料时要尽可能全面、详细，并且按照合理的分类进行整理，使之类别化、条理化、系统化。文献法帮助调研者了解企业或产品以往的情况、数据，所得结果可供调研者与原始资料调研情况做对比分析。

阅读资料 3-4

文献法的优缺点

文献研究法，是收集、整理和分析二手资料的方法。所谓二手资料，是已经被别人获得或已经以某种形式存在的资料。二手资料是针对原始资料而言的，原始资料是指研究者为了某种具体的目的而通过专门调查研究获得的资料。举个例子来说，如果我们想了解保健品中以医药广告为主要销售方式的药品特点，我们可以通过二手资料来获得，因为有关资料已经存在，例如在 3see.com 网站就有中国情报网 2009 年提供的《中国保健品行业发展现状分析》，其中指出广告带动终端的代表企业或产品有太太口服液、脑白金、金施尔康、善存等单品，"这类企业的产品具有传播面广、市场启动迅速、容易得到顾客认可的优势，但投入费用较高、回款慢、经营风险较大。该模式是当前健康产业应用最广、时间最长、最为人熟知的营销模式，已形成多种广告发布形式和内容，根据广告发布媒体的不同，主要有三大分支：专做报纸媒体的软文模式，专做广播电台的电台讲座模式，专做电视的专题片模式。但是自从 2007 年底，国家相关部门开始严管医药广告市场以来，不允许名人代言、终端直接断货、严管奥运前后的媒体宣传，2008 年广告营销的日子艰难。"

但二手资料时效性差，容易失效，对了解不断变动的新情况不一定有帮助。当依靠二手资料不能达到目的时，唯一的办法就是通过调查研究收集原始资料。

资料来源：黄合水，陈素白. 广告调研技巧 [M]. 厦门：厦门大学出版社，2012.

（二）实地调研法

实地调研，是对第一手资料进行搜集、筛选的活动。主要有三种方法：观察法、实验法、访问法。

1. 观察法

观察法是指通过"看"的方式，对正在发生的人的行为及其结果进行真实记录的一种调研方法，是医药广告调研人员在现场对调研对象的情况直接观察记录而获取第一手资料的调研方法。

阅读资料 3 – 5

观察法实用小工具举例：书店观察记录表

开始观察时间＿＿＿＿＿＿＿＿结束观察时间＿＿＿＿＿＿＿

性别： （1）男 （2）女

婚姻状况： （1）已婚 （2）未婚 （3）不知道

年龄估计： （1）10 岁以下 （2）11～20 岁 （3）21～30 岁 （4）31～40
岁 （5）41～50 岁 （6）51～60 岁 （7）61 岁以上

职业或身份：（1）＿＿＿＿＿＿＿＿＿ （2）不知道

伴随： （1）单独一人 （2）同＿＿＿＿＿＿＿人一起

同伴是： （1）家人 （2）非家人

购书情况： （1）买了＿＿＿＿本书 （2）一本也没买 （3）不知道

进书店的最初行为：＿＿＿＿＿＿＿＿＿＿＿＿

同服务员的接触情况：（1）＿＿＿＿＿＿＿ （2）一个也没接触

同其他顾客的交谈情况：（1）＿＿＿＿＿＿ （2）一个也没交谈

翻阅书籍情况： （1）＿＿＿＿＿＿＿ （2）一本也没翻阅

评价目的性： （1）有目的 （2）浏览

观察法作为一种有效收集原始数据的方法有其使用的特定条件。首先，所需要的信息必须是可以直接观察到的或是通过观察的行为可以直接推断出的；其次，观察法要求其所观察的行为必须是重复的、可预见的，否则观察法的成本将非常高；最后，所观察的行为必须是相对短期的行为。通过观察，不需要其他中间环节就可以直接获得生动具体的调研材料。例如：医药广告调研人员在店内外观察过往顾客，有多少人在仔细看橱窗，又有多少人在观察之后去购买药品。用这种调研方法不仅能看到顾客进进出出的情况，而且能了解顾客的流通量与销售量之间的关系。

观察法的实际实施过程中，调研人员需经过严格培训，实事求是，客观公正，能够以相对固定的格式记录观察要点，并使被观察者不易察觉到调研动机。此外，抽样方案的选择也十分重要，好的抽样方案能够使调查对象具有代表性与典型性，数据获得也相对科学有效。

2. 实验法

实验法主要是通过小规模的实验来了解产品销售情况及其消费者评价意见的调研方法。例如，某医药企业生产出一种新药品，大量上市之前可选择某些消费者做试用实验，进而调研消费者对药品的看法。

医药广告调研中的实验法还可以是指在给定的条件下，通过实验对比，对医药广告活动现象中某些变量之间的因果关系进行测量分析。先将调研对象随机地分成两个组，改变实验组的控制变量，而控制组则保持不变。通过对两个组实验前后的结果进行比较和分析，来了解该控制变量对市场的影响。如图 3−1 所示：

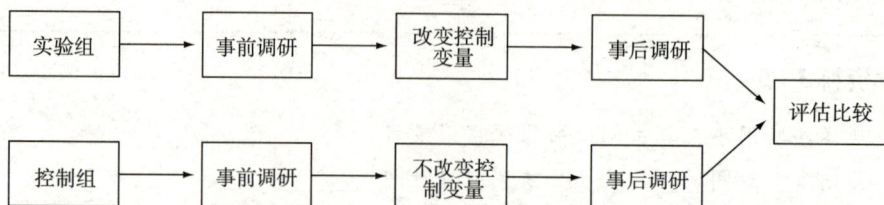

```
实验组 → 事前调研 → 改变控制变量 → 事后调研 ↘
                                          评估比较
控制组 → 事前调研 → 不改变控制变量 → 事后调研 ↗
```

图 3−1　实验法的过程

例如，研究某药品新包装的作用可随机抽取 10 个药店作为实验组，再选取条件相当的 10 个药店作为控制组。先调研两组药店 1 个月之内出售某旧包装商品的数量，再将药品的新包装在实验组出售，控制组仍然出售旧包装，1 个月后调研两个组的销售量。通过比较分析，即可得知改变包装对销售量是否有影响。

3. 访问法

访问法就是医药广告调研人员直接询问调研对象，通过有目的的交谈获得调研所需材料的一种调研方法。例如，要了解消费者对当前流行的口服液的看法，可就几种有影响的口服液，选典型的消费者进行访问调研，询问消费者喝过哪几种口服液、最喜欢哪一种口服液、为什么喜欢这种口服液等。

常用的访问法有如下几种。

(1) 面谈访问　指调查人员按事先准备的调查问卷或提纲当面询问被调查者以获取资料的方法。

(2) 电话访问　利用电话由调查人员提出问题，请对方做出回答。

(3) 信函访问　通过信件、报刊广告页、产品包装等途径，把事先设计好的调查问卷分发给被调查者，请他们按要求填好后再寄回。

(4) 会议访问　指通过召开有关会议，利用会议的便利条件展开市场调查的一种调查方式。

(5) 网上访问　指应用计算机网络技术和传统调查技术相结合的、具有良好交互界面的、为适应网络时代而出现的一种现代调查技术。

阅读资料 3 – 6

座谈会的新进展——在线座谈会

　　传统座谈会要将与会者集中到一个地点，这在时间和空间上都要协调。互联网迅速发展后，空间上的协调就变得容易多了。与会者只要在指定的时间坐在电脑前，在虚拟的会议地点就可以与其他与会者交流。比如 QQ 群、新浪 UC 的房间等，这些都可以作为在线座谈会的会议室。

　　在线座谈会的实施过程是：抽取合适的与会者 8 ~ 10 人，用传统的电话访问方式甄别与会者的资格，然后用 E – mail 给与会者发送进入虚拟座谈会室的时间和密码，提示与会者提前进入虚拟会议室，以便技术人员进行技术测试。

课堂互动

　　通过医药广告调研方法的学习，你认为文献法、观察法、实验法、访问法各有什么优缺点？

五、医药广告调研问卷

　　调研问卷也称调查表，是系统记载需要调查的问题和调查项目的书面问卷。调研问卷的设计是市场调研的一项基础性工作，问卷设计是否科学直接影响到市场调研的成功与否，需要认真仔细地设计、测试和调整。

（一）问卷的格式设计

　　不同的调研问卷在具体结构、题型分布、遣词造句、版式等设计上会有所不同，但在基本结构上一般都是由标题、说明、主体部分、问卷记录组成。

1. 标题

　　标题是对调研主题的基本概括，它能够使调研对象快速了解到调研的内容与目的，因而其设计一定要简洁清晰、突出主题。

2. 说明

　　说明是对问卷调研的目的、意义及相关事项的基本说明。它是对调研对象的一种文字沟通。好的问卷说明能够引起调研对象的兴趣，并使其充分配合调研。说明一般以问候语为主要内容，包括称呼、问候、访问员自我介绍、调查目的、调查对象对调查的意义、感谢语等。

3. 主体部分

　　主体部分是调查问卷的核心部分，包括了所要调查的全部问题，主要由问题和答案组成。主体部分设计的质量直接关系到整个调查研究的质量。

　　为了提高问卷的回收率，设计问卷时，应站在被调查者的角度，顺应被调查者的思维习惯来安排。有以下几点需要注意：

（1）问题的安排应有逻辑性，相同题型的题目以及相关的题目放置在一起，题目设置由浅入深。

（2）问题的安排应先易后难，把简单的、容易回答的题目放在前面，而复杂的、较难的题目放在后面，使被调查者开始时感到轻松，有能力继续回答下去。

（3）能引起被调查者兴趣的题目放在后面，这样可引起被调查者的注意力，而将比较敏感的提问题放在后面。如果一开始就遇到敏感性问题，会引起被调查者的反感情绪，产生戒备心理，不愿意作答甚至终止调查，从而影响整个调查。

（4）被调查者在回答开放性问题时需要花费时间思考，因此，开放型题目宜放最后且不宜过多，以免被调查者嫌麻烦而不愿作答。

4. 问卷记录

问卷记录包括以下几个方面：

（1）访员姓名、编号。

（2）审核员姓名。

（3）编码员姓名。

（4）受访者的姓名、地址、电话号码等。

（5）访问时间。

（6）问卷编号。

问卷记录一般放置在题目之后，也有放置于问卷首页右上角的。问卷记录主要用于检查问卷的完成质量。相关的访员、审核员和编码员的记录有利于增强他们的工作责任感。出现问题时，便于追踪数据质量环节的责任人和采取相应的补救措施。受访者的姓名、地址、电话号码以及访问时间的记录便于进行复访检核，杜绝访员作假、敷衍的可能性。问卷编号则方便数据的统计整理，避免出现混乱。

（二）问卷的题型设计

问卷中的问题类型可以分为两类：一类是封闭式问题，一类是开放式问题。

1. 封闭式问题

封闭式问题是指事先设计好了各种可能的答案，以供被调查者选择的问题。封闭性问题的答案是标准化的，既有利于受调查者对问题的理解和回答，又有利于研究者对问卷的统计和整理。

根据问题项或内容的不同，封闭式问题又可分为判断题、单选题和多选题。

（1）单选题：即要求被调查者在提供的答案中选择一个答案的题目。例如：

你购买药品时是否注重牌子？（　　）

A. 是　　　B. 否

（2）多选题：即要求被调查者在提供的答案中选择一个以上答案的题目。例如：

下面列出的咽喉类药品，您服用过哪几种？（　　）

A. 华素片　B. 金嗓子喉片　C. 草珊瑚含片　D. 桂林西瓜霜　E. 双料喉风散

2. 开放式问题

开放式问题是指不给回答者提供答案，要求被调查者用自己的语言回答的题目。

开放式试题可以是疑问题，即提出一个问题，让被调查者作答，旨在直接了解被调查者的看法或意见。例如：

您为什么喜欢"肠虫清"的广告？

_____

开放式试题还可以是建议题，就是要求受调查者就某一个主题提出对策、建议的题目，例如：

请您给所熟悉的"××感冒药品"想两条广告语：

_____

一份问卷中，题目既可以全部是封闭式问题，也可以全部为开放式问题（用于深度访谈），这完全取决于研究问题的性质、特点。封闭式问题与开放式问题的优缺点见表3-1。在一般情况下，一份问卷往往既有封闭式问题，又有开放式问题。

表3-1 封闭式问题与开放式问题的比较

问题类型	优点	缺点
封闭式问题	1. 回答是标准化的，容易进行编码	1. 容易导致受调查者猜测乱填答案
	2. 回答者容易作答，调查效率高	2. 若问卷中没有合适的答案，回答者很难作答
	3. 可以紧扣主题，避免无关回答	3. 容易出现书写错误
	4. 所提供的答案有助于理解题意，问题含义具体清楚	
开放式问题	1. 适合于不能用几个简单答案来作答的复杂问题	1. 回答者需要耗费较多的时间和精力，因此容易遭到拒绝
		2. 答案不是标准化的，较难进行统计分析
		3. 资料的编码往往非常困难和主观。由于没有限定，答案可能非常散，难以归类
	2. 适合于不便于量化的主题调研	4. 搜集到的资料中可能包含了大量不相干的材料
		5. 要求受调查者具有一定的书面表达能力

资料来源：舒咏平．广告调查 [M]．武汉：武汉大学出版社，2006．

（三）问卷的回收统计

问卷回收后首先要对问卷的完整性和访问质量进行检查，目的是要确定哪些问卷可以接受，哪些问卷要作废。通常有下面情况的问卷被视为无效问卷：所回收的问卷明显不完整，缺了一页或者多页；问卷中有很多内容没有填答；问卷的模式说明调查员（被访者）没有理解或者遵循访问指南回答；问卷的答案几乎没有什么变化，如在态度的选项上全部选择某一项；问卷的被访者不符合抽样要求；问卷的回收日期超过了访问时限等。

阅读资料 3 −7

问卷校订

　　为了加强问卷的准确性，对那些初步接受的问卷还要进行进一步的检查和校订，在校订的过程中，通常会发现问卷中存在字迹模糊、问题漏选、前后回答不一致、答案模棱两可和跳答错误的问题。

　　问卷的某些问题答案可能出现字迹模糊的情况，特别是碰上无结构的开放式问题时，因为调查员记录得不好，答案不容易识别。如果发现这样的问题，必须对受访者进行追访，将不清楚的地方填写清楚。

　　对于漏选的问题处理方法也是一样，出现漏选的题目因为各种原因无法进行事后补充访问，漏选的题目为普通问题且数目不大时，通常作为缺失值处理；如果涉及受访对象的个人特征的问题，通常只能作为废卷处理。

　　问卷中有些答案会出现不容易理解的模棱两可的情况，或者是使用了不是通用的缩写方式或词语，或者在应该单选一项的问题中圈选了两项等，都必须通过追访等进行补救。另外就是回答时可能出现跳答错误的情况，首先要核实被访对象是否符合抽样调查的条件（跳答题目往往是筛选条件），如果符合，进行追问补充，如果不符合条件，问卷只能作废，重新补充样本。

　　在剔除无效问卷后，通常要对问卷的访问结果进行统计分析。最常用的统计分析方法是频率分析，即对每个选项所提及的次数做简单描述。如表 3 − 2 显示了某项调查中广告公司首选客户因素的频数分布，在所调查的 154 家广告公司中，有 38 家认为，"看好客户所在行业"是广告公司首选客户的最重要因素，占调查公司总数的 24.7%。

表 3 −2　广告公司首选客户因素频数分布表

	频数	频率
看好客户所在行业	38	24.7%
客户能及时回款	29	18.8%
不用垫款	20	13.0%
不无偿占取创意等专业服务	18	11.7%
客户广告投入规模大	34	22.1%
其他	15	9.7%
总计	154	100.0%

　　频率分析不仅可以统计一个变量不同取值的频数和频率分析，还可以同时统计两个或两个以上变量的交叉分组频数或频率分布，我们通常把同时研究两个或两个以上变量的频数分析称为交叉频数分析。比如，表 3 −3 统计了不同年龄段观众观看不同类型电视节目的比率，18 ~ 30 岁的观众，有 36.5% 的受访者看电视剧，而这一比例在 51 ~ 55 岁的受访者中则上升为 49.2%。

表 3 – 3 不同年龄观众收看电视节目的交叉频数分析

	18~30 岁	31~40 岁	41~50 岁	51~55 岁
连续剧	36.5	40.0	43.7	49.2
新闻	40.0	43.6	49.0	50.0
体育	22.3	21.7	18.7	13.3
影片	22.1	11.0	8.4	13.9
综艺	13.8	11.8	12.2	10.3
生活	5.1	8.4	9.0	13.7
音乐/艺术	9.6	6.8	5.1	7.3
纪实片	5.2	5.2	5.8	7.6

六、医药广告调研报告

医药广告调研报告是根据广告调研资料和调研结果加以概括并予以说明的书面报告，是对调研信息进行的归纳和传递，是整个广告调研活动和工作的最终成果。一般包括以下内容。

1. 题目

题目是对报告研究内容的高度浓缩与概括，包括医药广告调研主题、委托调研的广告主、报告撰写日期、承办部门、撰写人等。必须做到确凿、可靠。

2. 摘要

摘要是概括性说明医药广告调研的主要成果，是整个报告的精华部分，用以介绍调研报告的主要内容及重要分析结论和建议。

3. 序言

序言用以简要说明医药广告调研的动机、背景、过程、调研要点及所要解答的问题。可以从相关理论谈起，也可以从实际问题发端。

4. 正文

正文是调研报告的核心部分，一般包括调查情况说明、调研活动中取得的详细资料、数据、关键的图表、调查结论和建议等。为了让读者了解结论的科学性、准确性、客观性，并进一步得到自己的结论或推断，正文必须尽可能呈现出全部的事实资料。

5. 附录

附录主要呈现与正文相关的各种资料，进一步佐证或说明正文的内容。它包括资料来源、使用的统计方法、附属图表和资料、调研问卷等。

阅读资料 3 – 8

雅客 V9 电视广告"跑步篇"传播效果调查报告

1. 调查题目

调查内容：雅客 V9 插播在中央电视台一套《天气预报》与《焦点访谈》节目中间的广告效果测评。

调查期间：2003 年 11 月 17 日～2003 年 11 月 23 日。

调查实施：eDataPower 在线调查。

调查对象：eDataPower 会员。

回收情况：共回收问卷 715 封，其中有效问卷 643 封，无效问卷 72 封。

技术支援：大连理工大学力迪市场营销研究所。

2. 摘要

本调查结果显示雅客 V9 广告"跑步篇"的接触效果与记忆效果较令人满意，其中年轻女性对广告的记忆率高于其他群体，而"情节"与"人物"是主要记忆点；被访者对于广告的理解存在一定偏差，表明广告诉求的传递不明确；态度效果与行为效果则亟待提高。因此，雅客 V9 广告在今后的设计与传播中需要注意改进广告情节，准确界定广告诉求，使用更加生动简练的广告词，并选择合适的代言人。

3. 序言

本调查通过网络问卷调查的方式，了解雅客 V9 在央视一套黄金时段投放广告"跑步篇"的传播效果，主要从接触效果、记忆效果、理解效果、态度效果、行为效果五方面进行数据统计与分析，并对广告情节、诉求界定、广告词与代言的问题上提出相关建议。

4. 正文

4.1 调查说明与市场分析

4.1.1 接触效果

68.5%的被访者对雅客 V9 广告有印象（被访者指看过插播在央视一套《天气预报》与《焦点访谈》节目中间的广告的受众）。

4.1.2 记忆效果

（1）在对雅客 V9 广告有印象的被访者中，广告整体记忆效果一般，52.8%的被访者记住了广告产品是糖果，53.9%的被访者知道广告中产品的品牌名称是雅客 V9。

（2）在对雅客 V9 广告有印象的男性被访者中有 44.7%的人记住了广告词，女性则达到 61.5%；20～39 岁的被访者对于广告词的记忆率最高。

（3）被访者对广告构成要素的记忆程度由深到浅依次为：人物、情节、场景、广告词、旁白、服装、背景音乐。

（4）"情节"和"人物"对帮助被访者回忆雅客 V9 广告的积极贡献最大。

（5）"人物"和"广告词"对帮助被访者回忆雅客 V9 广告的产品品牌的积极贡献最大。

4.1.3 理解效果

（1）女性被访者对广告诉求点的理解比例要高于男性；44%的被访者真正理解了广告的诉求点——"补充每天所需维生素"。

（2）被访者对产品形象的理解依次为：健康、青春、时尚、运动、快乐、创新和其他，这与广告的初衷存在着一定的偏差。

（3）在对雅客 V9 广告有印象的被访者中，74.8% 的被访者认为周迅适合做雅客 V9 广告的代言人；在持否定态度并给出有效答案的被访者中，45.1% 的被访者不喜欢代言人周迅；48.4% 的被访者认为周迅的形象与产品的形象不符合。

（4）绝大部分的被访者认为雅客 V9 产品适合年轻人食用。

4.1.4 态度效果

（1）被访者对雅客 V9 广告的喜欢程度一般，只有 28% 的被访者表示喜欢雅客 V9 广告。

（2）被访者对广告的"吸引力""客观性""有趣好看"这三方面的态度将会影响其对该广告的喜欢程度。

（3）被访者对雅客 V9 品牌名称的喜欢程度不高。61% 的被访者对该广告中的产品品牌名称没有感觉，喜欢和非常喜欢的被访者只占 28%。

（4）被访者对广告的喜欢将直接导致对广告中所宣传品牌名称的喜欢，反之亦然。

4.1.5 行为效果

（1）在对雅客 V9 广告有印象的被访者中，只有 15% 的被访者对雅客 V9 产品有较高的欲望。

（2）被访者对雅客 V9 广告的喜欢程度较高地影响了其拥有雅客 V9 产品的欲望。

（3）对产品拥有欲望的强弱能够较大程度地影响购买行为，但前者只是购买行为的必要因素。

（4）被访者向他人推荐雅客 V9 广告的可能性不高，只有 15.2%。

4.2 结论与建议

根据上述调查结论，对于雅客 V9 维生素糖果广告的改进建议如下：

（1）改进广告作品的情节：广告成功的标志是极大地促进产品的销售或树立良好的品牌形象，而这两者都有赖于广告的良好的传播效果，而广告拥有良好的传播效果首先要能够吸引消费者。随着国内广告业的发展和消费者欣赏水平的提高，广告作品的情节变得尤为重要，它已成为能够吸引消费者的最基本和最重要的条件。正如我们在问卷调查与分析中所得到的结论：广告情节已经成为决定广告记忆程度最重要的影响因素。一则成功的广告作品不但要有美丽的画面、好听的音乐、熟悉的影视明星，更要有一个好的情节！目前，雅客 V9 广告在这方面却做得不尽如人意。很多被访者在问卷中问及不喜欢该广告的原因时，普遍认为雅客 V9 广告缺乏好的情节，只是通过形象代言人说出产品的功效，只是带领青年男女在都市中奔跑。很显然，这样简单的广告情节已经很难满足目前广告受众的口味，就更不用说在数以百计的广告中脱颖而出，使消费者产生深刻的印象并最终影响他们的消费行为。

（2）清晰界定广告的诉求：广告诉求是围绕广告主题通过作用于受众者的认知和情感，加快、提高受众对产品、广告和品牌的认知与理解，从而促使受众产生购买动机。调查结果表明，被访者对广告中产品形象的理解与广告策划时确定的诉求（运动、创新和健康）出现了偏差。我们认为，维生素的补充可以通过多种方式和渠道，如药品、保健品、水果、蔬菜及其他食品。如果广告的诉求仅仅定位于健康，向受众传达此产品可以补充每天所需的维生素这一信息，那么广告并不具有很好的说服力，因为广告并没有清楚地向受众解释"在众多补充维生素的食品中，为什么要选择维生素果糖这种方式"这个问题。所以我们认为，从理性诉求的角度，广告应更注重"方便、轻松、快乐地补充每天所需的维生素，保持生命健康"这样的诉求表达，因为这是维生素糖果与其他补充维生素方式的最大区别所在。方便，源于携带和每时每刻都可以进行补充维生素的便利；轻松，源于携带及享受的方便和没有了通过吃药或保健品时害怕给外界留下不健康形象所造成的心理压力，从而产生的心情放松；快乐，源于维生素糖果极好的口感和心情的轻松。

（3）广告词作进一步的选择和精炼：广告词是一则广告的重要组成部分。一句风趣幽默、耐人寻味或动情、体贴或真诚、坦率、善解人意或震撼人心、令人过目不忘的广告主题词或口号会引起消费者的注意、兴趣和记忆，并有助于受众对广告的理解和广告在消费群体中的传播。因此，广告词对于广告而言，作用和意义重大。调查结果显示，被访者对雅客 V9 广告词的记忆程度不高，多数人对广告词没有印象，只有49.2%的被访者记住了雅客 V9 广告的广告词。我们认为，成功广告的决定因素可以是广告的画面、编排、色彩、语言、文字、音效等之一、之二或更多的组合，但从传播的深度和广度来看，广告词的强势更明显，广告词的传播准确度也胜过其他因素。因此，我们认为雅客 V9 广告词应进一步加以选择和精炼，将广告代言人的台词与广告旁白做明显区隔，让消费者感到广告词更加突出、生动、鲜明、准确、朗朗上口和更具有美感。

（4）形象代言人的选择：雅客 V9 广告选择周迅作为形象代言人并不成功。用影视明星作为形象代言人可以取得广告的"通感"效应。所谓"通感"，是指广告受众者将广告的视觉刺激，通过心理联觉作用，转化为对商品的整体感官感受。在广告中，利用明星在广大消费者心目中的印象和好感，通过明星使用商品的示范效用，向受众或直接推荐或间接劝诱，以提高商品知名度，或者通过"通感"途径使受众对商品产生审美感受。本次调查结果表明，尽管有74.8%的被访者认为周迅适合作为雅客 V9 广告的形象代言人，但被访者对广告中产品形象的认识和理解却与广告策划时确定的诉求存在着一定的偏差，其原因主要有下列几点：①不同年龄段的受众在文化、生活习惯、心理等方面都存在着差异，其对明星的接受度、喜欢度存在不同，这可能影响受众对广告的记忆、理解和喜欢的程度；②明星同时可能为多家公司做广告或形象代言人，这可能造成消费者记忆混乱；③明星的形象与产品的形象、广告的主要诉求可能不搭配或不一致；④明星名气较大或编排的广告情节不突出产品可能造成喧宾夺主；⑤明星的某些生活习性或传闻（丑闻）可能使产品形象受损。因此，我们建议雅客 V9 广告应慎重选择广告形象代言人，选择时应注意代言人的形象与广告主旨、主要诉求和目标市场的一致程度，以及广告中产品与代言人的搭配是否合理，从而提高广告投放后的效果。

（参考文献：3edu 教育网. 雕牌牙膏广告"新妈妈篇"传播效果调查报告 [EB/OL]. http：//ws. 3edu. net/dybg/ws_ 122859. htmL，2008 - 09 - 30.）

任务演练

选择一则目前电视媒体上正在热播的药品广告，模拟该广告传播效果的调研。
1. 制订一份广告传播效果调研的方案。
2. 设计一份广告传播效果的调研问卷。

任务 2 医药广告预算

一、医药广告预算概述

（一）医药广告预算的含义

医药广告预算是医药企业和医药广告部门对医药广告活动所需费用的计划和匡算，它规定了医药广告计划期内开展医药广告活动所需的费用总额、使用范围和使用方法，是医药企业广告得以顺利进行的保证。

医药行业在广告方面的投入普遍较大。据《广告时代》调查，只有 36 家在广告方面的投入超过 10 亿美元。而医药企业中，辉瑞制药公司（Pfizer）广告投入为 20.72 亿美元，位居广告投入榜的第 11 位。中国制药企业的广告费用也已达到一定的规模，目前，广告投入已经占销售额的 5% ~ 10%。但广告经费的投入并非越高越好，应该综合考虑医药企业实力因素、医药产品因素、销售因素、医药市场竞争因素、媒体类别因素、经济因素等影响广告经费预算的各种因素，采用科学的手段进行成本收益比较，尽可能地用最低的成本到达最佳的效果。

阅读资料 3 - 9

中国医药行业的广告投入

医药保健品行业是央视黄金资源广告竞标的宠儿，在 2005 年前后曾连续位居央视黄金资源广告招标前三，哈药集团、民生药业无不借助央视广告打造品牌。

资料显示，2011 年央视广告招标中，医药保健品行业有 4 家企业中标：上海健特投入 1.4 亿元将主打天气预报 1＋1 广告，在黄金搭档和脑白金广告的基础上重点加强黄金酒的品牌宣传；云南白药自 2005 年以后就成为央视黄金资源广告的忠实客户，2011 年以 1.92 亿元的广告总额拿下新闻联播后标版 6 个广告位；东阿阿胶则重点突破 A 特段（即《新闻联播》和《天气预报》之间的 15 秒广告），以 1.2 亿元拿下 3 个广告位；而以北方医药名义出现的吴太集团，则以接近 2.5 亿元的价格拿下了新闻联播后标版广告第三单元正一的位置和 A 特段 5 个广告位。

（二）医药广告预算的作用

1. 控制医药广告活动

医药广告计划的实施，要以医药广告预算来支持。医药广告传播的时间与空间、医药广告作品的设计与制作、医药广告媒体的选择与使用等，都要受到医药广告预算的支配。通过医药广告预算，医药广告企业或部门可以对医药广告活动进行管理和控制，从而使医药企业广告目标与营销目标协调一致，使医药广告活动按计划开展。

2. 评估医药广告效果

医药广告预算对医药广告经费的使用提出了明确的目标，可以使医药广告活动的每一具体步骤尽可能达到较理想的效果。同时，由于医药广告预算对医药广告经费的每一项具体开支都做出了规定，这样，在医药广告计划实施结束后，就可以比较每项具体的医药广告活动所支出费用与所取得的医药广告效果。因此，医药广告预算可以成为衡量医药广告效果的经济标准，并评估医药广告活动的经济效益。

3. 规划医药广告经费的使用

科学合理的预算，明确规定了医药广告经费的使用范围、项目、数额及经济指标，可以使医药广告费用的投入保持适度，避免盲目投入造成浪费；可以使已经投入的医药广告经费有计划地事先分配，使医药广告经费得到合理有效的使用。

4. 提高医药广告活动的效率

一方面，通过医药广告预算可以增强医药广告人员的责任心，监督医药广告费用开支，避免出现经费滥用或运用不良等现象。另一方面，通过医药广告预算，对医药广告活动的各个环节进行财务安排，发挥医药广告活动各个环节的工作效率，也可以促成医药广告活动的良好效果。

阅读资料 3－10

广告投资模式

美国广告学专家肯尼斯·朗曼经过长期的研究，创建了一个广告投资模式。朗曼指出，任何品牌的商品或服务做广告，其广告效果只能是在临限（不做广告时的销售额）和最大销售额之间的某数值。

　　根据朗曼模式，即使没有任何广告，也会有一定销售额，朗曼称之为临限（Threshold），同时，由于企业的生产规模、管理水平、市场状况、营销策略等影响，决定了产品存在一个最大销售极限。现实的销售额只能在这两者之间。在临限与最大销售极限之间，广告与销售是一种正比关系，具有推动销售的直接效果。

二、医药广告预算的影响因素

　　医药广告预算的分配必须考虑到医药广告活动产生直接或间接影响的条件因素。一般说来，医药广告预算分配要考虑以下几种因素。

1. 医药企业实力因素

　　医药企业实力因素是指企业的财力状况、技术水平、管理水平生产能力和人员素质等因素。

2. 医药产品因素

　　医药产品因素包括产品是新产品还是老产品，是差别大还是小，是内销还是外销，是处方药的还是非处方药的，是处在产品生命周期的引入期和成长期还是成熟期或衰退期等。以产品生命周期而论，处于引入期和成熟期的产品，一般要投入较多的医药广告费用，而对于成长期和衰退期的产品则应适当减少其医药广告经费。

3. 医药产品销售因素

　　医药广告预算分配要考虑医药产品的销售目标、销售范围、销售对象、销售时间等因素。

4. 医药市场竞争因素

　　医药市场同类产品的竞争情况不同，所投入的广告费用也应不同。一般来讲，竞争激烈时，应投入较高的广告费。

5. 媒体类别因素

　　医药广告媒体租用是医药广告投资的主体，通常要占到医药广告总投资的70%～90%。不同的媒体，广告费用也不同。

6. 经济因素

　　医药广告预算分配还要考虑整个经济背景。一般说来，经济环境有利时要投入较多的医药广告经费，反之则相应减少。

课堂互动

　　某公司新研发了一款以中药为主要成分的化妆品，现在北京地区进行试推广，列举你能想到的影响其广告预算的因素及其理由。

三、医药广告预算的内容及分配

（一）医药广告预算的内容

医药广告预算的内容包括医药广告活动中所需的各种费用。可以列入医药广告预算的费用有以下几项。

1. 医药广告媒体费

医药广告媒体费主要指购买媒体的时间和空间的费用，约占医药广告费用总额的80%～85%。

2. 医药广告设计制作费

医药广告设计制作费主要包括医药广告设计人员的报酬、医药广告设计制作的材料费用、工艺费用、运输费用等，约占医药广告费用总额的5%～15%。

3. 医药广告调研研究费

医药广告调研研究费主要包括医药广告调研、咨询费用，购买统计部门和调研机构的资料所支付的费用，医药广告效果检测费用等。这一部分经费约占医药广告费用总额的5%。

4. 医药广告部门行政费用

医药广告部门行政费用主要包括医药广告人员的工资费用、办公费、医药广告活动业务费、公关费，与其他营销活动的协调费用等，约占医药广告费用总额的2%～7%。

5. 医药广告活动的机动经费

医药广告活动的机动经费主要用于应付意外情况，如市场出现特殊情况，需临时采取一些应变措施。

（二）医药广告预算的分配

在制订医药广告预算时，还需要考虑广告预算的分配范围，具体包括：

1. 不同媒体医药广告费用分配，即根据广告的媒介策略来划块分配，如报纸广告占多少，电视广告占多少。

2. 不同地域医药广告费用分配，如城乡间、国内外、南北方广告费用各占多少等。

3. 不同时段医药广告费用分配，如某一年度的广告费在不同季度、月度应如何分配等。

4. 不同部门医药广告费用分配，如自营广告费与他营广告费的分配。在自营广告费中，还需依据各广告业务部门的费用进行细分，如创作部、管理部、制作部、媒介部等各分多少。此外，还应留有一部分，作为机动费用。

案例 3-4

吗丁啉主动舍弃了大量的区域市场

国内药品销量 80% 都在医院。加之过去中国药品零售渠道及大众传媒的无序，使大多数外资、合资药企更重视医院渠道的开拓，首先实现医生开处方销售，然后用医生处方及大众广告共同拉动零售市场的销售。与此相对应，吗丁啉在确定重点市场时，当地是否有完善密集的医院渠道就成了一个重要的衡量指标。

同时，医药消费与健康意识、经济收入等密切相关，区域差异非常大。以 2000 年为例，医药消费总额排名前六位的广东、江苏、浙江、山东、上海、北京，其药品消费额超过其他 24 个省份与地区的总和。这使得绝大多数外资、合资药企以当地是否为医药消费大省，作为确立重点市场的另一个重要指标。

结合上述两大指标，我们不难发现，在医药行业，外资品牌（企业）往往聚焦在江苏、浙江、广东、上海等几个省市，而其他区域则暂时无法顾及。吗丁啉也不例外，根据企业专家访谈得知，其销量主要集中在上述几个省市。在后续研究中也证实了这一点，如 2002 年、2003 年两年，吗丁啉用于江苏、浙江、上海、广东、北京地区的广告投放费用，占到其投放总量 50% 以上（按刊例价计算）。由于上述五省市的媒体给予的折扣都较少，实际上的比例还应该高于这个数字。而其他区域，如江西等省市，吗丁啉的广告投入几乎为零，投放在中央台的广告费用也非常少，和投到北京的费用几乎持平。

这种极度"聚焦"的做法，使得吗丁啉在中国的发展极不均衡，其在江浙市场已趋成熟，消费者对吗丁啉耳熟能详；而在黑龙江、江西等被"舍弃"的地区，山高水远，消费者对吗丁啉知之甚少。

思考题：吗丁啉的这种预算分配有哪些可取与不可取之处？

四、医药广告预算的步骤

1. 调研研究阶段

在编制医药广告预算之前，必须对医药企业所处的市场环境与社会环境进行调研，对企业自身情况和竞争对手的情况进行调研。这是医药广告预算制订的前提。

2. 综合分析阶段

在进行了全面的调研后，要结合企业的医药广告战略目标和调研情况进行综合分析研究，进而确定医药广告预算的总额、目标和原则。

3. 拟订方案阶段

根据已确定的医药广告预算总额、目标与原则，拟订医药广告预算的分配方案。医药广告预算方案的选择涉及许多部门和许多因素。因此，要集思广益，尽可能设计出切实可行的方案。如果有多种方案，就要通过反复分析与比较，从多种方案中确定费用相对小而收益较大的方案。

4. 落实方案阶段

将最后确定下来的预算方案要具体化。它包括：医药广告经费各项目的明细表及责任分担；医药广告预算按商品、市场、媒体及别的项目预算分配；医药广告计划细目的实施和预算总额之间的协调等。方案的落实是医药广告预算实现的保证。

五、医药广告预算的方法

合理的医药广告预算步骤必须和科学的预算方法相结合。医药广告预算的方法多达几十种，选择什么样的预算方法，要根据实际情况而定。现在选择其中几种主要的方法加以介绍。

（一）根据销售情况而定的预算方法

这种方法主要根据销售情况和销售需要来确定。主要有销售百分比法、利润百分比法和销售单位法。

1. 销售百分比法

销售百分比法是以一定时期内销售额或利润额与医药广告费用之间的比率来预算医药广告费用的方法。由于执行标准不一，又可细分为计划销售额百分比法、上年销售额百分比法和两者的综合折中——平均折中销售额百分比法，以及计划销售增加额百分比法四种。

销售百分比法的计算公式为：

医药广告费用 ＝ 销售总额 × 医药广告费用与销售额的百分比

如果医药企业去年销售额为 2000 万元，而今年预计的医药广告费占销售总额的 4%，那么今年的医药广告预算为：

医药广告费用 ＝ 2000 万元 × 4% ＝ 80 万元

🔲 课堂互动

如果某产品上一年销售额为 1000 万而广告投入为 30 万，则比率为 3%，若预测下一年的销售额将达到 1200 万，则广告预算应为多少？

2. 盈利百分比法

盈利百分比法是根据一定期限内的利润总额的大小来预算医药广告费的一种方法。这里的利润可以是上一年度已经实现的利润，也可以是计划年度预计达到的利润；可以按毛利计算，也可以按纯利计算，但一般按毛利计算。其计算公式与销售百分比相同。

如某医药企业今年预计实现的毛利为 1000 万元，医药广告费用占毛利的 2%。其医药广告费用为：

医药广告费用 = 1000 万元 × 2% = 20 万元

　　这种方法在计算上较简便，同时使广告费和利润直接挂钩，适合于不同产品间的广告费分配。但此种方法对新上市产品不适用，新产品上市要大量做广告，掀起广告攻势，广告开支比例自然就大。

课堂互动

　　假如公司产品一年的毛利是 100 万元人民币，投资广告费用为 3 万元，第二年公司产品毛利为 120 万元人民币，广告费用所占比率不变，则下一年的广告费用为多少？

3. 销售单位法

　　销售单位法是按照一个销售单位所投入的广告费进行医药广告预算的。依照上年度广告费占产品销量的百分比或单位销售量所需广告费来确定现年度的广告预算额，有时可依据当时特定的经济形势和市场状况来对百分比数额进行微调。

　　销售单位法的计算公式为：

医药广告费用 = 每件产品的医药广告费 × 产品销售数

　　如某产品每件的医药广告费用为 1 角，计划销售 100 万件，其医药广告预算为：

医药广告费用 = 0.1 元/件 × 100 万件 = 10 万元

　　销售单位法简便易行，尤其适合于薄利多销的商品，因为这类商品虽然销售快，但没有较高的利润，能够较为精确地预算出商品被均摊后的医药广告费。

课堂互动

　　如果某企业上年销售产品 10 万件，广告投入 10 万元。今年计划销售 20 万件，则广告预算为多少？

（二）根据广告目标而定的预算方法

　　根据医药广告目标而规定的医药广告预算方法又叫目标达成法。这是一种比较科学的计算方法，它避免了某种公式化的计算广告预算方法的不足，强调医药广告预算主要是服从于企业的营销目标。这就抓住了医药广告预算的主要矛盾，即以医药广告目标实施为目的来制订具体的医药广告预算方案，突出了医药广告手段服从医药广告目的这一根本。目标达成法根据所依据的目标和计算方法的不同，分为销售目标法、传播目标法和系统目标法。

　　其具体做法是：首先确定医药企业预期达到的销售目标，然后明确值得争取的潜在消费者对现有医药产品的知悉程度、态度和购买情况及其变化程度，据此选择适当的媒体形式和媒体组合，并计算在付出最低成本的前提下所需要的广告次数的总和，这个最低成本就是广告活动所需要的经费数额。

1. 销售目标法

这种方法是以销售额或市场占有率为医药广告目标来制订医药广告预算的一种方法。也就是说依据设定的医药广告目标来拟订医药广告活动范围、内容、媒体、频率、时期等，再依此计算出每项所必需的医药广告费用。

2. 传播目标法

这种方法是以医药广告信息传播过程中的各阶段为目标来制订医药广告预算的一种方法。它是以传播过程的知名——了解——确信——行为几个阶段为目标来具体确定医药广告预算的。因为医药广告费与销售额的关系是通过消费者对医药广告信息的反应过程与深浅程度表现出来的，因此，传播目标法较销售目标法更科学。

3. 系统目标法

系统目标法是采用系统分析和运筹学的方法，将系统的目标范围扩展到整个企业的生产经营活动之中，也就是说把与医药广告、销售密切相关的生产、财务等因素一并纳入医药广告预算所应考虑的范围之内，加以系统分析和定量分析，从而使医药广告预算更合理、更科学、更完善。

例如：目标是提高知名度，目标受众人数 1000 人，平均每人每次广告到达费用为 1 元/人次，预计广告暴露频次是 10 次，那么：

广告预算 = 目标人数 × 平均每人每次广告到达费用 × 广告次数

        = 1000 人 × 1 元/人次 × 10 次

        = 10000 元

根据医药广告目标而定的预算方法的操作过程如图 3 - 2：

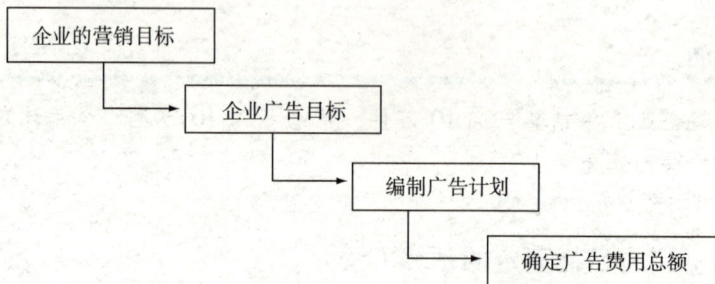

图 3 - 2　系统目标法预算的操作过程

课堂互动

某企业广告目标是要增加 100 万名消费者收看本企业的广告，经调研发现，每增加 1 名消费者需要花费 0.3 元，每个月重复 8 次，那么该企业每月的广告费用为多少？

（三）根据竞争对手而定的预算方法

根据竞争对手的广告费用支出来确定本企业的广告预算额。可以根据主要竞争对手和本行业中少数几个领先企业的广告费用支出来确定本企业的广告预算额，也可以根据同行业所有企业广告费用开支的平均值来确定本企业的广告预算额。

1. 市场占有率法

此法是基于这样一种认识，即企业的市场份额与其广告费用支出存在着对应关系，市场占有率越高，广告费用支出在同行业中所占的比率也越高。例如，竞争对手广告费总额为 40 万，其市场占有率为 40%，本企业预计市场占有率要到达 38%，则：

$$广告预算 = \frac{对手广告金额}{对手市场占有率} \times 本企业预期市场占有率$$

$$广告预算 = \frac{40}{40\%} \times 38\% = 38 \ 万$$

2. 增减百分比法

$$广告预算 = (1 \pm 竞争企业广告费增减率) \times 本企业上年广告费用$$

但是，实际上广告费用份额与市场份额并不是对等的关系，一般来说，如果企业想要保持现有的市场份额和扩大市场份额，就必须使其广告费用在同行业中所占的份额大于该企业的市场份额。首倡此法的詹姆斯·佩卡姆认为，如果企业及其产品是初次进入某一市场，其所付出的广告费用份额至少是其所希望得到的市场份额的两倍。因此，在运用此法进行广告预算推断时可以对计算公式做适当调整。

■ 课堂互动

　　某企业竞争对手上一年度广告费用为 200 万元，今年计划投入 300 万元，较上一年度增加了 50%，该企业上一年的广告投入为 300 万元，那么该企业今年的广告费用为多少？

（四）根据企业实力而定的预算方法

根据企业财力和营销情况而定的医药广告预算方法，主要有全力投入法、平均投入法、任意投入法三种预算方法。

1. 全力投入法

全力投入法是根据企业的财力，将医药广告资金一次全力投入的预算方法。即企业在做医药广告预算时，根据企业财力，能拨多少钱做医药广告，就拿出多少钱做医药广告。这种方法适合于必须进行医药广告宣传，而又没有必要进行长期规划的中小企业。

2. 平均投入法

平均投入法是根据企业财力，将医药广告资金分阶段等量投入的预算方法。如每月平均投资多少，或每季度平均投资多少等。采用这种做法的企业主要是资金不足，也可能是先要看看医药广告的实际效果再做决定。这种方法较适应于资金不足，而又有必要进行一定期限医药广告宣传的企业。

3. 任意投入法

任意投入法是以一时期的医药广告费用为基数，根据企业财力和市场需要增减费用的医药广告预算方法。常见的做法是医药广告主只支付医药广告活动的启动资金即第一阶段的医药广告资金，后续资金要看第一阶段的医药广告促销效果，再考虑投不投入资金或投多少资金。采用这种预算方法通常由企业高层领导人决定下一时期的医药广告费用，它较适合于没有必要进行长期医药广告规划的中小企业。

（五）其他方法

除上述常用的预算方法外，医药广告预算的其他方法还包括以下几种。

1. 根据时间分配广告经费的预算方法

这种方法即按照时间来有所侧重地分配广告经费。为了按照时间顺序有所侧重地分配广告经费，广告主一般都将某一特定广告期限分为若干个时间段，例如某一广告预算期限为 26 周，可根据需要和具体情况将 26 周分解成若干个时间段，如情人节或复活节，并对这些节日期间的广告预算加以另行安排。在媒介策略制订出来以后，基于对广告频次和广告连续性的考虑，虽可对各个时间段的广告预算进行调整，但调整幅度不宜过大。

2. 根据地理区域而定的预算方法

这种方法先将某个市场或细分市场分解成若干个地理区域，而后再将广告经费在各个地理区域予以平均或有所侧重地进行分配。其基本原则是：推销容易地区的经费要少于推销困难的地区，人口密度低的地区要少于人口密度高的地区；全国性市场的广告费用要大于区域性市场的广告费用，区域性市场的广告费用要大于地方性市场的广告费用。当然这也不是绝对的，预算分配的重点应是销售可能性大的地区和市场，最低界限不能少于维持产品在该地区竞争地位所需的基本费用。

3. 根据生产产品的种类而定的预算方法

这种方法是根据其生产产品的种类按比例有所侧重地分配广告预算。利用这种方法，必须了解产品的生命周期、产品面对的竞争力量、产品在企业产品体系中所处的位置以及产品利润水平等因素的影响，把重点放在有较大市场潜力、对广告有较大依赖性的产品上。

4. 根据广告所选择的媒体而定的预算方法

这种方法是根据广告计划所选择的广告媒体以及媒体刊播频次计划，有选择、有重点地分配广告经费。具体又分为媒体间分配和媒体内分配两种。前者是根据广告计划所选定的各种媒体间进行广告费用的分配，它是随着广告策略的实施进行划块分配的，如电视广告占多少、报纸广告占多少、广播广告占多少等；后者是指同种媒体划块分配后在媒体内部单位时间的分配，如在电视广告内部，中央电视台占多少、省级电视台占多少、市级电视台占多少等。

任务演练

选择一种常见的 OTC 感冒药，运用恰当的广告预算方法计算其下一年度的广告费用总投入。

项目小结

医药广告调研是伴随医药广告活动各个环节所进行的广泛搜集信息的行为，是医药广告策划的基础和前提。它一般包括医药广告环境调研、主体调研、目标市场调研、市场竞争调研、媒体调研、效果调研等；它是按照一定程序进行的，采取的方法主要有文献法、观察法、实验法、访问法、调查法等。调查法中所用的问卷由标题、说明、主体及问卷记录四部分组成，问卷回收后要进行整理以剔除无效问卷，然后再进行统计分析，常用的分析方法为频数分析。

医药广告预算是医药企业和广告部门对医药广告活动所需费用的计划和匡算，它规定了开展医药广告活动所需的费用总额、使用范围和使用方法，具有控制广告活动、评估广告效果、规划经费使用、提高广告效率的作用。它包含有医药广告媒体费、设计制作费、调研研究费、部门行政费用等广告活动中所需的各种费用。常用的预算方法包括根据销售情况而定的预算方法、根据广告目标而定的预算方法、根据竞争对手而定的预算方法、根据企业实力而定的预算方法等。

目标检测

一、复习思考

1. 医药广告调研的内容包括哪些？

2. 医药广告调研常见方法有哪些？

3. 举例简述医药广告调研的步骤。

4. 影响医药广告预算的因素有哪些？

5. 为什么要进行医药广告调研？调研和预算有何关系？

二、案例分析

专一的形象与独占的市场

深圳太太药业从深圳爱迷尔食品公司起家，于 1993 年"三八妇女节"之际将一个女性口服美容保健品推向市场，名字极其女性化——太太口服液。其广告从"三个太太两个黄""三个太太两个虚"进行诉求切入，将产品目标消费群体明确指向了已婚女性，产品定位在补虚美容。在广告表现上，针对已婚女性血虚所表现出来的"黄、虚、干枯"等问题，以"不饱和脂肪酸，调理内分泌"作为产品的具备科技含量的功效诉求，以"面色红润、细腻、有光泽、有弹性"作为产品利益点承诺，以"十足女人味""滋润女人，让美丽飞扬"作为产品的口号，形成了产品独具魅力的形象特点；更为可贵的是产品在表现上，无论是广告，还是包装，都坚持统一的红色调，艳丽、时尚、健康，与产品的利益承诺十分吻合。

十年间，太太品牌以一贯的策略，坚持转移的形象，坚持太太市场的深度开发。女为悦己者容。从生理上讲，已婚女性经过妊娠、生育、养育等几个阶段，加之生活操劳，气血虚耗，导致面色发黄、颜面色斑等皮肤问题者所占比例较高，同时由于这个群体在各年龄段的女性中购买能力最高，因此从"悦己"与"己悦"的角度，都可促成这个群体作为自用消费的消费需求。

既有太太，必有其夫，念及妻子相夫教子、辛劳持家的不易，从补偿与关爱的角度，促成了男性群体作为馈赠群体的消费需求。从大胆的取悦于"太太"群体，到索性将企业更名为"太太药业"，从单一品种的广告与营销的目标市场细分策略，到企业整体的女性产品经营策略，再到目前十年多的经营历程中，"太太"品牌与"太太药业"以专一的形象赢得了长期的发展，赢得了独占的市场。在这个市场，每一个跟进者都只有采取差异化策略，或边缘作战与缝隙作战的战略才可分得一杯羹。

事实上女性在药品保健的消费上并非盲目的，相反她们的目的性极强，她们会对产品所承诺的利益点极为关注，这个承诺的利益点就是她们要解决的问题。只要商家的销售说辞她们相信了，她们自然比男人更愿意从自身找到问题，然后对症下药。这个产品所承诺的利益点对她们来说，就是她们现实存在的问题，就是她们的迫切希望。

朵尔胶囊：以内养外，补血养颜。

排毒养颜：排出毒素，一身轻松。

百消丹：消除肿瘤及色斑。

天使丽人：用手指在脸上弹钢琴（什么意思？如果说"让皮肤特别有弹性"岂不更为现实和迫切）。

既然每一个女性购买保健品都是要解决一个实际存在的问题，那么找准问题是产品定位的第一步。每一个问题都对应着一个相应范围的市场，在这个相应范围的市场都有直接竞争的产品进入：补血有朵尔、血尔、红桃K，药品有阿胶补血、血康宝、修正益气养血；排毒有排毒养颜胶囊、芦荟排毒，药品有牛黄解毒；消斑有百消丹……

在相应范围的市场内，以一个确定的目标消费群圈定更有针对性的市场，市场范围相对缩小，但是市场某种程度相对加强，时常可以深度渗透，深度开发，市场更可以长期做大。

而哈药集团的"朴雪口服液"恰恰是一个渴望做成人见人爱的产品。从少年儿童，到家庭妇女到白发老人，没有一个形象是"朴雪"所不涉及的。

品牌提示：当每一个产品都渴望放之四海皆准，渴望全国人民都能掏腰包购买的时候，能够懂得抓大放小的营销决策者才可能真正最终拥有市场，拥有一块别人很难进入，进入也只有"死掉"的市场。这也正如毛泽东的战略：伤其十指，不如断其一指。

当产品在单一的功效市场具有绝对的竞争力的时候，这个产品可以指向所有年龄段的消费人群；但是当这个市场有众多产品进入的时候，任何一个产品都失去了适应整体消费群体的优势，在西瓜与芝麻的权衡之后，要进入一个已经成熟的市场，如果找不到一块空白来切入，那必定是你死我活。

资料来源：腾辛梅. 赢在药业［M］. 北京：华艺出版社，2004.

分析：

1. 你认为"太太口服液"营销成功的原因有哪些？

2. 广告调研在"太太口服液"成功营销中是如何发挥作用的？

三、实训操作

【实训项目】

医药广告调研。

【实训目的】

通过这次综合模拟实训的操作，使学生能比较系统地掌握医药广告调研的方法、步骤、问卷设计技巧及调研报告的撰写要求，培养实际操作能力，提高在企业商务活动中的基本技能，也是对学生所学专业知识的一个综合检验。

【实训内容】

以小组为单位，选择某一电视媒体上热播的药品广告调研。具体要求如下：

1. 首先明确此次医药广告调研内容（是医药广告环境调研，还是医药广告主体调研？是目标市场、竞争环境，还是广告媒体及效果调研？），调研内容可包含多方面。

2. 拟订调研提纲及调研计划（参见"医药广告调研步骤"）。

3. 选择不少于两种调研方法完成调研，其中必须包含调查法（参见"医药广告调研方法"）。

4. 设计调研问卷（参见"医药广告调研问卷"），实施调研，要求问卷不少于30份。

5. 整理调研资料，形成调研报告（参见"医药广告调研报告"），并做当堂展示汇报。

【实训评价】

每小组派出一名代表组成实训考核小组，根据下面的评分标准进行评分。每小组的最终得分为实训考核小组各代表所给的平均分。最终由教师负责汇总得分并进行点评。

1. 医药广告调研的内容设计。（15分）

2. 医药广告调研的方法选择。（10分）

3. 医药广告调研的问卷设计。（20分）

4. 医药广告调研的执行过程控制。（10分）

5. 医药广告调研的调研报告撰写。（20分）

6. 医药广告调研的现场汇报效果。（15分）

7. 项目执行过程中的团队合作。（10分）

（郑秋莹）

项目四　医药广告创意

▉ 学习目标

　　知识目标：了解广告创意的含义、特征；熟悉广告创意中必须遵循的基本原则、广告创意的过程；掌握广告创意的理论、广告创意的思维方法。
　　能力目标：能运用所学的知识，初步分析评价广告创意；能针对具体医药产品进行广告创意。

任务1　医药广告创意概述

一、医药广告创意的含义

　　"创意"一词，就是创造意外、别出心裁，即一般人所说的"出主意、想点子"。创意成为现代社会流行语应归功于广告界，广告创意是人类创意活动最集中、最典型的体现。

　　所谓"广告创意"，是指广告人员根据广告目标对广告的主题、内容和表现形式所做的创造性的立意或构思。广告创意是广告活动的核心环节，它由两部分组成：一是广告诉求，即"说什么"；二是广告表现，即"怎么说"。因此，广告创意的核心是提出"理由"，继而用来"说服"消费者接受某项产品或服务。广告创意的本质是说服的艺术，在广告创意中，"怎么说"比"说什么"更重要。

　　广告的创意具有独特性、新颖性、出人意料和非比寻常，才能够引起消费者的关注和共鸣，才具有实践性并能够有效服务于广告实施。有效的广告既是一种艺术（在创意方面），又是一门科学（在战略方面）。

　　医药广告活动中的"创意"，其实质是广告人员对医药产品、市场和目标消费者等经过调查分析后，根据广告客户的营销目标，以广告策略为基础，对抽象的医药产品诉求概念予以具体而艺术的思维活动。医药产品具有特殊性，医药广告的创意和表现形式必须充分考虑产品的性能和目标消费者的利益，切忌不切合实际的凭空想象。

二、医药广告创意的特征

1. 适时性

适时性是指医药广告要符合时期、季节的特点。一些医药产品对时间选择非常讲究，如在中国市场，人参制品的销售主要是在冬季时节，而"夏桑菊"之类的产品主要在夏秋季节销售；但在泰国等东南亚国家则不同，这些国家四季不明显，只有旱季和雨季之分，人参制品主要是人们根据病情而购买，而"夏桑菊"之类的产品一年四季都适用。因此，医药广告要把握季节特点。比如，在寒冷的冬天广告表现一个裹着大衣的人，望着门外雪花飘飘，喝着一瓶温补祛寒的人参口服液，远比那种介绍人参温补去寒功能的苍白对话广告强得多！

2. 适类性

适类性是指医药广告表现中要注意把握不同用途、适应证、治疗范围的产品，需要从包装、色彩、图案加以区别。以药品为例，处方药不能上大众媒体做广告，在专业刊物应以医师为广告读者对象，注重企业的形象介绍；非处方药广告对象是大众群体，则应注重药品个性、产品功能及主治的直接宣传。

3. 适人性

广告创意可以说是人性化的创意。适人性是指医药广告创意必须要针对广告诉求对象即目标消费群体"有的放矢"。由于目标对象的文化、习惯、教育、地域等个性因素的不同，其对广告艺术感染力的感知也不尽相同。因此，广告创意要讲究适应不同群体人性的特征，要注重研究特定目标对象的文化特征和文化层次的接受心理，进行准确有效的诉求。否则，广告诉求效果就会适得其反。比如，对年轻者群体过多用深奥的中医用药理论，类似"纳谷不馨""养腑清焦"等专业术语；对农村群体大谈药品有关医学卫生检验数据对比，都会造成广告对象的感知困难，阻碍广告的有效性。

4. 适地性

适地性是指医药广告要符合所传播区域的文化。一个国家或地区人群中各地的生活习惯、风俗、民情、人群构成、宗教信仰不尽相同，在语言文字应用也存在一定的差异。因此在广告创意时，必须充分了解目标市场的地域情况。俗话说"客随主便"，要"到什么山头唱什么歌"，选择易被他们接受的信息沟通方式，才能有效传达广告的信息，否则就会造成广告的亲和力降低，影响广告的传达效果。

三、医药广告创意的原则

1. 真实性原则

医药产品是特殊的产品，它直接关系人们身体健康和生命安全，对其广告宣传不仅受一般的消费品广告法规的约束，还要受特定的药品广告法和条例监控管理，这决定了它与其他产品广告创意的不同。维护和保障人们的身体健康和生命安全是一切医药广告的前提条件，真实性是广告创意必须坚持的基本原则。医药广告对广告创意有着很强的限制性，只能在产品法定的说明中寻找和创造广告宣传的"主意"，超出、夸大、隐藏这个说明的范围，都会造成严重的后果和危及人们生命安全。医药广告创意要有客观依据，不能任意夸大，药物间进行比较时要有严格的科学数据；不能只讲疗效，不讲风险和毒副作用，误导消费者和医生。

案例4-1

2014年11月23日黑龙江省工商部门向社会发布公告，"九力氨糖""火龙金氨糖""康星氨糖""三康牌维尔固""康力基牌氨基葡萄糖片""硫酸软骨素钙胶囊"等6种氨糖类药品和保健食品所做的广告存在严重违法问题，并责令相关媒体全面进行整改。这些氨糖类药品和保健食品广告主要违法表现为：含有不科学地表示功效的断言或保证；使用医疗机构、医生形象和名义做证明，利用专家、消费者名义或形象做证明；广告内容未按批准的说明书和标签为准，任意扩大范围，明喻或隐含包治百病等。

2. 目标性原则

广告创意的根基是广告主的产品、企业和营销策略，广告创意必须与广告目标和营销目标相吻合。广告的目的是唤起消费者认知广告中的产品，并付诸购买行动。广告必须从其服务对象出发，最终又回到服务对象。凡是能成功刺激消费者的心理，引起消费欲或消费的，哪怕三言两语或几笔点缀的广告都是成功的。医药广告的创意不仅要求消费者在医疗和健康服务领域中接受广告的"说服"，更要着眼广告的"效果"。

案例4-2

"六味地黄丸"是常用的中成药，全国有几十家药厂生产，怎样才能突出自己的优势、吸引消费者的注意更显重要。河南宛西制药股份有限公司抓住所在地伏牛山主产道地药材的优势，电视广告背景出现绵延不尽的伏牛山脉，创意紧紧扣住"药材好，药才好"这个主题，产生了良好的广告效果，使其在"六味地黄丸"的生产厂家中销量名列前茅。

3. 简洁性原则

广告创意只有简单明了、纯真质朴、切中主题，才能使人过目不忘。一些揭示自然界普遍规律的表达方式都是异乎寻常的简单，国际上流行的创意风格越来越简单明快。简单的本质是精炼化，广告创意的简单，除了从思想上提炼，还可以从形式上精炼。简单明了绝不等于无须构思的粗制滥造，构思精巧也绝不意味着高深莫测。如果刻意追求创意表现的局部细节，而不强调广告核心诉求点的重要性，就会冲淡主题从而导致消费者认知的模糊不清，达不到广告目的。平中见奇、意料之外、情理之中往往是传媒广告人在创意时渴求的目标。

案例4-3

　　"奥奇丽"公司推销自己主打产品中药田七牙膏广告可算得上简洁的经典。一家老幼在照相馆随着摄影师一声"田七"，全家老幼一齐张着嘴露出雪白的牙齿跟着喊"田七"。一呼一应的"田七"，既突出田七，又看到一家老小健康雪白的牙齿，简洁而贴切广告的主题使观者过目不忘。现在许多人拍照片跟着广告走，不喊"预备、笑"而喊"一二三，田七"，真可谓是家喻户晓。

4. 冲击性原则

　　在令人眼花缭乱的广告中，要想迅速吸引人们的视线，在广告创意时就必须把广告创意提升视觉张力放在首位。广告创意要能深入受众的心灵深处，利用广告作品的沟通元素，包括富有哲理的广告语、图片、镜头技巧、音乐音响等，给消费者造成强烈的视觉、听觉及心理上的冲击。因此，要拓展广告创意的视野与表现手法，使广告产生强烈的视觉冲击力，从而给受众留下深刻的印象。

案例4-4

　　"白加黑"感冒片的电视广告，五彩缤纷的电视画面突然消失了，屏幕上一半黑一半白，而且信号极不稳定，此画面一下子引起了人们的注意："怎么了，电视出毛病了？"正当你着急的时候，突然看到屏幕上出现了一行字："感冒了，怎么办？你可选择白加黑的方法。"紧张的神经这才松弛下来，而下面的广告信息已经乘机钻进你的头脑："白天吃白片，不瞌睡，晚上吃黑片，睡得香。"这则电视广告不但引人注意，而且给人印象深刻，其成功之处就在于出人意料，打破现状，很好地利用了电视媒体的特性使人感到惊奇。

5. 原创性原则

　　广告的生命在于创新，在于能吸引住消费者。创意本身包含两个方面的含义：一是创造，二是意趣，其本质就是挑战与众不同的看法，提出自己的新主张和看法。广告创意的创新就是要给人意想不到而又在情理之中的感觉，从大同中寻找不相同处，从习惯定位解脱出来寻找独立思维新意。在信息过剩的时代，我们缺少的是受众的注意力，因此广告之争实属注意力之争，也只有那些独创的信息和信息表现形式，才有可能打破大众对信息麻木的甚至是拒绝的状态。创意的魅力就是对一样的事物有新的看法，同时有不同的办法，永远都能找到从新的角度谈旧的事务，并拥有新的爆发力和新的震撼力。另一方面，我们提倡借鉴学习别人的优秀作品来激发自己的创意灵感，但不是模仿照搬、给人似曾相识的感觉，而是要超越、更加卓越、更具有原创力，不落俗套，新颖别致。

阅读资料 4 –1

广告的"3B 法则"

Beauty，Baby，Beast，是广告经典的"3B 法则"，即广告中出现的可以提高吸引力的要素。这三点几乎涵盖了我们常见的广告。再引申开，除了美女，帅哥也算是某一类 Beauty，常见于爱情、友情等主题演绎；宝宝和老人主打亲情牌；各式宠物也易引起人们的关爱保护欲。但这三样也未必是永恒的吸引要素，当人们产生审美疲劳的时候，"丑"得有风格也许更吸引眼球。另外，广告也要配合品牌或产品宣传需要，选取适当的传播要素，宁愿丑得独具一格，也不要美得千篇一律。

四、医药广告创意过程

广告创意的产生是综合知识积累的精华闪现，它要经过一个复杂而曲折、反复的过程。广告创意过程一般需要经过以下四个阶段。

1. 调查阶段——收集资料

广告创意要建立在广泛占有资料、充分把握相关信息的基础上，收集资料是广告创意的前提。创意者只有掌握尽可能多的信息，才有可能发现产品或服务与目标消费者之间存在着某种特殊的关联性，才有可能进行高水平和成功的创意。因此，广告创意者通过平常细致的观察生活、体验生活、把握生活，并把生活中的点滴资料收集汇入脑海储存记录起来，以备创意时"厚积薄发"。

医药广告的资料收集较为复杂，它除了收集一般产品广告所需的产品、服务、消费者及竞争者等方面的资料外，还要收集有关医药产品科研进展情况、临床疗效反应等资料，这些资料往往并非产品所有者所能提供和掌握的。

2. 分析阶段——整理资料

如果说资料收集是建材的罗列，那么资料的归纳分析是建筑的整合，只有通过归纳整合，才能形成完美的楼宇。因此，对罗列的调查资料加以整理和分析，从中提炼广告的诉求点，是广告创意重要的一环，主要经过如下步骤：

首先，列出广告商品与同类商品都具有的共同属性；其次，列出广告商品与竞争商品的优势、劣势及不同点，通过对比分析，找出广告商品的竞争优势；再次，列出广告商品的竞争优势带给消费者的种种便利，即广告诉求点；最后，找出消费者最关心、最迫切需要的要求，即广告定位点。找到了定位点，也就找到了广告创意的突破口。

一个好的创意要历经时间考验、反复对比之后进行取舍。分析阶段要敢于坚持不懈，在涉及的大范围资料中做横向和纵向比较，舍弃糟粕，最终挖掘潜在的信息，从而获得新的创意。

3. 形成阶段——顿悟突破

确定了广告的诉求点后，广告创意活动进入"发酵"和"消化"阶段，沿着广告创意纲要指明的方向，寻找关键的文字、图形等符号，将创意具体化。广告创意的产生表现为灵感的突现，但它却不是无中生有的"天才"灵感，而是在设计师经过阶段性的努力，就某一信息或在偶然机会获得的启发，往往有"踏破铁鞋无觅处，得来全不费功夫"的感觉。

宽松的神态、清闲的身心是灵感产生的佳境。创意设计师如果经过长时间绞尽脑汁的苦思，还未获得其解，可以松懈一下紧绷的神经，去做一些比如散步、听音乐、打球等愉快的事情。虽然主观上已停止思考广告中的创意，但潜在的意识还是会把遇到的事物与思考中的主题关联起来的，往往在一些不经意的时候或事情中，灵感就会闪现在脑际，从而产生创意。

"天道酬勤"，创意灵感的出现都是在长期艰苦的资料储备和思想酝酿之后，绝不会在一个对创意对象一无所知者身上"从天而降"。

4. 评价阶段——验证完善

广告创意刚刚出现时，往往是十分粗糙的雏形，会有许多不合理的地方，这就需要在创意形成后下一番功夫联系广告实践，进行认真检验和验证，仔细推敲，并征求广告同仁审阅评论，使之不断成熟和完善。个人的思维再好也有视野上的局限性，广泛听取别人的意见，甚至将广告在小范围内试运行都是检验和完善创意的有力措施。

任务演练

参看下面的阅读资料和图，分析阿司匹林平面广告的创意，其中哪个系列的广告最具冲击性？

阅读资料 4 – 2

阿司匹林是现在世界上最常用的，也是历史最悠久一种药。我们周围许多人可能都知道阿司匹林，吃过阿司匹林，但它的传奇历史却不是每个人都知道的。

人类很早就发现了柳树类植物的提取物（天然水杨酸）的药用功能。古苏美尔人的泥板上就有用柳树叶子治疗关节炎的记载。古埃及最古老的医学文献《埃伯斯纸草文稿》记录了埃及人至少在公元前2000多年以前就已经知道干的柳树叶子有止痛功效。古希腊医师希波克拉底在公元前5世纪记录了柳树皮的药效，这一知识被后来的盖伦等古希腊和罗马名医反复引用。

中国古人也很早就发现了柳树的药用价值。据《神农本草经》记载，柳之根、皮、枝、叶均可入药，有祛痰明目、清热解毒、利尿防风之效，外敷可治牙痛。

1763年，有位叫斯通的学者向英国皇家学会报告了用柳皮粉医治发烧的疗法，指出柳皮还能治疗疟疾。他认为，植物的药效应该和它们的生长环境有关：因为柳树通常是长在潮湿的土壤里，而发烧和阴冷潮湿有关。这和中医的取类比象思想有点类似。

1828年，法国药学家 Henri Leroux 和意大利化学家 Raffaele Piria 终于成功地从柳树皮里分离提纯出了活性成分水杨苷（Salicin）。因为它有酸味，人们通常称它水杨酸。

德国化学家赫尔曼·科尔贝成功实现了它的人工合成。但是水杨酸作为药物并不成功，它有一种极为难闻的味道，而且对胃的刺激很大，许多患者甚至认为用它做治疗比病症本身更难忍受。

1897 年，德国拜耳公司的化学家费利克斯·霍夫曼给水杨酸分子加了一个乙酰基，发明了乙酰水杨酸，也就是现在的阿司匹林。根据拜耳公司的官方历史，霍夫曼的研究动力来源于他的父亲服用水杨酸时对药物强烈味道和副作用的抱怨。

1899 年 3 月 6 日，阿司匹林的发明专利申请被通过。乙酰水杨酸在拜耳公司合成出来后最初并没有引起当时的药物部门的重视，几乎被打入冷宫，但是最终还是进行了动物和人体实验，这些实验的成功很快就使拜耳公司决定把它投入市场。这种药物被正式命名为阿司匹林（Aspirin）。

图 a

图 b

说明：阿司匹林广告文案："如果恐龙没有感冒，它们仍然会在这儿。"因此，你不要感冒。

注：© 天联广告公司（罗马尼亚 布加勒斯特）

图 c

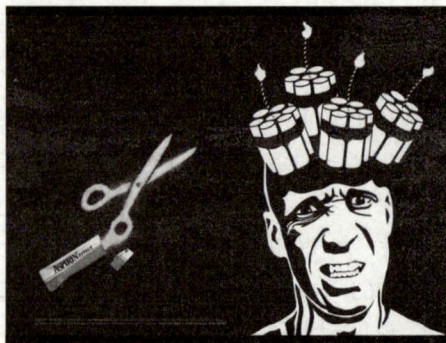
图 d

说明：阿司匹林广告文案："阿司匹林专治各种头痛！"看到这图就感觉脑袋痛死了，而阿司匹林变成各种工具缓解头痛症状。

注：© 天联广告公司（德国 杜塞尔多夫）

任务 2　医药广告创意理论

广告创意理论从 20 世纪 50 年代开始，经过不断的发展完善，形成了各具特色的理论流派，主要有 USP 理论、定位理论、BI 理论、CI 理论等。一则优秀的广告创意往往是诸多理论综合运用的结果。

一、USP 理论

USP（unique selling proposition），即"独特的销售主张"或"独特的卖点"。USP 理论是由 20 世纪 50 年代罗瑟·瑞夫斯（Rosser Reeves）对广告运作规律进行了科学的总结后首次提出，并在 1961 年出版的《广告的现实》（Reality in Advertising）一书中进行了系统的阐述。

USP 理论有如下三个特点：

第一，必须包含特定的商品效用，即每个广告都要对消费者提出一个说辞，给予消费者一个明确的利益承诺。

第二，必须是唯一的、独特的，是其他同类竞争产品不具有或没有宣传过的说辞。

第三，必须有利于促进销售，即这一说辞一定要强有力，能招来数以百万计的大众。

采用 USP 策略，要以商品分析为基础，并以广告商品在功能上有明显差异为前提。主要适用于：当产品差异是区分市场的重要依据时；当消费者对产品特点非常关心时；某些产品特点或优点处于中心位置（指某一类产品大部分消费者最关心的特点）时。

然而，在商品市场极度繁荣的时代，产品大量仿制，使得产品的独特性消失，要告诉消费者购买你的产品与购买别人的产品有什么不同，即提出独特的销售主张，已经越来越难了，所以，USP 策略并非适用于所有商品。

案例 4 – 5

1952 年罗瑟·瑞夫斯（Rosser Reeves）帮助止痛药阿纳辛（Anacin）制作了一则电视广告，广告语是"快，快，快得令人难以置信。（Fast, fast, incredibly fast relief.）"通过把"快"重复三次，把阿纳辛的"快"作为独特卖点来和竞争对手区别开来。

二、定位理论

定位（Positioning），是由著名的美国营销专家艾尔·列斯（AI Ries）和杰克·特罗（Jack Trout）于 70 年代早期提出的。所谓定位，就是让品牌在顾客的心智阶梯中占据最有利的位置，使品牌成为某个类别或某种特性的代表品牌。这样当顾客产生相关需求时，便会将该品牌作为首选，也就是说这个品牌占据了这个定位。

广告定位理论的基本观点如下：

1. 广告的目标是使某一品牌、公司或产品在消费者心目中获得一个据点，一个认定的区域位置，或者占有一席之地。

2. 广告应将火力集中在一个狭窄的目标上，在消费者的心智上下功夫，是要创造出一个心理的位置。

3. 应该运用广告创造出独有的位置，特别是"第一说法、第一事件、第一位置"。因为创造第一，才能在消费者心中造成难以忘怀的和不易混淆的优势效果。

4. 广告表现出的差异性，并不是指出产品的特殊功能利益，而是要显示和突现出品牌之间的区别。

5. 这样的定位一旦建立，无论何时何地，只要消费者产生了相关需求，就会自动地、首先想到广告中的这种品牌，这家公司或产品就达到了"先入为主"的效果。

案例 4 - 6

提到云南白药，你或许已经对云南白药的其他产品印象没那么深刻，但是云南白药牙膏你一定是知道。云南白药牙膏由云南白药集团于 2005 年上市，云南白药牙膏 2012 年营业收入突破 17 亿元。

云南白药牙膏刚上市时以"防治牙龈出血"为主要诉求点，集中于解决牙龈出血问题，但市场上类似诉求的品牌很多，况且是 20 多元的价格，如何说服消费者选择的难度很大。因此后来云南白药牙膏开始脱离"解决牙龈出血"的产品定位，而塑造一支"口腔全能保健牙膏"，即解决多种口腔问题，提供口腔整体护理和保健的牙膏，这与云南白药止血、止痛、消炎等功效的形象十分吻合。不仅如此，云南白药牙膏还借助"云南白药"科技含量和显著功效的医药背景，确定将"非传统牙膏"作为云南白药牙膏的感性定位。这一口号的提出，将其与目前市面上的大部分牙膏品牌分离出来，为其高价也给出了注解。

毫无疑问，"非传统牙膏"的理念是云南白药牙膏成功差异化的体现，也打破了佳洁士、高露洁等外资品牌长期占据高端市场、打压本土品牌的局面，甚至其在价位上比这些外资品牌显得更高端。因此，云南白药牙膏已成为本土品牌树立高端形象的一个代表。

在牙膏行业，云南白药牙膏不具备品牌优势，所以营销思路是不做普通日化，而是以牙膏为载体的保健品。这招叫剑走偏锋，和高露洁、佳洁士不正面出击，不以量胜，而以单支较高的附加值来赢得效益，创造牙膏的保健品神话。

现在，随着云南白药牙膏的异军突起，后来者开始纷纷出现，而且均专注细分领域。例如，原本牙膏和时尚风马牛不相及，佳洁士却发现二者有一个共同的诉求点——美丽。洁白健康的牙齿是美丽的象征，而时尚涵盖了美丽，于是，佳洁士全球首款口腔美容牙膏上市，升级口腔护理至美容护理。广州薇美姿个人护理用品有限公司推出舒客益早益晚牙膏，并邀请国际明星贝克汉姆全力打造"牙膏分早晚"的概念。广药旗下的静修堂推出了中药调理牙膏，哈药集团旗下的三精制药推出了双黄连牙膏，云南白药还推出了专为吸烟人群设计的牙膏，并且，价格都在20元以上。

很多企业都想在日化行业找到新机会，挖掘消费形态中蕴藏的需求、进行功效细分、融合消费文化热点等，事实上也可以成为产品创新的方向。

三、BI 理论

BI 理论，即品牌形象论（Brand Image），是大卫·奥格威（David Ogilvy）在 20 世纪 60 年代中期提出的创意观念。品牌形象论是广告创意策略理论中的一个重要流派。在此策略理论影响下，出现了大量优秀的、成功的广告。他认为品牌形象不是产品固有的，而是消费者联系产品的质量、价格、历史等形成的，此观念认为每一则广告都应是对构成整个品牌的长期投资。因此每一品牌、每一产品都应发展和投射一个形象。形象经由各种不同推广技术，特别是广告传达给顾客及潜在顾客。消费者购买的不只是产品，还购买承诺的物质和心理的利益。在广告中诉说产品的有关事项，对购买决策常比产品实际拥有的物质上的属性更为重要。

品牌形象论的基本观点如下：

1. 广告最主要的目标是为塑造品牌服务，力求使广告中的商品品牌具有较高的知名度。

2. 任何一个广告都是对广告品牌的长期投资，广告诉求重点应具有长远性，为维护一个良好的品牌形象，可以牺牲短期的经济效益。

3. 随着同类产品的同一化趋势，同类产品的差异性日渐缩小，消费者往往根据对品牌的好恶来选择购买，因此，描绘品牌形象比强调产品的具体功能特征要重要得多。

4. 消费者购买时所追求的不仅是量的满足、质的提高，而且是感性需求的满足。因此，广告应尤其重视运用形象来满足消费者的心理需求。

四、CI 理论

CI 理论，即"企业识别或企业形象"理论，它的英文全称是"Corporate Identity"。20 世纪 70 年代，CI 作为一种企业系统形象战略被广泛运用到企业的经营发展当中，并掀起了一场风起云涌的"形象革命"。在 CI 战略理论影响下，企业大量进行系统形象包装，只要看到广告只是其中的一个组成部分或色彩等，就可知或联想到其企业，可谓"目一斑而知全豹"。

CI 理论的基本观点如下：

1. 广告内容必须与 CI 战略所规定的整体形象保持统一性，CI 战略中的广告应注意延续和积累广告效果。

2. CI 理论强调，战略中的广告应着眼于塑造公司整体形象，而不仅仅是某一品牌的形象。

五、BC 理论

在广告创意理论中，以强调个性的 BC 理论，英文全称为 "Brand Character"，也称为 "品牌个性"，也是广告创意中重要的指导理论。该策略理论在回答广告 "说什么" 的问题时，认为广告不只是说利益、说形象，而更要说个性。由品牌个性来促进品牌形象的塑造，通过品牌个性吸引特定人群。这一理论强调品牌个性，品牌应该人格化，以期给人留下深刻的印象；应该寻找和选择能代表品牌个性的象征物，使用核心图案和特殊文字造型表现品牌的特殊个性。

任务演练

分析：以下广告分别运用了哪些创意理论？

图 e

说明：阿司匹林广告文案："啊啊啊啊……阿司匹林，终止疼痛。"简单又深刻。

注：© 天联广告公司（德国 杜塞尔多夫）

图 f

说明：三九医药股份有限公司广告文案："温暖，一直都在。"用围巾摆出企业商标的造型，突出品牌能够带来温暖的创意。

注：© 执行创意总监：杨薇敏 创意总监：许耀春 文案：许耀春 美术指导：余光华

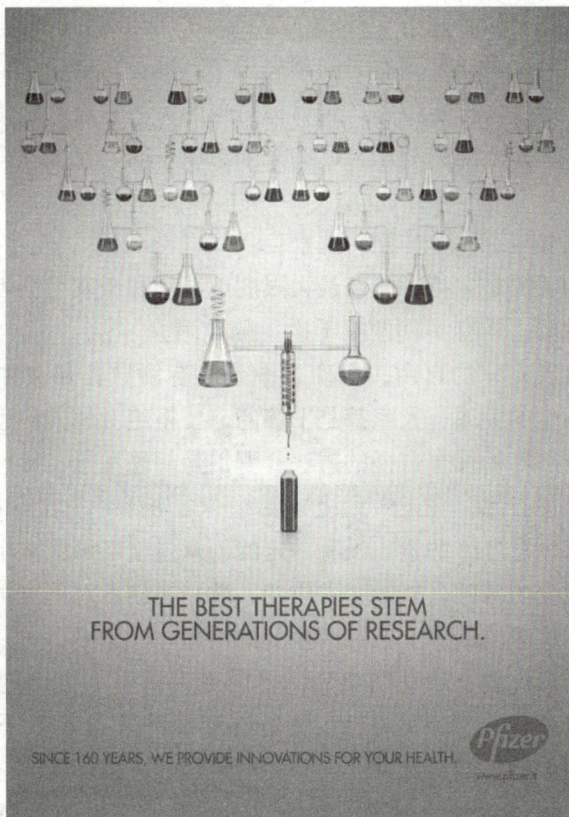

图 g

说明：辉瑞公司广告文案："最佳疗法源于一代又一代的研究。**160** 年以来，我们为您的健康不断创新。"用系谱树的形式，表达辉瑞公司不断突破创新。

注：© 盛世长城国际广告（意大利）

任务 3　医药广告创意方法

广告创意方法就是广告设计者的思维劳动。思维是人类认识世界和改造世界的一种主观能力，具体地说是人的大脑对客观现实"去粗取精，去伪存真，由此及彼，由表及里"的加工活动。广告创意方法主要包含以下几种方法。

一、头脑风暴思维法

头脑风暴思维法，又称集体思考法、脑力激荡法、集脑会商法，它是指组织一批专家、学者、创意人员和其他人员共同思考、集思广益进行广告创意的方法，是广告创意思考方法中最常用的方法之一。

"头脑风暴"是 20 世纪 70 年代美国 BBDO 广告公司负责人奥斯本（Alex F·Osborn）提出来的，英文为"Brain Storming"。它具有以下五大特征：集体创作，思考的连锁反应，禁止批评，创意量多多益善，不介意创意的质量。

该方法首先必须进行精心准备。一般在头脑风暴活动的前两天将会议的议题、举行时间、地点通知每位与会者，使其有时间预先思考、准备。会议议题要明确，一般一会一题，如广告主题、产品名称定位、广告目标对象的关心热点等，让与会者按照自己的思考方式，不设条框，让人充分利用自己的无限想象空间，充分发挥自己的想象力和创造力。

头脑风暴思维法要注意四个方面的因素：

第一，其成功的关键是主持者能否最大限度地调动和激发与会者的思维激情，主持者的导向作用非常重要，具有"四两拨千斤"的作用。

第二，要给与会者充分的自由，会商之中是没有领导者和被领导者的上下级关系的，也没有教师与学生的关系，大家都是平等的，要拒绝对他人构思的批评和反驳，也不要过早下结论。鼓励各种稀奇古怪的想法，哪怕是胡思乱想、异想天开，都要排除障碍，大胆让思维者去说去想，真正做到让与会者"天马行空，信马由缰"。

第三，要先追求创意思维的量，没有一定的创意量就不可能从中选择最可行的几套创意方案。量变是质变的基础，以量变求质变，鼓励原创者对创意再进行思维取舍和精制，也鼓励在别人的构想的基础上，再产生新的构想。

第四，头脑风暴思维创意活动结束后，要由专人对会上提出的构想进行筛选、综合、补充与丰富，按照科学性、实用性、可行性和经济效益等多个指标来进行综合评价，分门别类，去粗取精，最后选出一两个相对最佳的方案。

实质上任何广告思维活动的创意，都是不同方案的"嫁植"行为，是一个创意与另一个创意的结合和提高，是总结、取舍和扬弃的过程，只有通过各种形式，才能最终形成有效的创意。

二、垂直思维和水平思维法

垂直思维和水平思维法是由英国心理学家爱德华·戴勃诺博士所倡导的广告创意思考法，又称戴勃诺理论。这种方法把人的思维方式分为两种类型，一种称为水平思维法，另一种称为垂直思维法。

1. 垂直思维法

垂直思维即纵向思维，是在一种结构范围内，按有顺序的、可预测的、程序化的方向进行思考，是符合事物发展方向和人类思维习惯的方式。它遵循由低到高、由浅到深的原则，思维脉络清晰、合乎逻辑，可谓水到渠成、水落石出。垂直思维法如建塔、挖井，具有连续性、方向性，并从对象不同层面切入，具有纵向跳跃、突破性、递进性。垂直思维能对问题进行深入的挖掘，把握事物的动态，但运用这种思维方法容易产生固有的经验模式。因此，广告创意中运用垂直思维纵深挖掘的同时，还必须结合水平思维拓展思路。

2. 水平思维法

水平思维即横向思维，指思维往横向、往宽处发展。它是改变解决问题的一般思路，试图从别的方面、方向入手，突破问题的结构范围，从其他领域的事物、事实中得到启示而产生新设想的思维方式。在条件相近的情况下，对相似事物的发展情况进行比较，从中找出差距，发现问题、解决问题，其思考方向没有顺序，也不可预测。由于横向思维的广度大大增加，有可能从其他领域中得到解决问题的启示，因此，横向思维常常在广告创意活动中起到巨大的作用。水平思维就像河流一样，遇到宽广处，很自然地就会蔓延开来，但缺陷是深度不够，难以透彻地把握事物的本质。因此，在进行广告创意的过程中，将垂直和水平思维方法结合运用，才能产生别出心裁的创意。

三、顺向思维和逆向思维法

1. 顺向思维法

顺向思维，是指人们按照传统的程序，从上到下、从左到右、从前到后、从低到高等常规的序列方向进行思考的方法。这种思维方法是人类常见的习惯思考模式。这种方法平时用得最多，尤其是处理常规性事物时具有一定的积极意义。但顺向思维的常规性容易形成习惯性思维，即思维定式，也就容易阻碍和制约创造性的思维开发。

利用顺向思维进行广告创意活动，应着眼于与广告相关的事实信息。例如，以产品的名称或商标为创意来源，以产品的包装为创意来源，以产品的功能为创意来源，以产品的创造方式为创意来源，以产品的历史为创意来源等。

2. 逆向思维法

逆向思维也叫求异思维，是一种反常规、反传统、反顺向的思考方法，它是对司空见惯的似乎已成定论的事物或观点反过来思考的一种思维方式。人们习惯于沿着事物发展的正方向去思考问题并寻求解决办法。其实，对于某些问题，尤其是一些特殊问题，从结论往回推，倒过来思考，从求解回到已知条件，反过去想或许会使问题简单化。

法国大文学家莫泊桑说："应该时时刻刻躲避那走熟了的路，去寻找一条新的路"。凡是大型策划活动或者一个成功的企业家，在重大决策前总是会布置另一组人马，提出一个相反的方案或意见，从中避免单一思维的错误与不足。同样，广告创意也要在顺向活动思维中寻找反向思维的创意。创意不要一头扎进一种模式的思维，人只要能从生活习惯模式中跳出来，这个人往往有着新的成功。如：减肥茶广告习惯用减肥效果来演示，如果改用一个骨瘦的人在狂吃肥肉，旁边加上一句"他太急于求成减肥，过量服用某某药减肥茶所致"，会比千篇一律用美女模特的广告形式要更吸引人。

> **案例 4 - 7**
>
> **排毒养颜胶囊的逆向思维**
>
> 排毒养颜胶囊不仅成功地推出了一个产品，将自己做成了全国的老大（不止一次排名全国药品销量和销售额之首），历久不衰，无论其他跟进产品怎么折腾，始终没能撼动其排毒鼻祖地位，而且排毒养颜胶囊还成功地造就了一个"排毒"行业。
>
> 创意表现在从"补"到"排"的逆向思维。在"排毒"之前，几乎所有

的保健品（排毒养颜胶囊最初是保健药品，后转为 OTC）都是强调"补"的。这个创意大在"毒"的巧妙的构思、这个带恐吓性的字眼，给消费者带来强烈的刺激并引起消费的迫切性，并且传统的中医理论基础也不会让消费者在接受上存在着过多的障碍；这个创意大在"排毒"和"养颜"的功能组合，乍一看似乎没有太多的联系，稍一琢磨则会觉得非常有理——体内有"毒"，皮肤自然美不起来，这应该是普通消费者最直接、最朴素的理解，能被消费者接受并信服。

四、跳跃联想法和转移经验法

1. 跳跃联想法

跳跃联想法是在进行广告创意时，为了找到令人惊异的构思，而在看似毫无关联的两个问题之间构想出特定关系。这种方法是以跳越而产生联想，而并不把自己思考的基准点加以固定。

2. 转移经验法

转移经验法是指把一种知识或经验转移到其他事物上的思维方法。在进行经验的转移时，既可是同类、同质经验上的转移，也可是异类、异质经验上的转移。

▌ 课堂互动

1. 尝试着把牙膏、鞋、纸、花、牛奶、机器人、草原、药品、电视等串成故事记忆。

2. 先根据一个"白"字，然后联想到与"白"有关的所有事物（比如白雪、白鸽、白云、白马、天使的翅膀等等），把这些词组联系起来，然后根据这些词组的联想与提示，创作一个诉求"美白"功效的化妆品广告海报。

阅读资料 4 - 3

大卫·奥格威的"神灯"——创作高水平广告的 11 条戒律

1. 广告的内容比表现广告的方法更重要

信不信由你。真正决定消费者购买与否的是你广告的内容，而不是你广告的形式。

承诺，大大的承诺，是广告的灵魂。选择正确的承诺极其重要，你绝对不能想当然地决定下来。

2. 若你的广告的基础不是上乘的创意，你必遭失败

然而，并非每个广告主都能识别一个了不起的创意。

3. 讲事实

消费者不是低能儿，她们是你的妻女。

为你的产品提供的信息越多，你推销出去的东西就越多。

4. 令人厌烦的广告是不能促使人买东西的

广告太多，要使你的声音穿越这一片嘈杂，它必须极不寻常。

5. 举止彬彬有礼，但不装模作样

你应该以好的风度来吸引消费者买你的东西。

6. 使你的广告宣传具有现代意识

要懂年轻消费者的心。

7. 委员会可以批评广告但却不会写广告

有些广告看起来像是委员会的会议记录，单枪匹马创作出来的广告似乎最能发挥推销作用。

8. 若是你运气好，创作了一则很好的广告，就不妨重复地使用它直到它的号召力减退为止。

许多广告还没有发挥尽潜力就被替换搁置。采用一部好雷达，让它不停地为你扫描。

9. 千万不要写那种连你也不愿你的家人看的广告。

己所不欲，勿施于人。

好的产品可以因诚实的广告而畅销。如果你讲了谎话，迟早会败露。若让消费者识破，他们会以不买你的产品来惩罚你。若让政府发现，你还得吃官司。

10. 形象和品牌

保持前后协调的风格。

任何广告都应该是对品牌形象的长程投资。

11. 不要当文抄公

没有什么人是由于盗用别人的广告而树立起了一个品牌的。

任务演练

利用头脑风暴法就某一个医药产品模拟开展广告创意活动。

任务4 医药广告创意表现

广告信息传播往往需要通过具体的媒体与目标受众进行接触。将广告创意转化成广告作品，明确表达出创意的效果，即是广告表现。它包括文案、编排、图形、视听效果中的特技、影像摄制、画面剪辑、版面控制、时间连动等多个方面的艺术劳动创造过程。

广告创意表现应注意：

一是为广告目标服务。广告表现的主要功能就是要创造有说服力和渗透影响力的广告作品，因此，广告表现不是单纯追求艺术形式与美感，而是最终为广告服务。

二是准确体现广告创意。准确体现广告创意是广告表现的前提，因此，广告表现形式必须围绕广告创意、体现创意主题。

三是必须与特定媒体有效结合。广告表现是为实现广告创意寻找最具有表现力和感染力的视觉，因此，广告表现要结合媒体特点进行信息编排、传播。

广告创意表现主要为：直接展示表现、类比隐喻表现、夸张烘托表现、谐趣幽默表现等四种形式。

一、医药广告创意直接展示表现

广告创意的直接展示表现，是广告创意中最为普遍和常用的创意方式。它直接展示产品广告内容，体现广告的主题和重点。直接展示方式包括了直观式、展现式、比较式、实证演示四个方式。

1. 直观式

直观式是指凭直观就可以感觉到的展示方法。它是在了解与广告内容有关信息的基础上，凭一般的直观感觉确定广告主题的创意表现，直接向消费者诉说广告产品与服务的情况、特性及对消费者的利益点，动员消费者去购买。其特点是：直接标示主题感觉，体现广告中心思想，开门见山，一语道破。例如："金嗓子喉宝，入口见效"；"贴骨通，贴贴通"。再如承德中药总厂生产的"颈复康"，直接展示产品便可达到宣传其产品名、用途、功效的目的。

2. 展现式

医药广告因受相关法规的限制，相当多的产品不允许在大众媒体上公开展示。作为医药企业展现整体形象，则是弥补产品展示不足的有效途径。通过电视或刊物介绍企业形象、现代化设备、企业文化、科技动态等，使人们通过直观的企业展现，直接、间接地认知、了解厂家的产品。例如九芝堂"乙肝宁颗粒"的 GMP 现代化车间生产线的广告宣传等，就是通过企业的展现达到宣传"乙肝宁颗粒"的目的。

3. 比较式

医药广告创意中，比较式展现是常用的方式，有比较才能显示产品的个性，突出自己的优势。凡事一比，就有了鉴别。俗话说："不怕不识货，就怕货比货"。广告创意如能善用比较手法，就可以更鲜明地突出广告的主要信息，从而收到更好的传播效果。

广告创意中采用比较法，可以将两种相近、相似或相对的产品放在一起比较，找出两种产品的相同与不同，同中求异或异中求同，以显示产品的独特个性、功效或企业的优良服务。但在比较中又要严格把握《广告法》中明确规定"广告不得贬低其他生产经营者的商品或者服务"。

案例 4 - 8

　　天津中美史克制药公司做"肠虫清"广告时，就突出服用剂量的比较。当顾客问："有蛔虫药吗?"业务员站在中美史克大招牌下伸出两个手指答道："两片。"当另一个顾客又问："有蛲虫药吗?"业务员又同样伸出两个手指回答道："两片。"这样既介绍了"肠虫清"产品，又突出该产品剂量小的优点，同时暗示了与别的驱虫药不同之处。

4. 实证演示

　　通过广告媒体将现实产品的功能和使用方法向受众示范，让消费者直接观看示范后，感到真实存在和了解并得到认知，这是消费者最容易理解和接受的表现方法。医药产品推介会活动中比较常用实证演示，如果能请有名望的专家教授、名人配合示范介绍，会更加得到消费者的认可和信任。

案例 4 - 9

　　看过中美史克出品的舒适达牙膏广告的人都记得这句话："我建议使用舒适达专业修复牙膏。"舒适达的广告给人的印象很特别，与一般的商业广告很不相同。其实，舒适达广告的最大特点就是"真实"——真实的人物、真实的场景、真实的语言。因为消费者是睿智的，只有真实的信息，才能真正经得起时间的检验;只有真实的信息，才能获得消费者内心的认可!

二、医药广告创意类比隐喻表现

　　广告创意的类比隐喻表现，是指通过广告文字、图案、视听及动作形式来间接体现创意目的、内容的一种艺术性表现方式。它是运用文学及语言修辞方法对广告进行艺术加工。在广告表现中，根据拟设的广告事物与另一不同事物的相似点进行技巧修辞，把需要表现的事物通过另一事物衬托出来，从而增加对受众可读、可视的吸引力。类比隐喻表现主要采用比喻、暗示、比拟、映衬等形式。

1. 比喻

　　比喻是根据甲、乙两类不同事物的相似点，用乙事物来对比甲事物进行技巧修辞。其修辞描绘应是生动、形象而具体的，它可使广告观赏者通过与乙事物的对比，从而感觉到甲事物对己有效、有利。

案例 4-10

首乌护发液广告中，用春风柳舞来比喻美好的秀发，当突然的烘烤干热使多姿的柳枝变黄、枯落，美色不再，这时一瓶中药首乌洗发液如甘露从天降临，细柳又重新恢复纤柔美丽的舞姿。其使观赏者感到秀发如柳需要呵护、润养，从中达到了解首乌护发液的养护功效。

·NETTLEMAX 关节剂广告中，将老人比作摇椅，人老了关节会出问题，但涂搽了 NETTLEMAX 之后，一切轻松自如，既形象又含蓄。摇椅的配音也有强烈的前后听觉对比，很好地配合了广告。

2. 比拟

比拟是在语言表达中有意把物当作人写，或把人当作物写，或把甲物当作乙物来写的修辞技巧。通过运用文字特点，赋予"物"以人的言行或思想感情。将物描写成具有人的特点，能使其具体、形象、生动、活泼、有人性化。把没有表情的物描绘成活生生的、可感触到的真实存在的"人"，可使广告更具有情感，从而吸引受众者的关注。

例如：奇正牌消痛贴广告（见图4-1），运用比拟的方法，把自由女神像比作人，有了人的言行和思想感情。

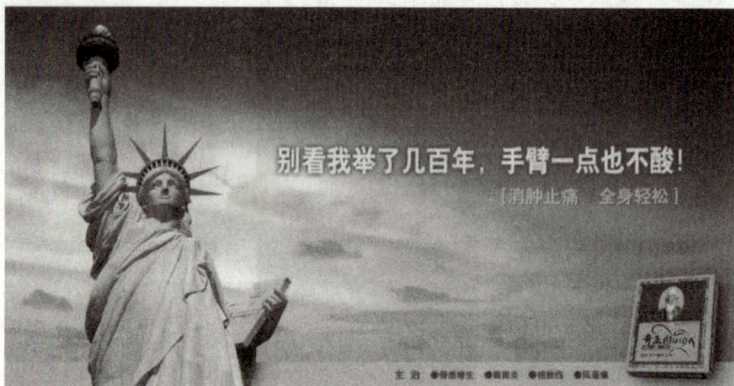

图 4-1　奇正牌消痛贴广告

说明：奇正消痛贴广告文案："别看我举了几百年，手臂一点也不酸！消肿止痛，全身轻松。"形象地让自由女神像具有人的特点，生动、活泼、有人性化。

注：© 电通广告公司（中国北京）

3. 暗示

暗示是指通过对有关事物的表述和说明来暗示广告宣传目的一种创意方法。这种方式不直接演示广告内容、不直接展现产品，而是采用迂回战术，让消费者观看非主题广告后，通过自己的思维感觉广告以外的存在。

例如：百灵制药咳速停糖浆系列广告（见图4-2），通过探险家遇到食人族等场景暗示"别让小咳嗽，引发大麻烦"。

图 4-2 百灵制药咳速停糖浆广告

说明：百灵制药咳速停糖浆广告文案："别让小咳嗽，引发大麻烦。"探险家遇到食人族，忍不住咳了出来，完蛋了。

注：© 无形广告公司（中国 广州）

4. 映衬

映衬是借用媒体的视、听、动感的效果，以及大自然的景观、声响，包括用类似的事物或反面的、有差别的事物做陪衬和突出主题的一种展现形式。它既是广告修辞技巧，也是广告创意。

例如：介绍某种天然中草药，当镜头展现高山峻岭、溪水瀑布、鸟语花香，则很容易产生来自大自然的感觉，让消费者产生一个良好的共鸣与感知；当媒体展现一台高速运转的片剂生产线，旁边映衬布满尖端仪器的实验室，甚至展示宇宙飞船穿云破雾的壮观景象，观众及消费者通过观看这些映衬，就很容易感觉到这家是高科技的企业，它的产品技术含量是可信任的。

例如：古铜日晒中心广告（见图 4-3）就是采用映衬的方法，来突出广告美黑的主题。

例如：可丽丝染发剂（Koleston Naturals）是国际专业美发顶尖品牌威娜（Wella）旗下的可丽丝（Koleston）的产品。该产品是以天然染色颜色为推广定位的染发剂产品，目标市场是 25～40 岁健康漂亮同时喜欢户外运动的女性。在广告标版中将女性的长发和五官镂空，通过标版镂空处可以看到海和天际线。头发的颜色随着日落、日出、深夜、白天的变化而变化，让用户体现到这是一种自然美。巧妙地将产品的"天然染色颜色"诉求和大自然结合，让路过的人马上抓住产品的诉求点，是个优秀的户外创意。这个户外广告是李奥贝纳公司策划的，它不仅影响了当地的市场，而且由于这个出色的创意，使得它在博客以及专业论坛上不断被转载，现在已经在世界范围内流传。好的创意会使得传播更有效力并且更加持久，好的创意能拉近企业与受众之间的沟通，并为企业

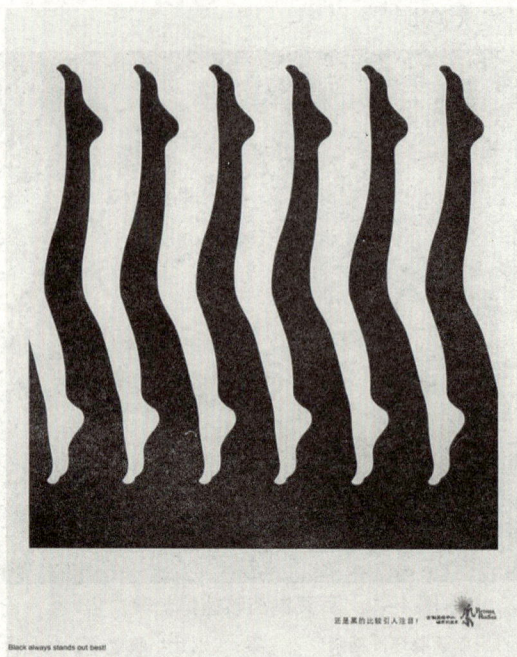

图 4 - 3　古铜日晒中心广告

说明：古铜日晒中心广告文案："还是黑的比较引人注目。"利用视错觉，黑白对比、映衬，来强调美黑（美黑就是让皮肤变黑变漂亮，古铜色皮肤成为流行趋势）。

注：© 智威汤逊（中国 上海）

带来更好的传播效果（见图 4 - 4）。

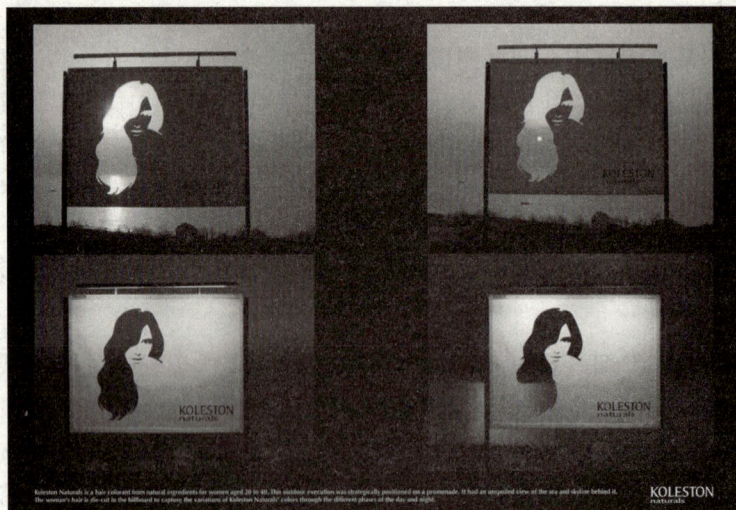

图 4 - 4　可丽丝染发剂广告

说明：可丽丝染发剂广告文案：头发的颜色随着日落、日出、深夜、白天的变化而变化，让用户体现到这是一种自然美。

注：© 李奥贝纳（黎巴嫩 贝鲁特）

三、医药广告创意夸张烘托表现

广告创意夸张烘托表现，是针对广告中的商品或服务，采用超越现实的表现方式，故意言过其实，对客观的人、事、物尽力做扩大或缩小的描述的修辞来进行广告诉求。恰当的夸张能够进一步表现商品的质量、特点，并能增强受众对商品或服务某个方面重要价值的认知，达到激发受众对商品或服务的兴趣与欲望。夸张的广告表现方式主要有无限性夸张、收缩微型性夸张和超前性夸张三种。

1. 无限性夸张

无限性夸张是针对产品的特点，结合艺术性的想象力来进行尽情发挥、扩大，无限制性地进行形象和夸张性的描绘。这种夸张往往让人过目不忘，有着明快、回味和惊奇的感觉。如桂林三金制药公司在制作"西瓜霜"喷剂广告时选用了无限性夸张创意：电视上出现了夸张的咽喉，通道上有很多火点，"西瓜霜"喷剂犹如一支消防枪沿着通道在灭火，消费者一看就会联想到"西瓜霜"具有清热、降火、解毒之功效和快捷的特点。

2. 收缩微型性夸张

收缩微型性夸张是将事物比喻成又弱又小，甚至虚幻其存在，以求达到广告创意的艺术性，使其能吸引消费者或广告观众注意，并产生良好的共鸣。如芬必得广告（图4-5）。

图4-5 芬必得广告

说明：芬必得广告文案："肌肉关节痛，让小事情变成大麻烦！"

注：© 奥美（中国 北京）

3. 超前性夸张

超前性夸张是将未来提前到现在，是一种预测和对未来的设想。这种形式往往可以将时间颠倒，甚至是时空隧道的穿梭。

夸张创意要注意烘托的应用，要掌握夸张的"度"，要以围绕主题和突出主题为原则，使人既在意料之外，又在情理之中，切忌为了夸张而夸张。

四、医药广告创意谐趣幽默表现

谐趣幽默的广告创意，是利用简洁偶句或排比引起消费者的注意，用幽默风趣的语言或动作显得别开生面，给人一种活泼和追求最大戏剧性效果而取悦观众和消费者，同时又能达到传播广告信息的目的。幽默是人类与生俱来的情感，它能给人无穷的想象，丰富人们的生活，并能引起人们极大的乐趣。医药产品广告创意采用共性极强的幽默，能有效提高广告的感染力。广告幽默表现分为表现幽默法和情节幽默法两种。

1. 表现幽默法

中国传统文化及丰富的语言典故、成语，是谐趣幽默创意取之不尽的源泉。如治青春痘的产品广告由"对症下药"改为"对'痘'下药"；如电蚊香片的广告由成语"默默无闻的奉献"改为"默默无'蚊'的奉献"，这一改既谐音也容易引起观众的联想，容易引起消费者或观众的乐趣；再如999皮炎平广告，就是"止""痒""快"三个字的谐趣组合（图4－6）。

2. 情节幽默法

夸张性、趣味性的幽默更能抓住观众、消费者的心态，往往使其在欢快的大笑或精神高度紧张后，对广告播出的信息如凿入脑，难以忘怀。与名人广告相比，动物的幽默与滑稽表演更能拉近人与产品的距离，因为人们从心理上更愿意接受原始的玩笑表现形式，正如迪士尼的动画片依旧有无数的成人在津津有味地欣赏一样。

图4－6　999皮炎平广告

说明：999皮炎平广告文案："999皮炎平，止痒尽在一瞬间。"

注：◎智威汤逊（中国 上海）

案例4－11

某止咳急支糖浆电视广告：一个美女在广袤的草原上狂奔，并发出"你为什么要追我啊"的尖叫，后面一只非洲豹在紧追，镜头上出现女郎手上拿着一盒止咳急支糖浆的画面，原来豹是为追止咳糖浆来的。把豹与急支止咳糖浆两个毫不沾边的事，通过这个幽默而皆笑的整合，使观众和消费者加深了对该产品的了解和认知。

某儿童药品广告：动画片中两个孩童望着杯中的药粒还在犹豫，身背后一头美丽的长颈鹿悄悄地靠进去，把头伸进一个孩童的药杯里，斜眼甜笑望着两个孩童，同时在贪婪地吃着那药粒，另一个孩童赶紧把药粒放进嘴巴就着水"咕噜"喝下去了。这个广告有效地吸引儿童记住此药不仅治病，还好吃！

广告谐趣幽默创意的关键是能够发挥其丰富的语言、优美夸张的动作及技巧的特性，以明快、趣意、幽默来引起消费者的兴趣，从而实现传播产品广告的信息。

例如，唯达宁是修正药业旗下的抗真菌的药物，对脚气的治疗有效果。广告中纹身的老虎用爪子把鼻口都捂住了，幽默夸张地表达了事态的严重性（见图4-7）。

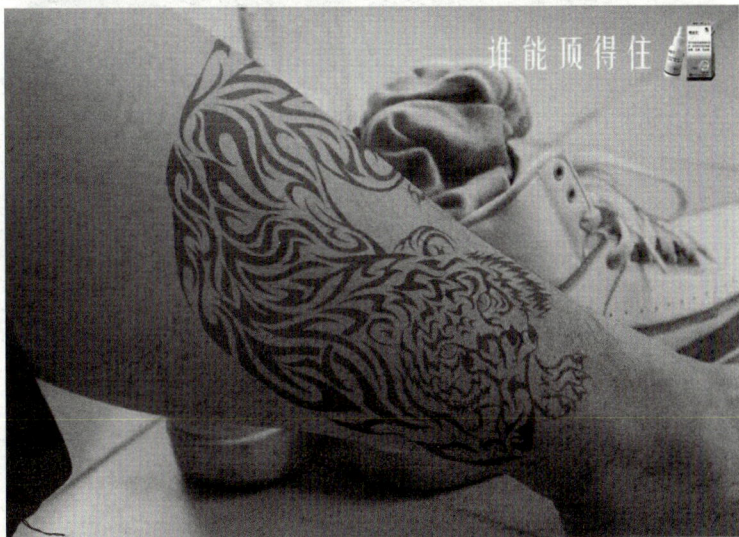

图4-7　唯达宁广告

说明：唯达宁广告文案："谁能顶得住。"

注：© 文案：钟靖坤　美术指导：钟靖坤

📖 **课堂互动**

调查收集5种同类医药商品广告并分析其创意内涵。

广告创意并不局限于上述类型，还有解说型、宣言型、警示型、质问型、断定型、情感型、理智型、新闻型、写实型等其他类型。在进行广告创意活动中，均可灵活加以采用。

任务演练

讨论分析以下医药广告是如何运用直接展示、类比隐喻、夸张烘托、谐趣幽默等广告创意表现形式的。

图 h

说明：金思平广告文案："金思平停止震颤，强效对抗帕金森。"

注：© 灵机营销咨询有限公司（中国 上海）

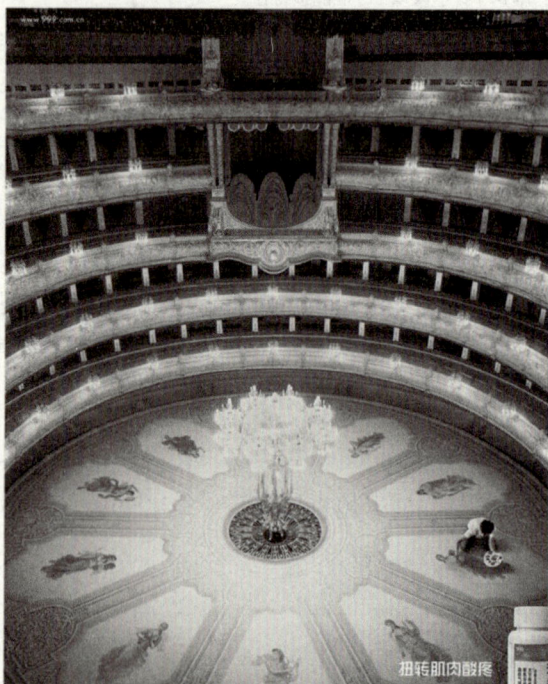

图 i

说明：999 壮骨关节丸广告文案："扭转肌肉酸痛。"

注：© 智威汤逊广告公司（中国 上海）

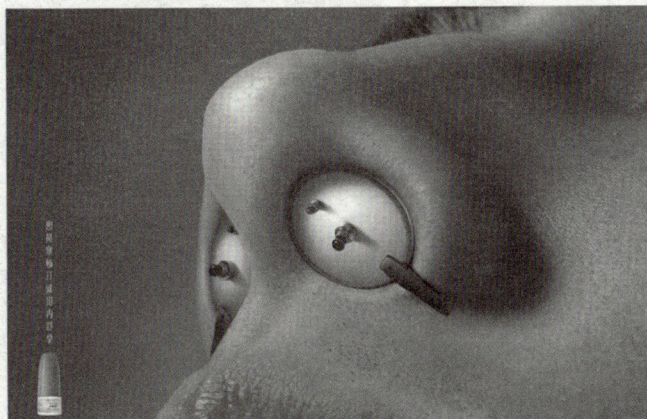

图 j

说明：内舒拿广告文案："想鼻塞顿开就用内舒拿。"

注：© 灵智广告公司（中国 上海）

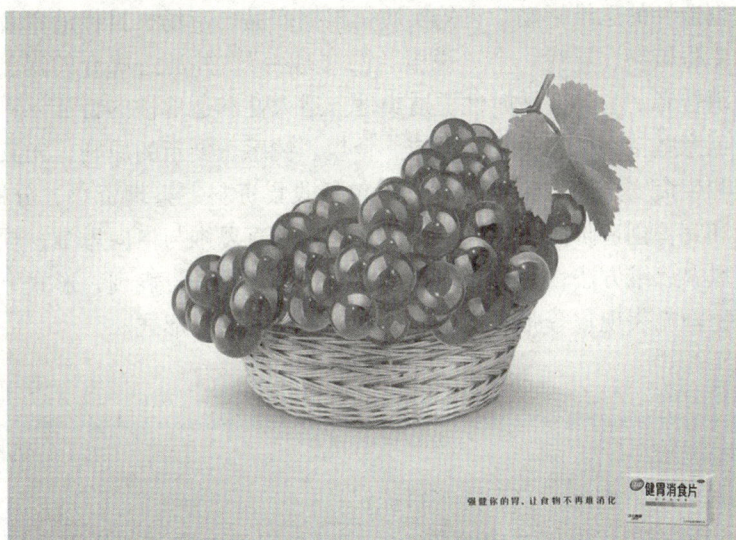

图 k

说明：健胃消食片广告文案："强健你的胃，让食物不再难消化。"

注：© 无形广告公司（中国 广州）

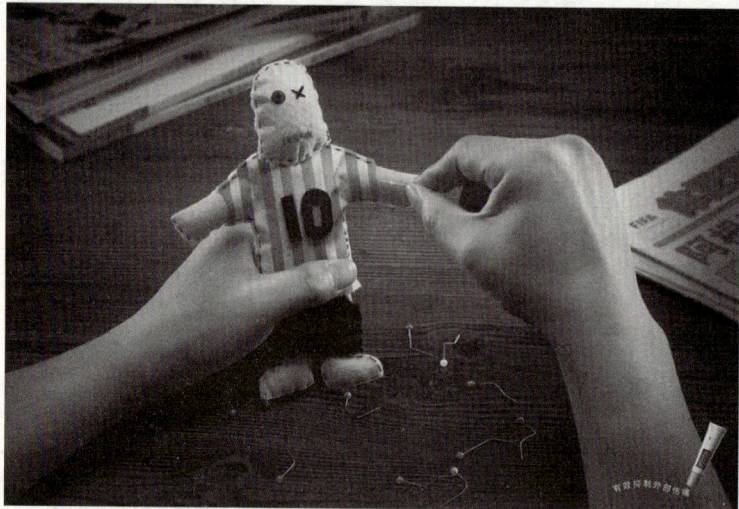

图1

说明：云南白药广告文案："有效抑制外部伤痛。"

注：© USEIDEA（中国 上海）

项目小结

　　医药广告创意是指为达到医药广告目的，对广告主题、内容和表现形式所进行的构想或想象，是创造性的思维活动。它的实质是根据产品、市场、目标消费者、竞争对手等情况制订的广告策略，寻找一个"说服"的"理由"，并通过媒介的视、听表现形式来影响、感动消费者。它具有适时性、适类性、适人性和适地性的特征。

　　医药广告创意坚持目标、关注、简洁、合规、情感、创新的原则，尤其应坚持保护人们身体健康和生命安全的原则；创意过程包括收集资料、整理资料、分析资料阶段，以及突破阶段和完善创造阶段；创意方法主要包含垂直思维与横向思维、顺向思维与逆向思维、头脑风暴思维方法；创意表现有理性化和情感化广告表现，形式上主要有直接展示表现、类比隐喻表现、夸张烘托表现、谐趣幽默表现等形式。

■ 目标检测

一、复习思考

　　1. 什么是医药广告创意？它有哪些特征？

　　2. 为什么说创新是广告创意中的核心？在广告创意中应该怎样围绕创新这个核心来展开思维、表现及创作？

　　3. 怎样理解"能成功达到销售和宣传目的的创意，就是最佳的广告创意"？

　　4. 广告创意的思维方法主要有哪几种？

　　5. 什么是广告的表现形式？广告表现形式主要有哪几种？

二、案例分析

"白加黑"的广告创意策划

"白加黑"作为第一个只在夜用片中保留抗过敏成分，而日用片不再有嗜睡副作用的感冒药问世的时候，其在感冒治疗领域和营销领域引起的震撼就可想而知。再加上"白加黑"这个极富创意的名称和简洁明快的电视广告，许多消费者对10年前"白加黑的震撼"依旧记忆犹新。

1. 创意目的

"白加黑"电视广告片的主创者吴晓波，当时任白马广告公司执行副总经理。他说，当初厂家还有些信心不足，后经广告人的策划、提升，才有了"白加黑"这一不同凡响的传播冲击。这一广告活动的最大特色，可以用"黑白分明"的传播来概括。它以崭新的产品概念，在同质化市场中创造出品牌的差异性优势，黑白分明地与同类品牌区别开来。

一般认为，在同质化市场中，很难发掘出"独特的销售主张"（USP）。言下之意是USP策略已经过时，与其费力不讨好地去说产品的微不足道的"特点"，还不如去形容产品"是什么"。因而，时下感冒药的广告多采用"形象策略"。例如，"康泰克"的"出嫁篇"与"三九感冒冲剂"的"贺年篇""断桥篇"等，都在走情感诉求的路数，而且场面宏大，制作费用不菲。虽说这些广告之中也不乏上乘的表现，但在创意策略上总让人感到有些似曾相识的无奈。如果"盖天力"也走同样的路数，按常理，必须付出比已经雄踞市场的竞争品牌高得多的传播费用，即便如此，也不见得就能分割他人的市场。现代营销学提醒我们：没有足以吸引人的新的购买诱因，消费者是不会轻易更换品牌的，对于药品更是如此。这就迫使广告人必须另辟蹊径，于是才有了"白加黑"的创意。

2. 创意内容

"白加黑"，是个了不起的创意。它看似简单，只把感冒药分成白片和黑片，并把感冒药中的镇静剂"扑尔敏"放在黑片中，其他什么也没做。其实并非如此，它不仅在品牌的外观上与竞争品牌形成很大的差别，更重要的是它与消费者的生活形态相符合，达到了引起共鸣和联想的强烈传播效果。普通感冒药的缺点是服用后容易瞌睡（药中含有"扑尔敏"所致），这对大多数白天要上班、上学的消费者来说，无疑是个心理大障碍。而"白加黑"感冒片"白天吃白片，不瞌睡；晚上吃黑片，睡得香"的承诺，正中消费者的下怀。这一来，"白加黑"就不仅仅是感冒药了，它还帮消费者解决了感冒疾病与日常生活的矛盾，同时也不言自明地体现出厂家对消费者细致入微的关切，一切从消费者出发，从而挖掘出了易为消费者接受的品牌传播支撑点。

3. 分析

（1）成功的想象力："黑白分明"的成功传播，还向人们昭示：现代营销传播比任何时候都更加需要想象力。抓住想象力，是成功的关键。有吸引力的表现（即"怎么说"），则要靠想象力。"白加黑"的产品概念虽然为广告片的创意提供了很好的支撑点，但是广告片制作得如此简洁有力，却要依仗广告人的联想、提炼、升华。

它的广告语"治疗感冒，黑白分明"，就表现出很强的张力。这一句广告语，既把品牌的外观、内质、个性极明快地道出，又具有引发联想的隐喻功能，看似简单，实则精深，它统领着整个广告的创作风格。

在播放色彩艳丽的其他广告时，突然间整个屏幕布满了黑白的"雪花点"。笔者第一次看到这则广告片的开头时，还以为是电视台的信号出了问题，心中不由地焦急起来。直到画面适时地出现字幕"感冒了……怎么办……"才明白过来，并为广告人的机智报之一笑。这一招，有一石双鸟之效：其一，有很高的"吸引注意力"；其二，有效地"清理"了广告环境，黑白分明地与其他相邻的广告区别开来。

（2）注重受众心理：这则广告片在细节处理上也很用心。例如，晚上"睡得香"，就颇不易表现。如果以鼾声大作的自然主义画面来表现，必定大失品位。创作者让演员戴上宇航员式的密封头盔，既具有观赏性，又隐喻吃黑色药片之后就像戴上隔音头盔那般，能安静地睡眠。这体现了广告创作人员从"大处着眼，细处着手"的专业风格。

（3）强大的传播攻势：这则广告传播预算已达200万，而它的3年预算则超过亿元。这是一种过人的胆识，也是一种不凡的气度，更是一种现代营销谋略。首创的东西，必须用足够大的声音来传播，才能阻断跟进者的仿效。这一点有史可鉴。当美国的"高露洁"牙膏以"清洁牙齿同时清新口气"的USP叫响品牌之后，竞争者也想拥有同样的USP，他们用350万美元来传播"清洁牙齿同时清新口气——因为它含有特别的漱口水成分"这个仿效的销售主张，但是难以凑效。

"白加黑"感冒片以迅雷不及掩耳之势在一片混沌的感冒药市场崛起，短短半年就攻占了第二品牌的地位（仅次于康泰克），这在中国大陆营销传播史上堪称奇迹。

4. 结论

策略的源泉来自对消费者的透彻了解。如今的市场，既注重产品的实质，更关键的是注重消费者是如何认识你的品牌。如果你的产品概念、销售主张与消费者的心智相匹配，通过强有力的营销传播，你就将得到市场的青睐。"白加黑"的传播把耳朵贴在"大地"上，倾听消费者的心声，终于找到了与消费者沟通的心灵"波段"，从100多个方案中筛选出"白加黑"这个方案。一套健全的策略和一个让人难于忘怀的传播主张，可以把原本平淡无奇的东西转化为能创造出亿万元销售额的品牌。

资料来源：胡天佑. 药品广告策划·创意·文案［M］. 北京：中国广播电视出版社，2001.

分析：

1. 查阅有关资料，在了解感冒及感冒药特点的基础上，阐明"白""黑"和"白加黑"广告创意的特点。

2. 分析评价"白加黑"的广告是如何运用USP理论的。

3. "白加黑"感冒片广告创意策划是如何取得成功的？

三、实训操作

【实训项目】

医药广告创意综合实训。

【实训目的】

1. 对本项目所学的基本知识进行综合训练。

2. 检验学生的领悟能力和综合运用知识及技能的能力，包括语言文字、图形创意、综合协调等。

3. 通过对医药广告创意的分析策划，使学生们直观感受医药广告创意的内在魅力，了解广告创意对促进医药商品销售、树立品牌形象等方面的作用。

【实训内容】

以小组为单位，选取一个医药产品广告课题进行综合训练。

【实训要求】

1. 必须选取一个真实课题进行练习。

2. 医药广告设计创意过程中，每步进展情况最好以草图、图表或工作现场照片等形式记录下来。

3. 每小组提交一套医药广告创意方案和作品，小组成绩即为同学个人成绩。

4. 小组成员要扬长避短，各尽所能，充分发挥创意设计的团队精神。

5. 课程结束后，以 PPT 演示并回答问题，使每个小组、每个同学能全面地发现优点并认识不足。

【实训步骤】

1. 资讯准备、找寻课题、调查研究。

2. 拟订整套创意工作流程。

3. 分组，6~8 人为团体展开工作并经常性开展讨论。

4. 方案初审，由指导教师评析，确定方案。

5. 提交创意设计正稿。

6. 教师和同学共同评审、考核、认定成绩。

【实训评价】

（满分 100 分）

1. 创意主题突出。（30 分）

2. 创意主题新颖。（20 分）

3. 创意方案完整，具有可行性。（20 分）

4. 创意作品 PPT 展示和陈述清晰。（20 分）

5. 团队具有合作精神。（10 分）

（张乾）

项目五　医药广告设计制作

■ 学习目标

　　知识目标：了解医药广告设计制作的基本运作流程和注意事项；熟悉医药广告文案的分类和基本结构；重点掌握医药广告文案撰写的基本要求和内容。

　　能力目标：能够根据所给资料，灵活采用多种设计方法，撰写创意新颖、可行性强的医药广告文案。

任务 1　医药广告设计制作概述

一、医药广告设计制作的含义

　　消费者是通过广告作品来接受广告信息的。广告创意和策划如何成为广告作品呢？这就需要广告设计与制作。

　　可以说，广告策划及广告创意最终是否能够完美地展现在广告对象面前，取决于广告设计与制作水平的高低。无论一则广告的创意如何绝妙、广告策划如何独具匠心，最终必然是通过广告设计制作将其变为与人们见面的广告作品。因此，广告设计制作的好坏直接影响到广告作品的艺术感染力，而广告作品的艺术感染力是驱动消费者产生购买行为的重要因素。

　　医药广告设计制作是通过各种表现手法和技巧，用具体的图像、文字、符号和音乐将观念形态的医药广告创意，转化为具体、形象、直观的实物形态的广告作品，属于广告运作中的"执行"部分。

　　广告设计制作是专业技术性很强的工作，主要包括广告文案创作和广告布局设计。广告文案是一则广告中的语言文字部分；广告布局主要是指一则广告整体内容的构图设计。

二、医药广告设计制作的要求

无论选择哪种媒体传播广告，广告制作均应注意根据不同媒体的特点扬长避短，力争取得最佳的传播效果。广告制作应力求真实，同时也要讲求思想性、艺术性，兼顾经济效益与社会效益。医药广告设计制作要注意以下几方面要求。

1. 明确广告创意的本意

广告创意是广告制作的灵魂，因而在广告设计制作前，广告设计制作人员与创意人员要进行周密会商，切磋制作方法和表现形式等具体情况。

2. 明确广告产品或服务的特征

医药广告特别要强调药品的属性以及药效，比如对药品的品名、性能、疗效、价格、包装等特征有全面的把握，以便融汇于广告设计制作中。

3. 明确广告诉求的对象和实施的地区、时间

广告作品必须能反映实施地区的风土人情、价值观念及生活习惯，必须有针对性地、及时地适应实施地区广告诉求对象的消费需求和购买习惯等特点。

4. 明确广告所要使用的传播媒体

不同媒体对广告制作的规则、方式、技术和制作程序等有不同要求，所以要针对不同媒体特点和要求设计制作广告，力争得到最佳的传播效果。

三、主要媒体医药广告的设计制作

（一）报纸医药广告的设计制作

1. 报纸广告表现

（1）报纸广告常见的表现形式包括纯文案形式、插图形式、漫画形式、摄影形式、装饰形式、抽象形式、综合形式等。

（2）报纸广告字体一般分为三类：印刷体、美术体和书法体。从汉字字体讲，印刷体含仿宋、宋体、楷体、黑体；美术体含象形、立体、彩色、附加装饰；书法体含正楷、隶书、篆书、行书、草书、碑书等。从英文字体讲，印刷体有古罗马体、现代罗马体、无饰线体；美术体有象形、彩色、立体和附加装饰；书法体有草书体、自由手书体等。

（3）报纸广告布局主要有黑白广告、套红广告、图文并茂广告、空白广告、报眼广告、整版广告、跨版广告、中缝广告、刊头广告等。大卫·奥格威系统地分析了报纸广告布局的各类问题，提出了广告布局准则，具体见阅读资料5-1。

阅读资料5-1

大卫·奥格威广告布局建议

要在报纸广告杂志登出的广告，必须设计得符合该报纸杂志的风格，要把设计原稿实际粘贴在报纸杂志上，以确定其广告效果。

使用编辑的布局应避免罐头式的编排，不要玩弄小技巧，以致搞乱整个构图的布局。

注意使用视觉效果的对比，如"使用前""使用后"。

不要用黑底白字，因为它不好念。

段落要分明，每一段的前面最好要有标示。

尽量缩短"句子"与"段落"，第一个句子不要超过6个字。

每一段当中，使用"*""注解"等记号，使读者容易阅读正文。

使用标示、黑体、字体、画线，以避免广告文案上的单调。

不要把正文放在照片上面。

不要把每一段落编排得四四方方，把每段最后一行的空白作为喘息是必要的。

在广告正文上，不要使用粗黑体。

赠券要放在最上面的中央，以便取得最大的效果。

不要只为了装饰而使用文字。

资料来源：李宝元. 广告学教程［M］. 北京：人民邮电出版社，2004.

2. 报纸广告布局

（1）**选择适当的时间和版面**　应根据广告主的销售计划、目标市场及目标客户，选择最佳时机刊登广告。此外，广告还应视产品的不同，选择最合适的版面和位置，例如治疗扭伤的药品广告刊登在体育版的效果较好。

（2）**创意新颖**　报纸广告处于平面静止状态，如果不从创意上下工夫，平庸的广告必然会被淹没在其他广告中，达不到广告效应。因此，就应在广告的总体构思、图像、文字材料等要素中注入情感因素，以拨动受众的心弦。

（3）**编排具有艺术性**　一般情况下，报纸的读者不会主动选择阅读广告。因此报纸广告就要充分运用编排技巧，吸引读者的目光，激起读者的阅读兴趣。注意：版面的编排应疏密相间；配以形象性的插图或照片来增加广告的直观感；不要使广告文案占满所有的广告版面等。

3. 报纸广告文案

（1）标题醒目、精练、清晰、一目了然。

（2）正文的长短把握得当。

（3）利用故事性的内容。

（4）用日常交谈语言。

（5）应直截了当做出承诺。

案例 5-1

儿童百服咛系列报纸广告文案（图 5-1）

第一则

广告标题：她在找一个人

那天在火车上，我孩子发高烧，他爸爸又不在，我一个女人家真急得不知怎么办才好。多亏了列车长帮我广播了一下，车上没找到医生，还好有一位女同志给了我一瓶儿童用的百服咛，及时帮孩子退了烧。我光看着孩子乐，就忘了问那位好心女同志的名字和地址，药也忘了还她。你瞧这药，中美合资的产品，没药味，跟水果似的，能退烧止痛，并且肠胃刺激又小，在我最需要的时候，百服咛保护了我的孩子。

人家帮了这么大的忙，我和孩子他爸都非常感谢她，真希望能再见到她，给她道个谢！

王霞

第二则

广告标题：找到她了！

王霞，听说你在找我，其实给你一瓶药，帮你的孩子退烧，只是一件小事。

那天在火车上，我一听到广播里说你孩子发高烧又找不到医生，正好包里有一瓶医生给我孩子的退烧药。儿童用的百服咛可以退烧止痛，肠胃刺激小，而且又有水果口味，孩子也乐意吃，所以就来给你救急了。那瓶药你就留着用吧，我家里还有。我孩子也常发高烧，家里总备几瓶，在最需要的时候，百服咛可以保护我的孩子，都是做妈妈的，你的心情我很了解。希望你以后带孩子出门，别忘了带施贵宝生产的儿童用百服咛！

图 5-1 儿童百服咛系列报纸广告

4. 报纸广告设计制作流程

（1）收集相关的材料和素材，对医药广告进行创意。

（2）根据几个创意勾画不同的广告制作图样，确定广告表现，编排组合广告表现，修改广告作品及定稿。

（3）从作品中选择一件最满意的作品，拷贝交给报社排版并印刷出来。

（二）杂志医药广告的设计制作

1. 杂志广告表现

杂志广告版面一般分为封底、封二、封三、封面以及插页几种。杂志广告的制作和报纸广告制作类似，但由于杂志的印刷质量比较好，对广告图片的质量要求更高，所以在广告表现上会更醒目。

2. 杂志广告布局

（1）图文并茂，以图为主，运用精美的设计、逼真的图片和鲜明的色彩强化广告主题。

（2）文字尽量短而精，较快地抓住读者的视线。

（3）运用版面优势，使用突出而醒目的广告标题。

案例 5-2

避尔咳特效化痰露杂志广告文案

标题：痰何容易——避尔咳特效化痰露

正文：要彻底化痰止咳，唯有避尔咳。它所含的特效化痰素可迅速化解积聚于气管内的有害顽痰，药效强劲，不含麻醉成分，安全可靠。避尔咳特效化痰露对因支气管炎、过敏及伤风感冒引起的各种咳嗽同样有效。有避尔咳，化痰止咳就像说话一样容易。

广告语：话未完就止咳。

3. 杂志广告文案

（1）广告语要引人注意，引人去猜、去想。

（2）正文内容超凡脱俗，容易让人读下去。

（3）主要诉求内容不能少，而且写作手法要实，要具体明确。

4. 杂志广告设计制作流程

（1）选择适当的杂志，预定杂志版面。

（2）运用专业化设计技术制作广告。

（3）广告样品经审核并校对后印刷出版。

（三）广播医药广告的设计制作

1. 广播广告表现

（1）广播是一种诉诸听觉的媒介，广播广告声音包括三个要素，即有声语言、音乐和音效。因此，广播广告文案的构成要素就是与各种声音相对应的文字符号。

（2）从语言环境的角度来看，广播广告文案可以分为口播式（主持人与观众对话的语境）、对话式（主持人彼此对话的语境）和实况式（现场的真实语境）三种类型。

（3）广播广告的文案主要是通过言语诉诸于受众的听觉，因其口语化，故而有着其他广告文案所不具备的亲切感。

2. 广播广告布局

（1）应做到一则广告突出一个主题思想。

（2）广告内容要简短精练。

（3）语言表达要通俗化、口语化和韵律化。

（4）注重声响效果与文字、音乐的最佳组合。

（5）采用重复的方法，强调商品品牌或企业名称。

案例 5-3

"参参口服液"广播广告文案

朋友，我给你讲个故事。

（音乐起，压混）

在美丽的西子湖畔，有一对好夫妻，男的叫生晒参，体格健壮，是个东北大汉；女的叫西洋参，身材苗条，来自遥远的美国。那么是谁做的大媒，使这对国籍不同的夫妻和睦相处，心心相印呢？原来是杭州胡庆余堂制药厂的古一先生。后来他们生了孩子取名叫参参。小参参取了父母的优点，而且爱打抱不平，很快成了人类健康的挚友、病魔的克星。朋友，你听了我的故事，我相信您一定会喜欢这清火滋补的参参口服液的。

资料来源：张农. 全国广播广告获奖作品选评［M］. 北京：中国广播电视出版社，1991.

3. 广播广告文案

（1）言简意赅、重点突出。

（2）迅速抓住诉求对象。

（3）适宜口播和收听。

4. 广播广告设计制作流程

（1）准备制作 广告制作人根据脚本挑选录音棚和导演、演员，估算开支，并向广告主提出制作预算，征得他们的认可。

（2）录音制作 人声演员和音乐演员都在录音棚内表演，导演和录音工程师用中央"控制台"控制声音，然后将声音送到相应的录音设备，并保证声音的音调和强弱符合播出要求。

（3）后期制作 从录制的多个广告作品中挑选出最好的一版，由录音工程师分别录制音乐、音效和人声并加以合成和润色，完成广告制作。

（四）电视医药广告的设计制作

1. 电视广告表现

（1）电视广告既有画面又有言语，立体感强，诉诸受众综合的感官刺激更为强烈，传播效果也就自然得到了强化，但停留的时间短暂。

（2）电视广告文案的具体表现形式有赞美式、暗喻式、幽默式、生活侧面式、诗歌型论证式、比较式、新闻报道式等。

（3）电视广告解说词是电视广告创作的重要构成要素，包括画外音解说、人物独白、人物之间的对话、歌词和字幕等等。

阅读资料 5 –2

电视广告文案在写作过程中除了运用一般的语言文字符号外，还必须掌握影视语言，运用蒙太奇思维，按镜头顺序进行构思，这颇似电影文学剧本的写作，因而又被称为电视广告脚本。电视广告脚本包括既相连接又各自独立的两种类型：一是文学脚本，二是分镜头脚本。文学脚本是分镜头脚本的基础；分镜头脚本是对文学脚本的分切与再创作。前者由文案撰写者（编剧）撰写，后者由导演完成。影视语言主要由以下三部分要素构成：一是视觉部分，包括屏幕画面和字幕；二是听觉部分，包括有声语言、音乐和音响；三是文法句法——蒙太奇（镜头剪辑技巧）。蒙太奇是电影用语，即不单由一个画面构成，而是将几个场面连续起来充分表达思想感情意识的一种手法。

---

2. 电视广告布局

（1）把握视听心理，确立广告内容和形式。

（2）广告内容迅速进入销售重点，不宜过多陈述。

（3）不要利用电视的有力诉求进行强迫推销。

（4）学会利用字幕，并使其与声音、画面相协调。

（5）建立恰当的气氛，尤其要加强对家庭的诉求。

（6）避免戏剧化的程式和不自然感。

（7）要有一个好的结尾。

案例 5 – 4

"白加黑"感冒药片的电视广告

一位白领男子在办公室一副倦态……

（特写）突现精致包装的黑白两种颜色的药片。

（旁白）"感冒了……怎么办？……你可以选择黑白分明的方法。白天吃白片，不瞌睡；晚上吃黑片，睡得香。治疗感冒，白加黑。"

3. 电视广告文案

（1）不是电视画面的简单解说。

（2）不必追求自身表达的完美无缺。

（3）不要去描绘事物的外部形态。

（4）电视字幕的用词要妥帖。

4. 电视广告设计制作流程

（1）确认广告文案，进入准备拍摄阶段。

（2）制片估价，并确认制作合同。

（3）制作准备、进行拍摄工作。

（4）冲洗电影胶片并转磁、初剪、A 拷贝。

（5）正式剪辑阶段、交片。

（五）网络医药广告的设计制作

1. 网络广告表现

网络广告一般是运用专业的广告横幅、文本链接、多媒体的方法，在互联网刊登或发布。

2. 网络广告布局

（1）设计统一的网页风格　网页广告通过导航按钮的设计，使用户可以自由翻看各网页的广告信息。因为在一个企业站点上，不同的网页可能表达不同的广告内容，所以必须设计统一的网页风格以体现统一的企业风格，以加强广告传播的力度和效果。

（2）突出形象表达　广告传播的目标之一就是树立企业与品牌的形象，在网页广告设计上，应将企业标志（标准字）以及企业的代表性商标置于页面主导性的固定位置，统一网页版式，应能充分引起消费者的视觉注意。

（3）合理设计网页间的链接　在设计网页间的链接时，应在每个页面顶部和底部建立分栏按钮总汇，以方便用户随时切换。为了避免与页面内容混淆，可以使具有链接功能的文字或图像在亮度上与其他内容有所区别。

3. 网络广告文案

（1）标题一定要新颖、别致，以吸引人们浏览。

（2）语言简洁精练，应使用短标题、短文案，段落也要尽量简短，以免太长了使受众眼睛受不了。

（3）形式灵活多样，应针对不同的广告站点，选择不同的语言和不同的表现形式。

（4）图文巧妙配合，可以充分地利用动画形式。

（5）利用热点诉求。网络热点是超越于其他传统媒介的全球性的、立足于网络之中的热点信息循环。网络热点可以使上网者的访问率上升，并成为他们的特殊话题。

（6）语气亲切随和，让访问者喜闻乐见，使访问者在思想上、视觉上都产生愉悦感。

4. 网络广告设计制作的流程

网络广告在制作过程中，除了进行广告创意、广告文案撰写以外，还要运用计算机技术进行图片和文字的输入、图形绘制和图像处理，以及网页动画制作和网页的链接等工作。

任务演练

1. 列举你熟悉的药品、保健品、化妆品广告。
2. 分析药品、保健品、化妆品广告分别适合在什么媒体制作宣传效果较好。

任务2　医药广告文案创作

一、医药广告文案

（一）医药广告文案

1. 医药广告文案的含义

医药广告文案，是医药广告内容的文字化表现，是利用语言文字符号对既定的广告主题、广告信息内容所进行的具体表现。它包括平面广告中的文字、电波广告的字幕、旁白、人物对话、商标、商品名称、价格、企业地址等内容。在广告设计中，广告文案与图案图形同等重要，图形具有前期的冲击力，文案具有较深的影响力。

2. 医药广告文案的分类

医药广告文案按传播媒体可分为平面（报刊）广告文案、电子（广播、电视、网络）广告文案，另外还有包装广告文案、产品说明书、传单以及其他一些应用性广告文案，它们往往根据自身的媒体特点和文体特征而有不同的写作要求。

3. 医药广告文案的构成

平常所说的广告文案一般是指平面印刷广告的文字部分，其基本结构通常包括标题、正文、广告口号、随文等四大基本部分，而且平面广告文案的结构是广告文案基本结构的最典型表现。

至于电视广告被称作"故事板"，这是将电视广告脚本视觉化，用图像来表达电视广告的创意，把分镜头脚本图案化。广播广告中，广告文案即广播广告脚本。

（二）医药广告文案的要求

广告文案要服从广告传播活动的总体目标，符合广告总体设计的要求，能够在瞬间形成强烈的刺激和号召力。因此，它并不追求文字的华丽，也不完全要求成为受众鉴赏的对象，而应力求简洁、精确地表现广告的主要内容，达到宣传的目的。基本要求如下：

1. 主题突出，唤起兴趣

一则医药广告只有确立好自己的诉求重点，明确自己的宣传目标，或传达一则药品的销售信息，或宣传医药企业的经营理念，针对性地对目标消费者进行诉求，适应受众的生理和心理需要，才能调动其情感，唤起其兴趣，具有较强的说服力。

2. 创意新颖，引起注意

在信息的海洋中，一则医药广告若想达到其宣传的作用，必须有独特的创意，能够抓住受众的视觉和听觉，产生非凡的震撼力，具有很强的心理突破效果，引起他们的注意，获得他们的好感。

3. 语言简洁，加强记忆

医药广告文案应简洁明确、通俗易懂，读起来朗朗上口，便于记忆。文案的每一句话、每一个词甚至每一个标点都是必不可少的，同时又是多一不可的，并且要进行视觉与听觉的多重刺激，以加深消费者印象。

4. 刺激欲望，促成购买

医药广告文案中要注意含有促销的内容或者促进消费者购买的创意，广告文字的表述要突出所宣传的药品和医疗服务的特有之处以及能给消费者带来的实际利益，从而使其由喜爱发展到购买的欲望，如能享受优惠、得到赠品等。

阅读资料 5 – 3

一定要让消费者记住产品

一定要让人记住名。例如，好娃娃的 5 秒品牌广告片："好娃娃生病好娃娃帮，好娃娃让好娃娃更健康。"5 秒内 4 次提及品牌，好娃娃的名字被人记住的比例提高很多。

一定要让人记住形。比如，葵花药业的"小葵花妈妈课堂开课了"，小葵花的形象设计很有特色，并在包装上导入这个小葵花设计，消费者到达终端时很容易与广告记忆联系起来进行购买。

课堂互动

请你举出 1~2 个耳熟能详的医药广告实例，并说明医药广告的促销功能。

二、医药广告文案的语言

（一）医药广告文案的语言

语言是广告文案的基本单位，广告文案语言的形式可分为口语、诗语和陈述语等几类。口语化的广告语最平易近人，最富有感情色彩，最有感召力；诗化广告语富有韵律，易读易记；陈述化的广告语则朴实亲切，具有较强的说服力。

1. 书面语言

书面语言是用文字书写的视觉化的语言，多用于理性诉求的场合，以陈述语句介绍广告信息，具有客观性、准确性及条理性的特点和要求。

例如，葵花牌胃康灵胶囊的广告词是："经常胃痛，老是反酸，不吃都胀，多是老胃病，要选对药，葵花牌胃康灵胶囊针对老胃病，管用，二十几年的大品牌，错不了。买胃康灵胶囊，认准葵花牌。"基本使用了书面语言说明老胃病的症状。但是在具体的写作过程中，一定要避免过于书面化语言而产生呆板、滞重、生涩的文案文本。

2. 口头语言

口头语言是人们用说话的方式讲述出来的语言，具有通俗性、亲近感和生活化的特点和要求，可以营造一种亲切的、生活化的氛围。这种语言形式更适合一般受众的接受心态和接受情景，多用在娱乐广告文案中，强调文化韵味、审美情趣和愉悦欢快的口头语言特征。但是，口头语言要避免拖沓、啰唆、不紧凑。

例如，赵本山代言的太极藿香正气液的广告："太极藿香正气——液（耶），不含酒精，不辣不苦，好喝。每天两瓶，防暑解渴，管用。太极藿香正气——液（耶）。"结合了其个人具有表演特色的口语式的表达十分吸引人。

3. 文学语言

文学语言是语言中最讲究音韵、节奏和意境的。广告文案要讲究文学艺术性，广告作为一种诱导人们购买的语言艺术，要具有很高的修辞技巧，文案撰写人员要有娴熟的文学艺术修辞技巧，以便能写出与消费者共鸣同感的话语来。

案例 5 - 5

养生堂天然维生素 E 产品的系列广告文案多年来就一直使用文学语言，配合唯美的画面和动听的音乐，给目标受众带来非常浪漫、美好的感觉。如2009 年新上装广告："第一眼就被他点亮，他约我了；马尔代夫的蜜月，海和天一样蓝；五周年纪念，很美的烛光；让岁月的痕迹只留在心中，就这么一直美下去。"再如 2014 年其"宛如初见篇"的广告："初见，动心；再见，倾心；每次相见都美如初见。内服美容，祛斑养颜，养生堂天然维生素 E，就这么一直美下去。"

（二）医药广告文案语言的要求

在日常生活中，人们经常说："只可意会，不可言传"。而在广告创作中，则没有不可言传的"意会"。广告宣传就是要把各种创造性的意念生动形象地言传出去。

广告文案对语言的要求不同于一般的文学创作，英国生物学家赫胥黎认为："广告是现代文学形式中最富兴趣和最难的一种。"的确，广告文案的创作比新闻或文艺小说都要难，因为广告是一种传播信息的说服艺术，既要具备新闻和文艺小说的特点，又要给人信赖感，达到推销的目的。

无论哪一种形式的广告语言，都必须遵循如下要求：

1. 准确、简洁

"广告文案是具有特殊感召力的文学"，必须注意"准确语意的表达"，只有语意准确，才不会引起消费者误解，才能如同一把利剑直入消费者心扉。同时，广告文案还必须简洁，必须以最少的词汇传递出最多的真实信息，做到言出意达、言简意赅，即不能用有之不多、无之不少的堆砌辞藻，也不能用模棱两可、含糊不清的虚拟语气，更不能用子虚乌有、言过其实的溢美之词。

2. 生动、新颖

美国广告专家威廉·彭立克认为："广告文案最重要的就是'新鲜'与'独创'。"新鲜、独特的广告，可以使消费者产生美好的情绪和强烈的购买欲望，而那些内容枯燥呆板、语言老套陈旧、众口一词的广告，只会使人厌烦，即使是卓越出众的产品也会因此而失去吸引力和竞争力。因此，广告文案要做到妙用文字、耐人寻味，如矿泉水广告——"口服、心服"；巧用辞格，对广告语言润色修饰，如儿童鞋广告——"像母亲的手一样柔软"（比拟）；具象描绘，即具体形象地描绘商品或企业的形象，如冬福灵药品广告"消除冻疮，温馨备至"。

3. 风趣、幽默

使用诙谐、幽默的广告语言，可以使人在轻松愉快中接受劝说。一般可采用相声、小品、滑稽对话、幽默说唱、图案等形式，增强广告的喜剧效果。例如香港某化妆品公司的广告是"趁早下'斑'，请勿'痘'留"，可谓贴切生动。

4. 通俗、上口

广告是一种最典型的雅俗共赏的通俗文化，广告的语言尽量不要使用那些艰深晦涩的词语和专业性极强的术语、行语，而要大量使用一些通俗化、大众化的日常用语、口语等，以便于记忆和传送。通俗上口的广告用语多采用诗歌、快板、对联、顺口溜等表现形式，另外格言、警句、成语、谐音、双关等也上口易记。

案例 5 -6

××牌助听器广播广告文案

售货员：大爷，您买啥？

大爷：啥，减肥茶？不减，我这么瘦再减就没了。

售货员：……大爷，买什么您自己挑？

大爷：咋的，还得上秤称呦？

销售员：大爷，您老耳背，我给您介绍一个新伙伴儿。

大爷：啊？要给我介绍个老伴儿，不行啊，家里有一个啦！

销售员：大爷，我给您介绍这个，保证您满意。

大爷：啥？助听器？对，我就是来买助听器的。

男白：××牌助听器，让聋人不再打岔。

思考题：分析该广告的语言特点。

资料来源：王宏伟，芦阳．广告原理与实务［M］．北京：高等教育出版社，2011.

三、医药广告文案常用的修辞技法

1. 比喻

比喻是以打比方的方式，将抽象的事物进行形象的表现，把陌生的概念变成熟悉的事物，将平淡表现为生动。如新康泰克产品就是将药品比作人，设计了"康泰克先生"的形象。该形象活泼可爱，性格亲和，不失专业可信的形象，推出之初即获得消费者喜爱，并成为中国药品广告创意的突破。

2. 双关

双关是指借助语音或语义的联系，使一个词或一句话关联到两种事物，使语句构成双重意义的修辞方式，可以使文案语言含蓄、幽默、风趣、委婉、形象、生动。如："擦尽人间不平处"（骨质宁擦剂）；"他好我也好"（汇仁肾宝）。

3. 押韵

押韵就是某些按照一定规律排列的句子，句尾字的读音韵母相同或相近。如："开瑞坦，过敏一粒就舒坦。"（开瑞坦）

4. 感叹

感叹是运用一些特定的词汇发展文案的抒情性，以增加诉求效果。其特定的词汇大多为"多么""啊""真是"等，常和感叹号一起表达。如葵花小儿肺热咳喘口服液的广告词最后一句是"妈妈要记住哦"。

5. 仿拟

仿拟是比照固定词语临时仿造出来的新词语。广告文案中的仿拟运用得好可以增强创造性、幽默感，给受众留下深刻印象。如："青春组合，不要'痘'留"（痤疮净）；"大'石'化小，小'石'化了"（胆舒胶囊广告）。

6. 拈连

拈连是指利用上下文的联系，巧妙地将适用于甲事物的词语用于乙事物的修辞方法，能给人以新颖、别开生面的感觉。如："能'吃'的氧气，清金糖浆。"（清金糖浆）

7. 反语

反语即说反话，是用说反话的方法表达真诚的态度和商品的独特特点。如："嗖的一下就瘦了，碧生源减肥茶，不要太瘦哦。"（碧生源减肥茶）

8. 反问

反问是指用疑问的语气表达与字面相反的意思的修辞方式。如海王银得菲的"关键时刻，怎能感冒?"

9. 设问

设问是设疑而问，自问自答，以引起受众注意的一种修辞方法，是现在医药广告文案中最常见的一种修辞方法。例如，由演员黄渤代言的修正牌感愈胶囊广告："感冒了?找感愈啊!"再如，鸿茅药酒的广告词："风湿骨病年头可长了? 喝鸿茅药酒啊;关节病，腰腿疼呢? 喝鸿茅药酒啊;这肾虚腰酸、腿还发软，那胃寒脾虚筋骨疼呢? 当然了，喝鸿茅药酒啊！"

10. 顶真

顶真是用前一个词语或句子的后面部分做后一语、句、段的开头部分，前后连锁式地递接下去的修辞方法。如："健康是金，金施尔康。"（金施尔康含片）

11. 对偶

对偶又称对仗，是指把字数相等、结构相同或相近的两个词句成对比地排列在一起，以表达相同、相关或相反的含义的修辞方式。如："一点珍视明，两眼真是明"（珍视明滴眼液）；"药材好，药才好"（仲景牌六味地黄丸）。

12. 排比

排比是把几个意义相关、结构相同或相似、语气一致的一组词语、句子或段落排列在一起，来表达相似、相关意思的修辞方式。如："治白内障，选对药，选好药，选莎普爱思"（莎普爱思滴眼液）；"护心、保心、救心，样样关心"（复方丹参滴丸）。

13. 反复

反复是指为了突出强调某个意思，或者抒发某种强烈的感情，或增加叙述的生动性和条理性而特意一再重复使用同一词语或句子的修辞方法。如："VC、VC，果味 VC，要想宝宝长得好，请吃果味 VC"（果味 VC）。反复强调 VC，吸引受众注意，加深受众印象。

14. 比拟

比拟是用他物来比此物。广告中的比拟，是把产品、企业、服务等比作人或把甲物当作乙物来表达的修辞方法，可以使语言形象化。比如，在 999 皮炎平的广告中就将药品化身为"止痒超人"，并配以"999 止痒超人，止痒就是这么快"的广告词，风趣、幽默、形象地达到了宣传的目的。

15. 对比

对比是把两种相反、相对的事物或一个事物不同的方面放在一起加以比较或对照的修辞方式。比如，神威牌清开灵软胶囊的广告语"软胶囊，硬道理"。

16. 飞白

飞白是将词语故意写错或读错，并有意地仿效。飞白可以达到趣味性的效果。如钙尔奇钙片的"加'骨'劲""钙尔奇骨动中国"。

医药广告文案语言要讲究修辞技法，但修辞技法要运用得当、使用准确才能够取得比不使用修辞更好的效果，同时要保持文案的真实性，否则机械模仿、词不达意、渲染过分、牵强附会、含糊其词，会大大影响广告传播效果。

阅读资料 5 - 4

众所周知，克林顿与莱温斯基的"风流韵事"的确是一件让克林顿头痛的事情。Tylenol 止痛药商巧妙地运用了"头痛"的联想，把这两件看似无关的事件联系起来。虽然此"头痛"非彼"头痛"，但它们却被聪明的广告人以黑色幽默的形式给串联起来，达到了意想不到的传达效果。

> 广告语："特别功效，专治头痛"。
>
> （补充说明：广告画面是一脸沮丧表情的克林顿前额上贴着莱温斯基笑容满面的照片，克林顿的头像旁边是一瓶 Tylenol 止痛药。这则广告在第 45 届戛纳国际广告节上获得金奖。）
>
> 资料来源：吴柏林．广告策划与策略［M］．广州：广东经济出版社，2009.

任务演练

1. 列举你喜欢的一则医药广告，说明其使用的语言方式，并评价其优劣。

2. 认真领会 16 种广告文案的修辞技法，请选择其中的 5 种，为你喜欢的医药广告所宣传的产品重新设计一则广告。

任务 3 医药广告文案撰写

医药广告文案一般由标题、正文、口号（广告语）、附文（随文）四大基本部分构成。它们在医药广告文案中分别承担不同的职能，发挥不同的作用，组合起来构成了完整的医药广告信息。

一、医药广告标题的撰写

（一）广告标题及其构成

广告标题是广告的题目，它既标明广告的主旨，又是区分不同广告内容的标志。如："再也不用牙齿咬了"（某啤酒）；再如："看足球，喝可口可乐"（可口可乐）。

医药广告标题是医药广告文案乃至整个医药广告作品的眼睛，是广告文案中最重要的一个部分。"读标题的人平均为读正文的人的 5 倍"（大卫·奥格威）。一测验报告表明，80% 的读者都要先浏览广告标题再看广告正文中的信息。

医药广告标题按其内容与形式的组合不同，可分为以下几种类型：

1. 直接标题

直接标题可开门见山、明白无误地表明广告主旨、信息，使人一目了然，最常见的方式就是以商品、服务、企业的名称命名。如：美林布洛芬混悬液的"退烧灵，用美林"；芬必得镇痛药的"必得止头疼，一天都轻松"；贝川精的"止咳有妙法，快服贝川精"。

2. 间接标题

间接标题一般不直接表现主旨，而是用委婉的方法吸引受众，用耐人寻味的语句诱导读者去阅读正文。如：养生堂维生素 E 早期的广告标题"美丽自己，爱施家人"；西安达克宁脚气药的"双脚不再生'气'"。间接广告标题用词讲究，含而不露，追求一种"曲径通幽"的意境，生动活泼，富有情趣，能有效地激发人们的好奇心去看个水落石出，从而达到广而告之的目的，但有时也会令一些受众难以理解。

3. 复合标题

复合标题是指由两到三个标题组合而成的标题群，通常具有直接标题和间接标题的双重作用，既可使人一目了然，又可引发人的阅读兴趣。复合标题通常由引题、正题（主题）、副题等三种标题组成。引题的作用是交代背景、烘托气氛或引出主题；正题的作用是传达重要的广告信息；副题的作用一般是补充和说明主题。

案例 5 - 7

引题——四川特产，口味一流

正题——天府花生

副题——越剥越开心

引提——滴滴精纯，风味顶好

正题——顶好清香油

正题——脑白金

副题——年轻态，健康品

（二）广告标题写作的要求

广告标题是每一个广告作品为传达最重要或最能引起广告对象兴趣的信息，而在最显著的位置以特别的字体或特别的语气突出表现的语句。标题写作应注意以下几点：

1. 突出主题，引人注目。
2. 简单明了，通俗易懂。
3. 用词准确，便于记忆。
4. 独富新意，个性鲜明。

阅读资料 5 - 5

大卫·奥格威的标题写作十大原则

（1）标题好比商品价码标签，用它来向你的潜在买主打招呼。若你卖的是彩色电视机，那么在标题里就要用上彩色电视机的字样。这样就可以抓住希望买彩电的人的目光。若是你想要做母亲的人读你的广告，那在你的标题里要用母亲这个字眼。

（2）每个标题都应带出产品给潜在买主自身利益的承诺。

（3）始终注意在标题中加入新的讯息，因为消费者总是在寻找新产品或者老产品的新用法，或者老产品的新改进。

（4）会产生良好效果的字眼是：如何、突然、当今、宣布、引进、就在此地、最新到货、重大发展、改进、惊人、轰动一时、了不起、划时代、令人叹为观止、奇迹、魔力、奉献、实情、比较、廉价、从速、最后机会。

（5）读广告标题的人是读广告正文的人的 5 倍。因此至少应该告诉这些浏览者，广告宣传的是什么品牌。标题中至少是应该写进品牌名称的原因就在这里。

（6）在标题中写进你的销售承诺，这样的标题就要长一些。10 个字或者 10 个字以上的带有新讯息的标题比短的更能推销商品。

（7）标题若能引起读者的好奇心，他们很可能就会去读你的广告正文。因此在标题结尾前你应该写点诱人继续往下读的东西进去。

（8）有些撰稿人常写一些故意卖弄的标题：双关语、引经据典或者别的晦涩的词句，这是罪过。你的标题必须以电报式文体讲清你要讲的东西，文字要简洁、直截了当，不要和读者捉迷藏。

（9）调查表明在标题中写否定词是很危险的。

（10）避免使用有字无实的瞎标题。就是那种读者不读后面的正文就不明其意的标题。而大多数人在遇到这种标题时是不会去读后面的正文的。

资料来源：大卫·奥格威.一个广告人的自白［M］.林桦等译.北京：中信出版社，2010.

（三）广告标题的表现形式

1. 直接标题的写作方式

（1）宣事式 在标题中直接宣布广告的主要内容。

（2）新闻式 采用类似于新闻稿件标题和导语的写法、形式，在标题中直接公布近日发生的事物，向公众提供一些商品或者服务信息，强调新闻特点。

（3）赞美式 在标题中直接地赞美、夸耀甚至炫耀广告中企业、商品、服务的特征、功能、有效性，使受众产生良好的印象。

（4）号召式 在标题中直接鼓动人们购买。

（5）对比式 在标题中通过将广告的商品与同类商品比较来突出商品特点。

（6）祈求式 在标题中以建议、希望或劝导的语言和文字向受众提出某种消费建议。

（7）问答式 在标题中通过提问和回答的方式传递广告信息，吸引受众注意力。

（8）夸张式 在标题中用明显的自夸自赞的词句赞美商品。

2. 间接标题的写作方式

（1）悬念式 在标题中设立一个悬念，一般是受众难以预料的，使其产生好奇心，并开始了追根究底的思考，以吸引受众的特别注意。

（2）寓意式 在标题中用格言式、哲理性的词句来暗示某种意义。

（3）提问式　在标题中只提问不回答，诱使人们阅读正文。

（4）幽默式　在标题中使用风趣幽默又发人深思的词句。

（5）比喻式　在标题中使用比喻的修辞方法来表达信息。

二、医药广告正文的撰写

（一）广告正文及其构成

广告正文是广告文案的躯体，是对广告信息进行展开说明、对诉求对象进行深入说服的语言文字部分。根据媒体的不同，广告正文的表现形式也不尽相同。比如：印刷广告的正文主要以文字语言表述，称之为"文稿"；广播广告的正文以口头语言为主，称之为"脚本"；电视广告中的正文则以语言结合动画来传达信息，叫作"故事板"。另外，在像橱窗、商品展销这样的实物广告中，多是采取文字语言与商品结合的表达方式；而交通广告、路牌、灯箱等户外广告中，则与印刷媒体基本一样。

广告文案的正文一般由三部分组成：开端、中心段和结尾。

1. 开端

开端可迅速生动地点明标题，在标题和正文之间起承上启下的作用。开端要对商品做出简要的介绍，使受众对这则广告保持兴趣，进而深入了解商品的特性。

2. 中心段

中心段是广告正文中的重要部分，主要是根据广告目标和要求，阐述商品的特点与消费者的利益。这一部分有时是一段，有时是几段，具体要因问题的复杂程度以及文字结构的特点而定。

3. 结尾

结尾的目的是用最合适的语言敦促目标受众及时采取购买行为。结尾篇幅虽短但意义重大，有时是做出承诺的语言，有时相当于广告的口号，有时则再次突出广告主题。

案例 5-8

雀巢咖啡的广告词

（开端）瑞士雀巢公司隆重向您推出驰名中外的雀巢咖啡。

（中心段）精选优良的咖啡豆烘焙而成，用一茶勺雀巢咖啡加热水、加糖，就即刻冲成一杯香浓美味的咖啡，提神醒脑，敬客自奉，至高享受。

（结尾）味道好极了！雀巢咖啡！

（二）广告正文写作的要求

怎样写好广告正文，并无固定的写作公式，写作体裁也是多种多样。大卫·奥格威描述说："当你坐下来写广告正文的时候，不妨设想你是在晚宴上和坐在你右手边的那位女士交谈。她问你：'我想买一部新车，您看哪个牌子好？'你呢，就好像在回答这个问题那样写你的广告文案"。所以，在撰写医药广告文案时除了要围绕广告所宣传商品的内容、名称、规格、性能、价格、质量、特点、功效和销售地址等进行符合客观事实的构思，加大说服性和情感性之外，还要撰写者掌握和洞悉消费者心理需求，了解市场态势，并在写作技巧上做到如下几点：

1. 真实可信

真实是医药广告的根本，医药产品关乎于人们的生命健康。所以，医药广告的正文必须传递真实的信息。

2. 简明扼要

医药广告文案的正文部分应做到言简意赅，可使广告受众更直观地获得广告信息。虽然广告正文没有字数要求，但是考虑到受众对广告信息的关注度停留的时间较短，建议广告正文还是以短小精炼为佳，运用简洁、语意含量大的词汇。

3. 针对性强

不同的广告媒体，其传播方式、语言构造和特色也不尽相同。所以，针对不同的广告媒体在撰写广告文案的正文时也必须具有一定的针对性，才能达到医药广告促进销售的最终目的。

4. 措辞得体

正文内容的用词不仅要合乎规范，还应该使用符合受众群体习惯和特色的语言和措辞。

5. 生动有趣

广告正文部分应该突出广告商品特色，抓住受众群体最为关注的利益点，以艺术性、生动有趣的语言进行陈述，以争取目标受众的认可，进而产生购买行为。

📖 课堂互动

大卫·奥格威在评价自己为劳斯莱斯汽车所写的广告文案时说："你告诉消费者的越多，你就销售得越多。请注意：这个广告中的标题非常之长，719个英文字的文案……"而与之相反的格鲁曼公司比附"阿波罗"的广告则被专家评论为"少比多好"的广告典范。该广告版面设计十分简单，直接引用了当年阿波罗号登月的一幅现成照片。没有冗长的广告文案，只有一个标题，标题就是一切！它删繁就简，挑最重要的说，起到了画龙点睛的作用。

请讲讲你的想法，究竟是长文案好还是短文案好？

（三）广告正文的表述方法

广告正文是广告文案的主体。根据广告目标和广告主题的要求，在撰写广告正文时，可有很多种模式。从表述方法上看，广告正文大体上有以下类型：

1. 简介式

简介式是用简要说明的方式，将企业的情况、商品的性能特点、服务的风格特色等介绍给公众。这种表现形式的特点是客观、重点突出、简明扼要。如：新盖中盖高钙片的广告正文是"新盖中盖，中老年人专用钙，一天一片，含钙高，有维生素 D，吸收好。中老年人补钙，就用新盖中盖"。

2. 新闻式

新闻式是在特定的广告版面、广告时间里，用写作新闻的方式表现广告内容，通常适合于报纸、广播、电视三大媒介。其特点是借助新闻形式加强广告正文的新闻性、权威性、可读性。

3. 分列式

分列式是把广告的主要信息按其内在联系划分为若干条款，其特点是使广告受众在阅读中能够一目了然，清楚明白。

4. 公文式

公文是党政机关、企事业单位和人民团体用于处理公务的应用文，它包括法定公文和日常事务文书等。用公文形式进行广告信息的传递，能给人以客观、严谨、公正的感觉，从而提高广告信息的权威性和可信度。

5. 表格式

表格式是为了把商品的种类、单位、价格等说得更加清楚、明白，而将各项用整齐的表格形式进行表现。表格式使广告正文准确直观，一目了然。

6. 论说式

论说式是以说理、议论为主要表达方式的广告正文的表现形式。其特点是以判断、推理等为主要形式，直接阐明道理，兼具说理性、逻辑性。它较适合于报纸、杂志等以语言文字为主要诉求方式的媒介，不适合善于用画面说话的电视媒介。

7. 证言式

证言式是站在消费者的第一人称位置，以消费者的语言或文字进行广告信息表现的广告正文形式。如天天清护肝茶的广告中，一个女性以妻子的口吻说"我老公有脂肪肝，就愿意歪在沙发上，总吵吵着累，我天天就跟他叨叨少吃油腻的、多运动，可是一忙起来就什么都忘了，结果今年体检的时候一下就成了中重度的了，很可能就会转成肝硬化"，进而引出广告宣传产品。这种方式让受众产生可亲、可信的感觉。

8. 诗歌式

诗歌式是广告正文以抒情方式来传递广告信息，具有音韵美、形式美、语言美、意境美四大特征，能增强读者的兴趣，使读者产生感情共鸣。

9. 散文式

散文式是广告正文以散文的形式传播商品或服务的信息，具有联想丰富、笔法灵活、文辞优美的特点。比较经典的案例就是养生堂维生素 C 和维生素 E 的系列广告，它们都是采用这样的方式撰写广告文案的正文，很容易打动该产品的目标受众群体——中青年女性。

10. 歌曲式

歌曲式是广告正文以歌曲的形式进行表现。因为歌曲形式除了歌词（广告正文）

之外，还需要有旋律的配合，因此只能在广播、电视等电子媒体的广告中运用。比如，宝宝金水系列产品的广告利用的是《找朋友》的旋律，云南白药膏的广告歌选用的是《啊！朋友再见》的曲子。

11. 名人推荐式

名人推荐式是指名人在推荐广告中的商品或谈他（她）对商品的评价和使用体验时所运用的文本形式。运用意图是想借助名人效应产生广告中商品的攀附消费。这种广告文案创作方式在医药广告中屡见不鲜，其效果也是显而易见的，因为名人的影响力带动了消费。

12. 相声式

相声式是运用相声的艺术形式表现广告正文。相声具有活泼、风趣、幽默、诙谐的艺术特色。演员宋丹丹曾经在克咳胶囊的广告中以电视剧《家有儿女》中妈妈的形象和春节联欢晚会小品中白云的形象进行了一次自己与自己的相声对话，幽默风趣，效果很好。用这种形式进行广告宣传，可以使人们在轻松、愉快的气氛中接受广告信息，增强宣传的效果。

13. 对话式

对话式是将广告要宣传的内容，通过两个或几个人的对话的形式来表现广告正文。女性用药气血和胶囊的广告中所设计的场景就是演员王姬女士与一些年轻的女性朋友进行交谈，通过她们和王姬女士的问答对话介绍了药品的主治症状。这种正文的写作方式特征是运用这种形式进行广告正文表现，生动活泼，自然朴实，可避免广告的局限性，产生场景感。

14. 故事式

故事式是通过第三人称的写法，用叙述的方式讲述一个与广告信息内容息息相关的故事来表现广告信息的正文形式。2009 年黄金搭档中老年篇的广告正文就是展示一群人出海旅行的故事。团队里的老年人体力充沛、腿脚好，年轻的夫妻便询问其身体健康的原因，引出了产品的功效，并在结尾处表示"回去，也给爸妈买黄金搭档"。这种故事式的表达方式是以故事的发生、发展过程和故事中的事件的处理和产品介入所获得的结果吸引受众的阅读和收听兴趣，来说服受众。

阅读资料 5－6

趣说古代的医药广告

1."借"效应

如南宋临安的严某，坐堂行医兼开小药铺，专治痢疾，但患者并不多，声名不响。一次恰好碰上宋孝宗患痢疾久治不愈，应召入宫。严某治愈了皇帝的痢疾后，皇帝大喜，授其官为防御，又赐以金杵臼。于是严家打出了"金杵臼严防御"的招牌，从此药铺名声大振。

还有一位妇科医生陈沂，因为治好了宋高宗赵构的妃子，宋高宗赏赐御前罗扇。陈氏子孙后来散布浙江各地，传家宝物御前罗扇自然没法分家，于是后世就在各自门前竖起一把木制的大罗扇以为招牌，"大扇陈"在浙江绵延数百年不衰。

与此类似的还有"金钟李氏"，因治愈皇帝肠痈，皇帝赐官不做，却接受了所赐的金钟，悬在门上，从此"金钟李氏"名噪数百年。

---

2. 挂对联

言简意赅、意境深远的对联也被药店广泛使用。

过去有个医师叫程道周，他在自家的药店题了一副对联"但愿人皆健，何妨我独贫"，与另一联"但愿世间人无病，何妨架上药生尘"有异曲同工之妙，顿时便缩短了药家与顾客的感情距离。

类似的还有"借他万国九州药，救我呻吟痛苦人"，"熟地迎白头，益母红娘一见喜；淮山送牵牛，国老使君千年健"等名联，不仅体现了经营特色，还让人置身于妙语连珠的诗词氛围之中，如沐春风。

资料来源：张嵩. 趣说古代医药广告［J］. 家庭医药，2013，（12）：81.

三、医药广告口号的撰写

（一）广告口号及其构成

广告口号又称为广告语，是企业或团体为了加强诉求对象对企业、产品或者服务的印象而在一定时期内反复使用的简短的口号性语句。其功能是：成为商品特有的象征，强调商品的优良个性，牢固消费者的记忆。

1. 根据广告口号的诉求对象分类

（1）企业广告口号 是为建立一个一贯的企业形象而写作的，一般以企业目标、主张为诉求点，在一定程度上是为主品牌服务的，单独使用企业广告语的情况不多。如："为爱专注，为家守护"（三九药业）；"修正良心药，放心管用的药"（修正药业）。

（2）产品广告口号 是为产品或服务的形象建立、产品或服务的直接销售而写作的，一般会以说明、叙述等较为理性的表达方式阐述产品的某种特点、功能或消费者利益点。如："治疗颈椎病，就用颈复康颗粒，三盒一疗程"（颈复康颗粒）。

（3）品牌广告口号 是该品牌在市场行销过程中的主张与承诺，以宣传品牌经营理念和宗旨，展现品牌精神为目的，往往通过个性鲜明、情感色彩丰富的语言来树立品牌形象。如："暖暖的，很贴心"（999 感冒灵）；"胃，暖暖的，舒服"（三九胃泰）；"感冒快走，快乐回来"（999 小儿感冒药）。

（4）服务广告口号 是品牌或企业赋予产品的附加值，通常以传递服务的内容、质量或专业承诺等形式出现。如："用所有情境让爱充满医院"（沈阳美德因妇儿医院）。

2. 根据广告口号的内容分类

（1）建立形象型口号 在广告口号的具体内容表现上，主要表现和建立的是广告主体的形象。这个形象，可以是企业形象、产品形象、品牌形象、服务形象等。如："护彤，儿童感冒药领导品牌"（护彤牌小儿氨酚黄那敏颗粒）。

（2）表现观念型口号 通过对某种观念的提出和表达，来表现广告主体中的企业、产品经销者、服务者的观念和看法，表现对一种消费方式和消费观的创造和引导。如：

"补两样只花一样钱"（哈药六厂钙加锌口服液）。

（3）**展示优势型口号** 一般是用广告口号展示商品（产品或服务）的优势。如："能消炎的感冒药"（清热消炎宁胶囊）。

（4）**号召行动型口号** 就是采用直接的方式运用祈使句式在广告口号中，主要的诉求内容是向受众发出某种号召，号召他们行动起来，去进行某种消费行动。如："加一勺蛋白质，向活力说早安"（纽崔莱多种植物蛋白粉）。

（5）**唤起情感型口号** 用情感唤起型，是为了借助受众心目中的人性因素、情感因素，用情感向受众呼唤、宣泄、倾诉，以此求得广告受众和目标消费者的情感消费。如："你就是明星"（艺星整形美容医院）。

（二）广告口号写作的要求

1. 简明上口

广告口号主要是要通过口头传播、反复传诵，在消费者心目中形成对产品、服务或企业的印象，并成为消费大众的日常生活流行语。因此，要求在写作时做到方便口头传播，句式简短，容易记忆。

2. 文辞优美

广告口号的目的在于通过它的反复出现的效应，让消费者感觉到对商品、服务印象是一种纯净、永恒的美好意境。所以，广告口号应该尽力做到言辞优美、通顺流畅、朗朗上口。

3. 个性鲜明

广告口号出现在广告组合的每一种广告形式之中，是整个广告活动的核心，它鲜明地体现了广告的定位和主题，是整个广告活动的灵魂所在，因此，广告口号要尽量与其他企业、商品的广告口号区别开来，做到个性鲜明。

4. 适应媒体

只有能适合每种媒体特征表现的广告口号，才能被全方位地运用在广告的每一次活动和每一个作品中。

案例5-9

药品品牌宣传的失败

海南一个厂家治疗小儿腹泻药产品的失败：第一，婴幼儿腹泻，对母亲来说不会轻易自选用药，而是会立马去医院，所以不适合做OTC宣传；第二，形象代言人选范冰冰，这个演员连孩子都没有，自己都没当妈，有何经验来推荐其他妈妈选用？所以失败是必然的。还有一个厂家的产品是治疗胃病的，宣传中西医结合疗效好，这本身就是一句像"你每天都要吃饭吧"千真万确的话语，巨额的广告砸下去不失败才怪！

资料来源：陈志怀．如何快速打造药品 OTC 品牌［EB/OL］．http：//www.emkt.com.cn/article/560/56062.htmL，2012-06-25.

📖 **课堂互动**

　　只有适应传播媒介的广告口号才能达到广告宣传的最佳效果。请为你所在学校的食堂分别设计适合校园广播、海报、校园网站三个媒介的广告口号。

（三）广告口号的表现形式

1. 普通形式

　　普通形式指的是用普通的陈述性的手法，而不采用描述性的或借助联想和想象等的文学笔法来进行口号的写作。这种形式是能使广告受众很容易地明白其意，而再一品味，又觉其中有着无穷的意味。

2. 联想形式

　　联想形式指的是采用联想、想象的形式来对企业的观念、商品的特征等进行表现。

3. 幽默形式

　　幽默形式指的是运用幽默的语言表现形式来进行广告口号的写作，体现一种独特的诉求。

　　除了以上这些表现形式类型，在广告口号与广告标题出现互转现象时，广告口号的写作要尽量在以上的前提下使之具有创意性和变化性，以便用形式来吸引受众，因此，也可以采用广告标题写作中所采用的多种表现类型。

案例 5 - 10

　　"难言之隐，一洗了之"，这恐怕是中国最早流行的广告语之一，它就是女性洗液产品老大洁尔阴的广告语。随着洁尔阴的上市，这句广告语仿佛是施了魔咒一般，随其产品火遍中国大地，家喻户晓，成就了洁尔阴至今仍难以动摇的洗液市场霸主地位。有了绝对处于领先水平的产品，再加上形象、生动、贴切、说到无数人心坎里、至今无人超越的广告语，宣传声势浩大，洁尔阴品牌一夜之间响彻全国，成绩也不足为怪了。

阅读资料 5 - 7

药品广告语欣赏

1. 康必得治感冒，中西药结合疗效好——康必得
2. "咳"不容缓，请用桂龙咳喘宁——桂龙咳喘宁
3. 花一样的钱补两样——三精口服液
4. 健康是金，金施尔康——金施尔康含片
5. 生发防脱发，总有好办法——章光 101
6. 无"痒"世界，宁静宜人——999 皮炎平

7. 无悔的承诺，无"炎"的关怀——清热消炎宁

8. 送礼就送脑白金——脑白金

9. 大"石"化小，小"石"化了——治结石病广告

10. 保护嗓子，请用金嗓子喉宝——金嗓子喉宝

11. 健民咽喉片，片片随心愿——健民咽喉片

12. 做女人真好——太太口服液

13. 补钙新概念，吸收是关键——龙牡壮骨冲剂

（四）广告标题与广告口号的区别

广告文案的基本结构为广告标题、广告口号、广告正文、广告附文四部分，但是，在实际的操作中，我们可以看到无标题文案、无口号文案、标题和口号同一的文案。但这并不表明广告标题和广告口号两者之间是无差异的，两者在广告作品中所起的作用不同，所处的位置不同，两者之间变与不变、长期与短期、运用范围大与小等方面都有很大的不同。

1. 表现功能不同

广告口号是为了加强企业、商品和服务的一贯的、长期的印象，是帮助消费者建立一种观念，指导消费行为而写作的。

广告标题是广告文案的题目，是为了提示主题，使每一则广告作品能得到受众的注意，吸引受众阅读广告正文而写作的。

2. 表现风格不同

广告口号因为着力于对受众的传播和波及效应的形成，在表现风格上立足于口头传播的特征，其语言表达风格就要体现口语化特征，自然、生动、流畅、给人以音韵节奏感。口号必须是意义完整的一句话，常会放到文稿之后作为有力的结尾，简短易记，富有警语式味道。此外，口号也可以单独使用。

广告标题要求新颖、有特色、能吸引人，可以是生动流畅的口头语风格，但因为它在广告中的提纲挈领的作用和平面广告中的分量，它更倾向于书面语言风格的运用。标题可以是一句话（后面有标点），也可以是一个词或词组，但它是广告文字最重要的部分。标题一般位置较固定，多放在广告文稿前面开头处。

3. 运用时限、范围不同

广告口号是广告主在广告长期传播过程中的一贯运用，它在一个企业或商品的广告战略中被长期地运用，被广告运作过程中的每一则广告作品所运用，是该企业在不同媒介中的广告作品的一部分。因此，广告口号所运用时间长、运用范围广，在同一商品的一系列广告中长期反复使用，力求固定不变。

广告标题是一则一题，在每一则广告中，标题都是不同的。因此，广告标题的运用时间短暂、运用范围窄，力求常见常新。

4. 负载信息不同

广告口号所负载的信息，一般是企业的特征、宗旨、商品的特性、服务的特征等等，是企业、商品和服务的观念和特征的表现。广告口号重在鼓动性、号召性，往往落实到长期的印象强化和行为的劝导影响上。

广告标题不一定是负载这些信息的，它为了吸引消费者的注意，可以用广告口号中的同样的信息负载，也可以负载与广告中的信息不相关的信息内容。标题重在揭示主题，并满足广告目标需要，服从所属的广告决策和商品定位。

📘 课堂互动

某公司正在推广一种叫"视 E 加"的治疗儿童弱视的纯中药制剂（葛根枸杞泡腾片），请你给想个概括性强，容易记住的广告语。

药品名：_____

适应证：_____

广告语：_____

四、医药广告附文的撰写

（一）广告附文及其构成

广告附文又称随文，是广告的必要附加说明，一般放在文案的最后部分，其作用是告诉顾客怎样购买。广告附文对广告正文起补充和辅助的作用，促进销售行为的实施，可产生固定记忆和认知铺垫。

附文一般要写明：

（1）品牌名称。

（2）企业名称。

（3）企业标志或品牌标志。

（4）企业地址、电话、邮编、联系人。

（5）购买商品或获得服务的途径和方式。

（6）权威机构证明标志。

（7）特殊信息（奖励的品种、数量，赠送的品种、数量和方法等。如需要反馈，还可运用表格的形式）。

（二）广告附文的写作要求

如何写好广告的附文？做到以下两点即可：

第一，要确定附文写什么，保证信息完整、简明、准确。

第二，为附文寻找合适的表达方式，与前文保持风格一致，融会贯通。

案例 5-11

美肌精广告文案

广告语：名门闺秀、充满魅力的女人。

标题：美肌的哲学

正文：如果，你是一位追求魅力的女性，

那么，肌肤之美将成就你的梦想。

名门闺秀美肌精，蕴含神奇的大自然能量，

银杏、珍珠、灵芝、红景天……精华凝聚，

为肌肤注入鲜活能量源，每一滴都蕴藏着肌肤的至爱。

肌肤细胞从此变得鲜活、充盈，富有青春生命力！

让肌肤远离衰老、晦暗、细纹、松弛等问题的困扰，

在一天天的改变中，肌肤日臻完美。

你，越来越美！

（三）广告附文的表现形式

1. 直接罗列

附文中将所需要介绍的信息按照一定顺序不加任何修饰，一一罗列，简洁明了。

2. 委婉附言

使用委婉的语言、亲切的语气来撰写简短的附文比较具有人情味，容易引起受众的好感。

3. 标签形式

将附文做成一个简明的标签，通过表格等形式标明，可以突出内容，引起注意。

任务演练

1. 请列出最近一个月你看过并能够记住的医药广告的标题。

2. 一般情况下，很多产品都会选择制作由多个广告组成的系列广告。请列举某一医药产品的系列广告中各个不同时期的广告口号。

项目小结

医药广告设计制作是广告创意和策划的具体表现，是通过各种表现手法和技巧，将观念形态的医药广告创意转化为具体、形象、直观的实物形态的广告作品。主要包括广告文案创作和广告布局设计。

医药广告文案是广告作品中为传达医药广告信息而使用的全部语言符号和非语言符号所构成的整体。写作语言包括书面语言、口头语言和文学语言；常用的修辞技法有比喻、双关、押韵、感叹、仿拟、反语、拈连、设问、顶真、对偶、排比、反复、反问、

比拟、对比和飞白。

医药广告文案一般包括标题、正文、口号（广告语）、附文（随文）四大基本部分。标题主要包括直接标题、间接标题和复合标题三种类型；正文的表述方法通常有：简介式、新闻式、分列式、公文式、表格式、论说式、证言式、诗歌式、散文式、歌曲式、名人推荐式、相声式、对话式和故事式；广告口号表现形式为普通形式、联想形式和幽默形式；附文一般写明品牌或企业的名称、标志、地址、电话等。

目标检测

一、复习思考

1. 医药广告制作有哪些基本要求？
2. 医药广告文案包括哪些部分？
3. 医药广告正文的写作有哪些基本要求？
4. 医药广告标题写作要注意哪些问题？
5. 医药广告标题和广告口号有哪些不同？请举例说明。

二、案例分析

斯达舒胶囊不同产品生命周期的广告

修正药业的斯达舒胶囊一直是胃药的领军品牌，其产品广告随着产品的生命周期不同一直在不断调整与改变，力求在功能诉求和品牌塑造上得到消费者的认同和喜爱。

1. 上市初期"四大叔"

在强手如林的胃药市场，斯达舒只是一个毫无根基的小字辈。不管是产品的特点，还是品牌的基础，都无法在强手众多的市场中占有优势。由于斯达舒名字难记，在广告创意之初，如何能快速让消费者记得产品的名字、扩大知名度成为中心目的。于是有了那个令人感到"恶俗"的广告：紧张的鼓点节奏下，一位年轻的母亲焦急地翻找着抽屉，原来丈夫胃病又犯了，找不到胃药，急忙让儿子去找斯达舒，结果儿子却找来了一个呆头呆脑的男人，原来是所谓的"四大叔"。妈妈气鼓鼓地拿出真正的斯达舒胶囊纠正了儿子的错误。该广告很快在央视大量投播，一时间"四大叔"家喻户晓，偶尔会成为人们茶余饭后的"幽默"话题，而斯达舒的品牌知名度不知不觉地在全国范围内建立起来。

2. 竞争期的改变

在完成了知名度的提高之后，斯达舒立马转向诉求症状，将胃病总结为"胃酸、胃胀、胃痛"三大症状，告诉人们胃酸、胃胀、胃痛要用斯达舒，表达比较平实。可就是这朴实无华的诉求却简单、直接、实用。新一版主打广告通过丰富的想象力、幽默的人物形象、夸张的动作设计来重新诠释斯达舒的卖点"胃痛、胃酸、胃胀"与分"两步走"的策略，成就了"斯达舒"，使其曾一跃位居国内胃肠药销售排名第一，近几年来也一直和西安杨森的吗丁啉及江中制药的健胃消食片成为胃药市场的前三名。

2001 年后，斯达舒的广告改为动画形式，利用在胃里钻电钻、喷酸水、打气筒打气的形象展示了胃病常出现的"胃酸、胃胀、胃痛"三大症状，告诉受众胃酸、胃胀、胃痛要用斯达舒，表达比较平实。

2002年，斯达舒有塑造了小绿人的形象，在山谷里回荡着那一句"胃——你好吗"，进一步加强了与消费者的深层次的沟通，非常亲民。

3. 维护期的名人代言

医药广告的名人代言形式屡见不鲜，斯达舒也开始尝试这种广告方式，前后邀请了非常具有男人气魄的张丰毅和孙红雷代言，直接由名人以第三者的身份叙述产品的功效。代言人本身的刚毅沉稳、健康向上的形象，与斯达舒厚重大气的品牌魅力相得益彰，让消费者更加深刻地体会到了修正药业的"良心药、放心药、管用的药"的口号。

"斯达舒"的知名度和业绩得益于成功的广告，再一次验证了"非常有创意的广告才有非常的销量"，这一已被公认的OTC类产品市场销售的金科玉律，自然也在斯达舒身上得到了充分体现。

分析：

1. 请收集上述斯达舒胶囊不同时期的广告视频，认真观看。

2. 根据所学知识分别分析这些广告文案的表现形式。

三、实训操作

【实训项目】

医药广告文案的撰写。

【实训目的】

1. 深入体会医药广告文案的类型、结构和各部分创作要求。

2. 掌握广告文案的结构和形式。

【实训内容】

1. 根据以下所提供的材料，请你为该药品写一份日常对话式的或模拟小品对话式的广播广告文案。

三江市黄港药业股份有限公司为国家级GMP认证企业，公司拥有全国唯一的海洋药物科学研究所，致力于中药、海洋药物、生物工程技术等高科技产品的研制和开发。该公司生产的养心氏属中药制剂，主要含有灵芝、黄芪、党参等成分，主治动脉硬化、冠心病、心绞痛、心肌炎等。

地址：三江市文源路116号。电话：5628695。

2. 根据以下所提供的材料，写一则报纸广告文案。要求广告标题、口号、正文、附文格式完整；正文字数不少于200字。

复方银黄口服液说明书：复方银黄口服液为清热解毒之传统剂型，经现代科技手段精制而成。方中以连翘、板蓝根、金银花为主药清热解毒，辅以栀子、黄芩、玄参解毒泻烦、润燥，知母、生石膏、龙胆清热泻火，地丁则清热利湿、解毒消肿，配以麦冬、生地黄养阴生津、清热凉血。诸药合用，有清热解毒、泻烦祛燥、养阴凉血之功。

【主要成分】连翘、板蓝根、金银花、黄芩、生石膏等。

【功能与主治】清热解毒，用于治疗流感、上呼吸道感染及各种发热疾病。

【用法与用量】口服，1日3次，一次10～20mL或遵医嘱。

【规格】每支 10mL。

【贮藏】密封，置阴凉处。中外合资亚星制药有限公司。

地址：黄海市迎宾路 18 号。电话：43262892。

3. 根据以下所提供的材料，写一则电视广告文案，要求广告口号、正文、附文、产品名称、画面以及声音等要完整。

汇丰市永康医药公司生产一种名为养生补酒的保健品，它含有少量的酒精成分，再加入枸杞、人参等植物性营养成分，价格略低于主要竞争对手椰岛鹿龟酒。该产品正处于市场导入期，期望达到的广告推广目标是在全国迅速打出知名度，并占有一定的市场份额。

地址：汇丰市新建路 116 号。电话：2357890。

【实训步骤】

1. 老师预先布置本次实训的任务，强调要求，告知实训评分要求。

2. 学生每 6~8 人一组，各组推选每组的发言代表和评分代表。

3. 每组选择一个实训内容，撰写一则广告文案。

4. 各组将自己撰写广告文案的核心内容做成 PPT，在课堂上将广告以视频的形式展示。

5. 各组发言代表介绍本组实训情况和内容，与其他组进行分享，并交流讨论。

6. 各组评分代表和老师评述各组代表的发言，总结各组的评分情况，得到各组的实训成绩。

【实训评价】

（满分 100 分）

1. 医药产品广告类型的分析准确。（10 分）

2. 医药产品广告结构的分析准确。（10 分）

3. 医药产品广告各部分创作类型的分析准确。（10 分）

4. 医药广告文案的撰写主题明确，结构合理，内容完整，条理清晰，重点突出，有一定创新性和可行性。（50 分）

5. 汇报 PPT 制作精美，具有观赏性。（10 分）

6. 团队合作好，汇报介绍口齿清晰，语言流利，表达准确。（10 分）

（夏冬）

项目六　医药广告媒体选择

学习目标

知识目标：了解广告媒体的分类及主要广告媒体的特点；熟悉广告媒体的含义、功能；掌握广告媒体的组合及广告媒体选择的策略。

能力目标：能根据医药企业及其产品本身的特点，结合分析广告媒体特点，选择与之适应的医药广告发布媒体并灵活运用广告媒体组合。

任务 1　医药广告媒体概述

一、医药广告媒体的含义

媒体一词来源于拉丁语"Medium"，音译为媒体，意为两者之间。它是指人借助用来传递信息与获取信息的工具、渠道、载体、中介物或技术手段。媒体有两层含义，一是指承载信息的物体，二是指储存、呈现、处理、传递信息的实体。

医药广告媒体是指能够传递医药广告信息，实现广告客户与广告对象之间信息沟通的工具和手段。凡是能够刊载医药广告作品的物质，均可以作为医药广告媒体。OTC 适合大众传播媒体如报纸、电视、路牌、网络等发布广告，而处方药只能在医学、药学专业报刊上发布广告。

医药广告媒体都具有物质性、信息性、时间性、空间性和适应性的特征。

医药广告媒体是医药广告的重要构成要素，在医药广告信息传递过程中发挥着重要作用。可以说，没有广告媒体，广告效果便无法传播，广告功能也无法实现。"一则好的广告，需要通过好的广告媒体传播，才能取得好的广告效益"。所以，医药企业只有选择适合本企业及产品特色的广告媒体，宣传的广告信息才会准确及时地传递给目标受众，达到事半功倍的效果；否则，即便投入再多的广告费用，也难以达到预期的效果。

二、医药广告媒体的功能

广告媒体是一种信息载体，它以传播广告信息为目的。医药广告媒体主要传播医药产品信息，因而必须具备以下功能。

1. 传输广告内容

医药广告媒体能够承载一定的医药广告信息（语言、文字、画面），并把它传输给医药广告受众。广告媒体能够适应广告主的选择应用，满足对信息传达的各种需求，沟通广告主和消费者之间的联系，使信息发送和接收成为可能，实现广告活动的预期目标。

2. 引发消费意识

医药广告媒体可利用自身优势（特点）引起受众注意，刺激其视觉、听觉等，使其关注广告内容，引发对医药商品或服务的购买欲望。各种广告媒体都拥有一定数量的接触者，但是各种媒体的吸引力又是不同的。由于许多医药广告都有特定的目标受众，要求广告媒体必须具有较强的吸引力，通过媒体自身的吸引力，唤起受众接触媒体的兴趣，使目标受众有可能接收到相关的医药广告信息。

3. 提供信息沟通服务

广告媒体可以根据自身的特点为广告主、广告经营部门等提供有用的服务，向广大受众提供真实有价值的信息，满足不同层次的需要。广告主可以通过广告媒体将企业的信息提供给目标市场；广告经营机构可以通过广告媒体发布供求双方的信息；广告受众可以通过广告媒体了解各种产品信息，为他们的购买决策提供依据。

阅读资料 6 - 1

广告媒体的发展

广告的发展史是人们不断认识广告媒体和运用广告媒体的历史，是广告媒体从简单到复杂，从零碎到系统的历史。广告媒体作为广告信息的传播工具，从叫卖广告的买主之口到招牌、幌子、灯笼，从印刷广告的报纸、杂志到电子广告的广播、电视等，有了非常大的发展。目前，灯箱、霓虹灯、电动广告牌、气球、飞艇、飞机、烟雾、激光以及网络等各种新型的广告媒体层出不穷，广告媒体正朝着现代化、空间化、网络化方向发展。人类追求永无止境，广告媒体的探求和运用也永无止境。

三、医药广告媒体的分类

广告媒体种类繁多，根据不同的分类标准可以把广告媒体分为不同种类。

1. 按媒体的历史发展分类

（1）传统广告媒体　是指最为常见的广告媒体，主要是指电视、广播、报纸和杂志四大媒体。这四大媒体在当今经济和通讯快速发展的时期，仍然起着不可小觑的作用。

（2）**新型广告媒体**　是伴随着互联网和移动通信技术的快速发展或者以当今炙手可热的物质为载体的新型的广告媒体形态，比如互联网、广告册、户外宣传板、移动平台广告媒体，以及利用游戏、软件、博客、微信、彩铃等进行广告宣传的方式。

2. 按媒体的表现形式分类

（1）**印刷媒体**　指利用印刷的文字、符号及图案，通过作用于人的视觉来传播广告信息的媒体，包括报纸、杂志、招贴、传单、路牌、包装、挂历等。

（2）**电子媒体**　指通过电讯器材和电讯技术传播广告信息的媒体，主要有广播、电视、电影、电子显示屏幕、霓虹灯、计算机网络、智能手机、平板电脑等。

（3）**户外媒体**　指那些设置在室外，让公众了解广告信息的一切传播手段，如路牌、橱窗、灯箱、招贴、交通工具、气球、公共设施等。其主要可以归纳为以下几类：传统的户外媒体广告、电子户外媒体广告、空中户外媒体广告和其他户外媒体广告。

（4）**销售点媒体**　又称POP（Point of purchase）广告媒体，是指利用销售场所内外部的空间及各种设施传播广告信息的媒体，此种广告媒体在医药企业中的零售药店运用颇为广泛。

阅读资料 6-2

　　既然药店可以用POP作为广告媒体，那么，药店能否称为药品广告批准文号申请人？

　　《药品广告审查办法》第六条规定：药品广告批准文号的申请人必须是具有合法资格的药品生产企业或者药品经营企业。药品经营企业作为申请人的，必须征得药品生产企业的同意。

　　申请人可以委托代办人代办药品广告批准文号的申办事宜。

（5）**直邮媒体**　又称DM广告媒体，是指通过邮局、各种类型快递公司、人工直接寄发受众广告信息的媒体，包括商品目录、征订单、试用品等。

（6）**其他媒体**　主要指一些新型的、特殊的广告媒体，如烟幕、电视墙、香味、人体、菜单、馈赠品、包装物等等。

3. 根据广告媒体的功能分类

（1）**视觉媒体**　是只有图文的这类媒体，包括报纸、杂志、邮递、海报、传单、招贴、日历、户外广告、橱窗布置、实物和交通工具等媒体形式。

（2）**听觉媒体**　是只有声音传播的这类媒体，包括无线电广播、有线广播、宣传车、录音和电话等媒体形式。

（3）**视听两用媒体**　是指既有声音又有图文的媒体，主要包括电视、电影、戏剧、小品及其他表演形式，现代经济的发展使得这种媒体的形式越来越多。

4. 根据受众规模的不同分类

（1）**大众传播媒体**　指具备大量地复制和扩散信息功能的媒体，具有迅速性、覆盖性、公开性等特征，如报纸、杂志、广播、电视、网络等。现代广告大部分都进入了大众传播媒体，药品中的非处方药几乎均采用大众传播媒体，然而处方药则不允许在大众传播媒体上面进行广告宣传。

（2）非大众传播媒体　是指与大众广告媒体相对而言，传播范围较窄、传播数量较小、传播速度较慢的媒体。其主要形式有户外广告、店铺招牌、交通广告、直接邮递广告、电话簿广告、气球广告、餐具广告等，多达百余种。处方药只能在专业的医药类刊物上进行广告宣传。随着社会的发展、科技的不断进步，非大众广告媒体的种类越来越多，其作用也越来越得到受众的重视及广告主的青睐。

5. 按媒体传播范围大小分类

（1）跨国性媒体　即传播范围跨越国界，拥有不同国家的媒体接触者，例如卫星电视、短波电台、世界发行的杂志等。例如，我国的中央电视台的国际频道就为一典型的跨国性媒体。

（2）全国性媒体　即媒体信息覆盖全国，接触面广，如中央电视台、人民日报等。这类媒体影响大，诉求对象接触的机会多，宣传效果好。

（3）地方性媒体　是以本地公众作为媒体主要受众，信息内容侧重地方新闻的媒体，如地方电视台、地方性报纸、户外媒体等。这类媒体传播广告范围是有一定限度的。

6. 按媒体广告的传播程度分类

（1）混合媒体　指既传播广告信息又传播非广告信息的媒体。混合媒体基本上都是大众传播媒体，易受到非广告信息的干扰，但是传播面广、速度快、吸引力大。

（2）专用媒体　即只能传播广告的媒体，如路牌、霓虹灯等。专用媒体虽然传播面窄、选择广告受众能力差，但是它不受非广告信息的干扰。

7. 按媒体的所有者分类

（1）自用媒体　指广告主自己所拥有的媒体，如销售场所的POP广告媒体、橱窗、柜台等。广告主可以按照自己的要求使用自用媒体，相对而言传播面比较窄。

（2）租用媒体　指广告主需要付费所租用的媒体，如报纸、电视、交通工具等。租用媒体在使用时需要付出租金，并且有一定限制，但传播面比自用媒体要大。

课堂互动

请问大家在哪些地方看到过医药商品广告，印象最深刻的是哪一次？你还能说出哪些医药广告媒体？

案例6-1

亚洲制药的"小快克"新媒体营销

在感冒药每年约150亿~200亿元的市场份额中，儿童感冒药正在茁壮成长，近几年已孕育出仁和"优卡丹"、太阳石"好娃娃"、哈药集团"护彤"以及亚洲制药"小快克"等明星品牌，任何一家企业如果能在市场细分中找到胜人一筹的营销策略，无疑都会使自己在激烈的竞争中拔得头筹。2011年中国互联网总用户数达到6亿，中央电视台、各大卫视甚至于移动电视等强势平台的广告价格成本开始水涨船高。与此同时，药品降价正一波未平，一波又袭，企业迫切需要从节约成本中获得生机。而网络新媒体较之前者恰好拥有这一优势，且影响力已越来越大。另外，网络的互动性也远优于传统电视的说教。

自2003年上市以来，"小快克"在原有快克超人的基础上打造小熊形象，成为知名度和品牌认可度颇高的小儿感冒用药，尤其受众多年轻母亲的青睐。遗憾的是，它还没有找到机会依托一个焦点事件形成聚合效应，更没有找到适合此操作的平台。2010年末，亚洲制药把握营销契机，联手酷6网策划实施节日温暖营销——"小快克送祝福温暖过大年"。基于春节这个全体中国人聚焦的特殊时段，借助春晚对"小快克"品牌进行集中展示，通过挑选适合家庭用户口味的内容和广告形式，定制"家与温暖"的主题，让明星和普通民众共同表达自己的新年祝福，传播温情与关怀，对目标受众实施精准化营销，并通过网络留言和评论等形式与网友直接进行沟通互动，以达到刺激其消费的目的。

"小快克"适用于1~12岁的儿童，包装采用半袋分隔技术，方便针对不同年龄阶段儿童准确把握用量，草莓口味也化解了父母对孩子抵制用药的担心。而"小快克"在具体操作中则将受众人群定位于全国的年轻父母乃至准父母，这部分人在网络上花费的时间更多，也更容易接受新事物，同时又不失对传统节日和春晚的关注。在提出创意、找准定位、明确方向之后，亚洲制药携手酷6网络视频，针对小快克产品本身及其口碑和品牌3项内容，用了3种手段，整合多种营销形式，以达到营销目的。

产品推广上，采用"春晚点播视频和资讯、娱乐频道相关视频前贴片+暂停+角标及娱乐频道、电视剧频道角标"的形式，植入"小快克"的最新广告和产品名称及商标，使其产品形象深入网友内心。口碑传播上，在春晚直播页面旁可边看边聊，产生互动，又在专题页面设置"小快克温暖送祝福"一栏，由网友留言，传送新年祝福。另外，还设有"小快克投票"，对网友进行过年专题调研，产生心灵共鸣，"小快克"品牌美誉度得到传播。品牌曝光度上，在春晚直播页面有播报和节目介绍，边看边聊板块加贴快克和小快克名称，进行品牌植入，春晚专题页面上拉置横幅广告，热点内容每日推荐+温暖过年专题冠名，结合"揭秘明星如何温暖过年""情暖意浓，众星给您拜大年""春暖花开，回家过年大团圆"和"咱老百姓，温暖过大年"4类内容，加入44个采访视频，植入小快克标版、播放框、角标广告，使品牌的知名度和美誉度进一步得到提升。

整个营销过程结束后，"小快克"通过酷6视频实现了3亿次曝光、1亿人聚焦，在22天时间内，"小快克"的平均点击率为0.14%，显示和唯一显示次数分别达3.67亿次和1.44亿次。同时，"小快克"在业内完成了三个第一：第一次让"小快克"与春晚产生关联，提升了它的品牌高度；第一次在药品行业推广无声期投放药品广告，并取得独特的影响力；药品行业第一次成功尝试与视频媒体针对大事件直播进行全方位、定制化合作。

思考题：通过以上案例你认为新媒体相对传统的媒体有哪些优势？

四、主要广告媒体的特性

任何广告中都包含有"说什么"的问题，在不同的传播媒体上，"说的内容"和"说的形式"就有着很大不同，从而决定了各类广告媒体传播广告效果的不同。这是由不同的广告媒体的特点所决定的。因此，深入了解各类广告媒体的属性和特点，是制订有效的广告媒体策略，及时、准确、有效地传递广告信息的前提。

（一）电视

电视是视听结合的传播工具，是具有多功能的大众传播媒体。目前电视已经成为最具有影响力的、最受大众欢迎的传播媒体。

1. 电视广告媒体的优点

（1）信息承载能力强　电视具有声音和活动画面的承载能力。各种信息都可以通过电视的编码转换为具体的、直观可感的图像、声音、文字和色彩，表现力丰富。医药企业可通过它对医药产品和劳务信息进行有形的描述，广大消费者可以通过对有声有色的产品和劳务信息直观了解，引发对医药产品与劳务的需求。

（2）渗透能力强、效果显著　电视广告对观众而言为非选择性收视，信息记忆的强制性很高，电视不受空间的限制，传播迅速，能接触到大面积的观众。由于看电视是一种家庭性的行为，电视广告有利于家庭共同购买意识决策的形成，数以亿计的观众定期看电视，还能达到印刷媒体不能有效到达的人群中，广告效果显著。

（3）吸引力大、感染力强　电视广告媒体能够快速传递信息，广泛的覆盖面加上良好的创意承载能力，电视广告冲击力大，甚至能达到难以置信的效果。由于电视内容的丰富多彩和表现手法的多样化、艺术性，加之巧妙地把广告信息融入到真挚的情节和感人的形象里，其广告信息容易记忆，印象深刻，具有较强的吸引力和艺术感染力。

（4）被注意率高、影响面广　在日常生活中多数人们在看电视的时候相对比较专心，所以电视广告的被注意率较高。对多数人来说，电视是一种娱乐形式、教育途径，是重要的信息来源，是生活中的重要组成部分。

2. 电视广告媒体的缺点

（1）广告成本费用高　在所有广告媒体中，电视广告的绝对费用是最高的。一是制作费用高，包括将广告做成胶片和制作广告的成本，许多广告要上百万元的制作费用。二是播出费用高，尤其是在中央电视台这样全国性电视媒体、黄金时间插播广告，均以秒来计算，每秒高达数万元。中国产业洞察网数据显示2012年108家医药企业广告费用支出金额总计超68.76亿元，其中哈药股份以接近9亿元的广告费用位居首位，占总额的13.09%，上海医药以8.8亿元的广告费位居第二。

（2）**时间短，观众的注意力难以集中**　电视媒体在传播信息时，是以时间"秒"来计算，一次传播，过而不返，不论观众看清与否，在单位时间内都无法让其重播。由于时间短，观众的注意力很有可能都没有集中在广告产品上来就结束了，所以鉴于这一特点，大多数电视广告都是重复播出的，以弥补一次性不易记忆的不足。

（3）**观众没有选择性、收视率不能保证**　由于广告主不能确信受众目标，向一些无潜在需求的受众目标传递广告信息，有许多浪费的覆盖面。在众多的电视观众心目中，有些观众对电视广告存有某种抵触情绪，有的观众看到广告出现后马上换台，或者干其他事情，广告信息被排斥，收视率难以保证。

案例6-2

康美药业的电视广告

康美药业通篇广告是由一首歌串起来的，歌曲悠扬，画面优美，情境清新自然并且温馨，男女主角是观众所熟知的一对荧幕金童玉女，整个广告的故事情节都是在说明康美药业的创业过程，最终有情人终成眷属，爱情和事业双丰收，也是观众喜闻乐见的结局。文末点出康美药业，整体和谐自然，恰到好处，商业氛围很淡，情感浓郁，并且充满着善意，很容易就打动人心。

本片斥资300万，在央视黄金时段黄金频道反复播出，其性价比实在是高。对于康美药业，许多人之前一点都没听说过。不过这个MV一播，许多不了解医药行业的人，至少把该药业的名字给记住了，而且从这个片子就可以看出康美药业在产品营销方面的实力。该广告一经播出，瞬间红遍大江南北，广告之成功非言语可述。

思考题：从以上案例总结电视广告在医药企业宣传方面有哪些优缺点。

（二）广播

广播广告媒体是运用语言、音响、音乐来表达广告产品信息，采用电声音频技术，按时传播声音节目，专门诉诸媒体受众的听觉。

1. 广播广告媒体的优点

（1）**受众明确**　广播节目的听众明确，广告对象易于掌握。因为广播电台的节目大都会考虑覆盖区域内各个年龄层次听众的需求，广告主可根据自己产品消费群体的欣赏习惯和要求选择合适的时间插播广告。如对于开车上下班的人来讲，广播广告是一种理想的到达方式；在电视普及率低的地区，如经济欠发达的地区和广大农村地区，广播往往是他们接收外界信息的唯一媒体。

(2) 费用低廉　广播广告制作发布均较简单，制作成本较低，播出费用也低。广播广告的低成本和对目标受众较高的到达率，使其成为较好的广告媒体。

(3) 简单灵活　广播广告从信息发送看，相对于电视不受信号制式及收受工具的影响，播出的方式比较灵活，收听简单，传播速度快，时效性强。在所有的广告媒体中，广播广告截止期最短，广告文案可以在播出前送交，广告主可根据当地市场实际情况和突发事件来做调整。

(4) 延续电视媒体的广告信息　广播和电视具有相互取代性，因此提供了广播媒体延续电视印象的机会，使暴露频次得以加强。

(5) 信息易接受、保存　多数人们有自己喜欢的广播电台及播音员，并坚持定期收听，所以这些广播电台和播音员传递的广告信息更容易被接受并保存。

2. 广播广告媒体的缺点

(1) 缺乏视觉，收听率下降　与电视媒体相比，广播广告缺少形象支持。随着电视普及率的提高，特别是有线电视的发展，电视节目的可视性得到很大程度的提高，所以广播广告的收听率在下降，特别是由于声音的限制阻碍了创意，有些必须展示和观赏的医药产品不适合做广播广告。

(2) 时效短，易被疏忽　广播广告是听觉媒体，听觉信息转瞬而逝，广播广告的信息传递也具有不可重复性、时效较短的特点，有许多听众把广告视为令人不愉快的背景，对于一些广告内容往往不认真去听，有的听众只要一听到广告就会换台，所以许多广告可能被忘记或漏掉。

（三）报纸

报纸是最常见和最重要的印刷广告媒体。报纸多以散页的形式发行，一般一天或一周出版一次，定期、连续地向公众传递新闻、时事评论、产品等信息。

1. 报纸广告媒体的优点

(1) 覆盖范围广　报纸的发行量大、覆盖范围广泛，如《人民日报》《参考消息》《齐鲁晚报》等发行量均以百万份计算，由于某些报纸可读性比较强，读者相对稳定，读者的数量超过发行量。广告主可以通过报纸以较低的成本向全国各地医药目标市场发布产品及劳务信息。

(2) 传播速度快　报纸属于新闻传播媒体，时效性较强。有许多报纸当日可送到读者手中，读者可以利用报纸刊载的广告信息有选择性地购物，对于有明显竞争优势的医药产品能在权威性的报纸上刊登广告，其效果是明显的。

(3) 消费者态度积极　对于广大读者来讲，认为报纸包括其广告是及时、可信度较高的信息来源，尤其是影响力较大的报纸广告媒体，读者能根据自己的偏爱和需要选择报纸种类、读报时间，许多消费者对报纸广告持有积极的态度。

(4) 信息可以保存　报纸历史悠久，在大众传播媒体中发展最成熟，报纸容易保存，可反复利用并传播。许多读者对优良信息的接受比较深入，形象极佳的医药商品信息也因此获得较为完整的理解。只要能够引起读者的注意，激发其兴趣和购买欲望，读者还会留意保存或剪贴保存，便于以后查找。

（5）**区域选择性强** 除部分国际性、全国性报纸以外，报纸广告媒体的发行区域及对象较为明确，有较强的地理选择性。例如以医药商品中的滋补、强壮药品为例，该产品在沿海城市及经济条件发达的城市中销售效果较好，如果选择经济欠发达的地区的报纸广告媒体发布该产品信息，其结果是可想而知的。

（6）**版面大、灵活性强** 由于报纸广告媒体的版面大、篇幅多、种类多样、版面安排灵活，可供广告主充分地进行选择和利用。特别是彩色广告、自由式插入广告，地区差别定价及增刊广告等都是报纸广告的选择。凡是要向消费者做详细的介绍广告，利用报纸做广告是极为有利的。

2. 报纸广告媒体的缺点

（1）**干扰度高** 因报纸的价格低，多靠广告的收入来维持，很多报纸以多条信息在同一版面并置的形式排列广告版面，如果管理不当、专业不精，显得杂乱不堪，过量的信息削弱了单个广告的作用。有许多报纸印刷质量不够精美，在一定程度上影响了广告宣传质量。

（2）**生命周期短** 由于大多数报纸的日报或晚报，每日一期，所以报纸广告的时效性较短，人们读报的时候倾向于快速浏览，而且是一次性的。一份日报的平均生命周期只有 24 小时，加之报纸的张数较多（有的报纸扩至 20 多版），通常广告又刊登在次要的版面或位置上，造成人们注意力分散，广告极易被忽视。

（3）**动感差，广告产品类型受限制** 报纸广告作为一种平面广告，不但缺乏电视广告的动感，而且很难展示商品的形体特征和质感，专业的药学服务容易被忽视。

（四）杂志

杂志是一种以间隔一周以上时间、定期发行的具有小册子形式的出版物，属于印刷的平面广告媒体。杂志比报纸具有更为固定的编辑方针和阅读人口，特别是专业性较强的杂志，有其特定的读者群体。随着人们生活质量的不断改善，杂志在人们生活中的地位变得越来越重要。

1. 杂志广告媒体的优点

（1）**专业性强，目标受众明确** 杂志是一种目标对象明确、针对性很强的广告媒体。不同的杂志，其内容各有侧重，广告主可以根据医药商品的特色和消费者的阅读习惯，选择合适的杂志发布广告信息。如在医学杂志上刊登药品、医疗器械广告，在《夕阳红》《老年之友》杂志上刊登防治心血管系统疾病的非处方药物、医疗器械等广告，能够让目标受众更加明确；在《中国药房》《中国医药导报》等专业性的杂志上刊登处方药广告，可对其受众目标的医生能取得较为理想的宣传效果。

（2）**保存期长，传阅率高** 杂志由于装订成册、便于携带和收藏，杂志的读者多为固定订户，阅读时比较专心。由于杂志被保存的时间长，反复阅读率高，能扩大和延续广告的传播效果。杂志是所有广告媒体中生命周期最长的媒体。

（3）**印刷精美，表现力强，视觉效果好**　杂志设计讲究，编辑精细，印刷精美，纸张的质量较高，杂志中的广告一般独占版面，传真程度高，给读者的印象强烈，刊载的图片在色彩的还原及清晰度方面有较强的表现力，能提高表现对象的美观程度和价值感，充分地表现产品的质量。

（4）**受众接纳性高，促销作用明显**　许多杂志具有极高的权威性和可信性，如《财富》《求是》等杂志，在其杂志上刊登医药广告会给人们留下深刻的印象，使医药产品更具有吸引力。同时，广告主还可以实施多种促销方式，如通过杂志发送资料卡、优惠券、提供样品等。

2. 杂志广告媒体的缺点

（1）**发行周期长**　由于杂志的发行周期一般为周或月甚至是季，其传播速度较慢，缺乏时效性，难以满足那些时效性高和短期促销活动的需要。

（2）**灵活性差**　杂志稿件的截止日期较早，广告主必须在出版日前数天或几个月时间提交广告稿。

（3）**广告信息滞后于市场信息**　广告位置的提供也有局限性，主要版面的广告（如封底、封二）可能在几个月前已售出，不仅资源有限，页面地位也较难确定。

阅读资料 6 - 3

纸质期刊的消费群体

《中国期刊年鉴（2010 年卷）》这样描述我国纸质期刊读者的状况：第一，从性别构成看，总体上纸质期刊拥有 38.7% 的男性读者和 61.3% 的女性读者，女性读者占据着读者群的主导地位；第二，从年龄构成看，总体上纸质期刊的读者 15～24 岁的占 20.7%，25～34 岁的占 36.6%，35～44 岁的占 24.1%，44 岁以下的读者占到了 81.4%，这反映出纸质期刊读者总体上比较年轻，以 15～44 岁的中青年为主；第三，从学历构成看，纸质期刊读者的文化程度普遍较高，大专及大专以上学历的占 48.3%。

（五）互联网

随着科技的快速发展，网络迅速崛起，其创造的信息平台为广告市场提供了一个巨大的潜在传播渠道，其发展带来了传媒生态的新变化。

1. 互联网广告媒体的优点

（1）**信息传递快，交互能力强**　互联网以极快的速度传输文字、声音、图像，且不受印刷、运输、发行等因素的限制。网络与大众传播媒体最大的不同点在于它将信息的单向传播转变为信息的互动传播，网络广告媒体的信息平台变成了信息的超级市场，可以根据本人的需求自由选取各种有用的信息。例如，广告主可以将医药企业产品信息和服务信息层层展现给有兴趣阅读的用户。用户还可以利用网络上的留言平台、电子邮件对广告信息发表自己的意见，参与信息的传播。广告主可根据用户反馈的信息，及时分析，制订出相应的改革方案。尼葛洛庞蒂形象地比喻："在网络上，每个人都可以是一个没有执照的电视台。"

（2）**灵活，成本低**　在互联网上做的广告不但从提交材料到发布广告所需时间较短，而且广告主可根据需要及时变更广告内容，克服报纸、杂志、电视等大众广告媒体出版、播出后短期难更改的弱点。目前，电视台、电台的广告多以秒计费，报纸、杂志的广告费用较高，特别是电视制作费用昂贵，网络广告制作成本相对较低。

（3）**容量大，传播范围广**　网络广告媒体传递的广告摆脱了时空限制，同时其所储存和发布的信息可以形容为"海量"，这使得网络广告媒体在信息传输上具有无限丰富的可能性，在信息形态上具有纷繁的多样性，令传统广告媒体望尘莫及。

（4）**市场潜力大，针对性强**　设计精彩的网站可以带来重复性的访问，广告主及广告公司同样可以从中获益。医药经销商通过 IP 地址及 Cookie 技术对目标受众的情况做了解，能够随时随地得到消费者的需求情况及该地区生活方式等方面的信息。经销商可根据消费者的需求制订促销活动策略。随着家庭电脑和智能手机的快速发展，网络市场的潜力在不断增强。

2. 互联网广告媒体的缺点

（1）**网络拥挤**　随着网络广告的激增，广告吸引注意率在明显下降。据调查，多数网络用户在网上浏览的是新闻、时事政治、网络游戏，不足 10% 的用户点击广告获取市场信息。

（2）**受众不普及**　目前，由于受经济环境条件的制约，网络用户在城市及企业事业单位居多，短期内在偏远农村地区难以实现。广告主们认为，网络对于价位高的产品是一种有效的广告媒体，对于价格较低的产品效果较差，显得成本较高。而且，网上药品销售暂时仅限于非处方用药。

（3）**存在欺诈行为**　电子邮件作为建立营销关系的沟通方式较为混乱，许多虚假广告充斥于网上，网上购物欺诈现象时有发生。随着政府加强对网络的管制，网络广告媒体这个全新的事物越来越被人们广泛地接受。

阅读资料 6 - 4

网络广告媒体

随着新媒体的出现，网络这种全新的、颠覆式的广告载体又使电子载体发展到了全新的层面。依靠计算机技术和国际互联网，网络向用户提供可用作广告传播的功能和服务主要有以下几个方面：电子邮件、远程登录、网络新闻、网络信息服务。

网络载体的覆盖范围广泛，信息容量大，广告信息能够实现交互传递，广告形式多样，广告投放准确，广告播出动态实时，广告的效果容易科学统计，广告投入的效率也非常高，实现广告信息的多媒体、多通道、高速、即时传播。但是网络载体也具有硬件要求高、主动性差、视觉效果不理想的局限性。

资料来源：江帆. 广告媒体策略［M］. 杭州：浙江大学出版社，2004.

（六）其他广告媒体

当今，许多新型的广告媒体在医药商品广告中起着极其重要的作用，如户外广告、平面广告、POP 广告、DM 广告、人体广告、体育广告、广告册以及手机广告等，它们各有各的特点。

1. 户外广告

（1）户外广告媒体的优点　户外广告媒体比较灵活、费用低，广告形象突出、主题鲜明、设计新颖、引人注目、易于记忆、视觉印象较好。户外广告多为巨大的彩色看板，具有无意识的强制性。户外广告不受时间和空间的限制，任人随意欣赏，具有长期的时效性。户外广告展露的时间长，有利于需要重复强化的信息，竞争较少。

（2）户外广告媒体的缺点　户外广告信息简单，不可能详细介绍产品的功能和特性等详细信息。户外广告所处的特殊环境和自身条件的限制，广告产品的文字内容与图画内容的表现就受到制约，虽然简单明了，有时甚至是品牌名称或商标符号，但其效果也因此大打折扣。户外广告可能受到法律的限制，有些地区和国家限制户外广告的发布形式。户外广告多数是企业型的广告，其受众难以统计，给消费者留下的往往是对企业的印象，而不能立即产生促销的作用，且精确测量户外广告的流动受众较为困难。

2. POP 广告

（1）POP 广告的优点　POP 广告具有很高的广告价值、成本比较低，使用比较灵活，可以以海报、跳跳卡、"爆米花"的形式出现，除了有宣传的作用，还可以起到卖场的氛围装饰的效果。它起源于超级市场，同样适合于一些非超级市场的普通商场，在零售药店使用得相当多，不管药店店型如何均可使用，既具有招揽顾客、促销商品的作用，同时又具有提高商品形象和企业知名度的作用。

（2）POP 广告的缺点　POP 广告是直接沟通消费者与医药商品的小型广告，在设计上必须考虑到与其他广告的不同之处。POP 广告要考虑到销售场地的大小、医药商品的性质、消费者的物质需要；在设计上要求造型简练、醒目、阅读方便、重点鲜明；POP 广告分布要保持平衡，不能虎头蛇尾，容易造成消费者心理上的不平衡；POP 广告受到场地的限制，只能在卖场进行小范围的传播。

阅读资料 6 - 5

手机广告

手机广告是个新媒体市场，手机广告方式有多种，如彩信广告、手机视频广告、手机游戏广告等，可以把广告图片做成待机屏保、桌面背景、手机开关机画面、来电画面等，或者把动画视频广告、广告内容放入到相关社区或手机上网的网页里，或者在手机游戏中植入厂商广告，等等。在市场启动之初先尝试，费用较低，效果也会比较明显。但是，做手机尤其是与增值业务有关的广告投放需要注意：至少在现阶段，必须避开强势垄断的移动运营商通过制订各种严厉政策设置的众多雷区。

任务演练

1. 结合广告媒体特点分析 OTC 最适合选择什么广告媒体进行广告宣传。

2. 选择一个感冒药品（学生自己收集资料），并说明如何依据广告媒体特点来设计此药品广告。

任务 2 医药广告媒体选择

广告媒体的选择是广告整体策划的重要组成部分，其需要解决的问题是根据医药广告活动的目标去选择最佳广告媒体或媒体组合。广告媒体的选择直接决定广告是否能够有的放矢，广告目标能否实现。

一、医药广告媒体选择的原则

1. 适用性原则

医药企业要通过广告媒体来宣传企业的产品及劳务方面的信息。对广告媒体的首选标准是广告媒体的适用性，即所选广告媒体是否与自身企业的市场战略、品牌战略目标等方面相符合，能否有效地表现企业商品方面的形象特色。广告媒体的好与坏是相对于具体的医药商品而言的，甲商品使用的媒体，乙商品未必适用。

2. 经济性原则

医药企业在进行广告媒体的选择时应注意经济性原则。不同的广告媒体的收费标准不一，甚至差距悬殊，医药企业应根据自身的财力去制订、安排广告计划，选择广告媒体，"量入为出"。广告宣传是一项资金密集型活动，要在短期内投入大量资金。所以在选用广告媒体时，应认真分析可选广告媒体的投入回报率，特别是去认真估算广告媒体的千人成本，千人成本越高，广告媒体的投入回报率越低，千人成本越低，广告媒体的投入回报率越高。

绝对费用指的是使用广告媒体的费用总额。在估算广告媒体费用时，要注意研究广告媒体之间相对费用的高低。例如在中央电视台与地方电视台发布广告，从绝对费用角度讲差距很大，但是它的覆盖率是地方电视台的数倍，相对费用计算反而偏低。总之，选择投入回报率较高的广告媒体是广告主们的初衷。

3. 有效性原则

医药企业之间竞争激烈，企业的营销活动更需要广告宣传的密切配合，商品广告宣传的速度快慢、及时准确与否，其得失成效往往就是短暂的时间差。以甲肝流行、非典型肺炎为例，该类疾病的特点是发病快、易传染，临床需要大量的抗病毒的药物，中央电视台 24 小时发布疫情及药品需求信息，给生产、经营大青叶、板蓝根系列等产品的医药企业带来机遇，产品随着广告信息走遍全国，产品供不应求，许多药品生产经营企业由此名声大振，有些濒临倒闭的企业起死回生。

4. 目标性原则

广告媒体的目标受众数量大，指广播广告的收听率、电视广告的收看率、报纸杂志的阅读率、网络广告媒体的点击率均很高，说明商品广告符合广大目标受众的需求，同时也进一步说明广告媒体的选择是正确的。随着各类广告媒体的迅速发展，新的广告媒体打乱了原有的视听格局，并带走了原有广告媒体的受众，如电视、有线电视、互联网的发展把原有的广告媒体的目标受众团体分化为若干个目标受众群体。在此状态下，如果广告媒体选择不当，其广告信息就无法及时准确地传递到目标受众那里，广告目标也就不可能实现。例如，广播广告的目标受众为中老年人，电视广告适合白领阶层，互联网广告适合年轻人等。

二、医药广告媒体的评价指标

广告媒体分别具有不同的特性，它通过质和量两种属性加以表现。前面已经介绍了各种广告媒体质的特征（媒体特征），在此需对广告媒体的覆盖率和传播频次方面的到达率、暴露频次、有效到达率、有效暴露频次等量化指标进行评价。

1. 覆盖率（Rating）

覆盖率又称"占有率""视听率"或"阅读率"，是指一定时期内接触某一媒体的人数占拥有该媒体的总人数的比率。覆盖率是衡量广告媒体策略成功与否的一个重要指标，它反映了媒体的受众范围、影响力以及被接受的程度。媒体的覆盖率越高，说明该媒体的针对性越强，广告的发布费用越高。其计算公式为：

覆盖率 =（接触某媒体的人数/拥有该媒体的总人数）×100%

例如，某地区的总人数为 100 万，收看了某电视节目的人数有 20 万，则该电视节目的覆盖率为 20%。

2. 毛评点（Gross Rating Points）

毛评点又称"毛感点""总视听率"，是指在一定时期内，某一特定的广告媒体所刊播的某广告信息收视率的总和。其计算公式为：

毛评点 = 视听率 × 刊播次数

例如，某节目收视率为 20%，广告发布了 2 次，则毛评点为 40%。

毛评点注重的是受众至少看过 1 次以上的广告，而不去关心有多少人看过多少次广告。例如中央电视台某频道的一个栏目发布广告，收视率为 25%，发布 5 次，其毛评点为：25% ×5 =125%。如果在中央电视台同样频道不同的栏目发布广告，其毛评点的计算需要分别计算，然后相加。

例如，节目 A 收视率为 20%，刊播次数为 2 次；节目 B 收视率为 15%，刊播次数为 4 次；节目 C 收视率为 25%，刊播次数为 2 次；节目 D 收视率为 10%，刊播次数为 5 次。则该广告的毛评点为：

毛评点 =20% ×2 +15% ×4 +25% ×2 +10% ×5 =200%

即刊播 13 次广告所产生的总影响相当于目标市场人口的 200%。

3. 到达率（Reach）

到达率又称"接触率""触及率"，是指在一定时期内，看到某一广告的人数占总人数的比率。计算到达率时，无论受众接触几次媒体，都计为 1 次。因此，到达率又被称为"净量视听率"或"非重复到达率"。到达率适用于任何广告媒体。

例如：在 A、B、C 三种杂志上投放广告，杂志 A 的阅读率为 20%，杂志 B 为 17%，杂志 C 为 21%；此外，9% 的读者只阅读杂志 A，3% 的读者阅读杂志 A 和 B，4% 的读者阅读杂志 A 和 C，4% 的读者阅读杂志 B 和 C，4% 的读者阅读杂志 A、B 和 C。可计算在 A、B、C 三种杂志上投放广告的到达率，即：到达率 = 9% + 6% + 9% + 3% + 4% + 4% + 4% = 39%。

再如：如果一个医药经销商要在中央电视台某频道的三个栏目中插播医药商品广告，以 100 个人中有 30 个人至少有 1 次看到此医药商品广告，到达率应为 30%。

4. 视听众暴露度（Impressions）

视听众暴露度是指在一定时期内，收听、收看某一媒体节目的人数总和。其特点是重复计算，例如，如果有 1 位观众观看了 3 次某一电视节目，另有 3 位观众各收看了 1 次该节目，那么其视听众暴露度为 6 次。视听众暴露度的计算公式为：

视听众暴露度 = 视听众总人数 × 毛评点 = 视听众总人数 × （覆盖率 × 刊播次数）

5. 暴露频次（Frequency）

暴露频次是指在一定时期内（通常指一个月），每位消费者或每户家庭接到同一广告信息的平均次数。它反映了媒体排期的密度，其计算公式为：

暴露频次 = 毛评点/到达率

例如，在 100 户中有 40 户看过某广告 1 次以上，其中 17 户看了 1 次，11 户看了 2 次，7 户看了 3 次，5 户看了 4 次。则其暴露频次为：

暴露频次 = （17 × 1 + 11 × 2 + 7 × 3 + 4 × 5）/40 = 2

6. 有效到达率（Effective Reach）

有效到达率又称为"有效暴露频次"，是指在一定时期内，同一媒体广告到达同一受众或家庭并产生有效影响的界限。它是衡量广告效果的一项重要指标。

现实告诉我们，有效到达率由诸多因素构成。例如品牌知名度、广告媒体传播特点、竞争对手宣传力度、广告信息发布时间及区域等因素均影响有效到达率。

受众目标要接触多少次广告才算产生好的效果呢？实践证明：在一个周期内暴露 3 次以上、6 次以下为最佳暴露频次；通常在一个周期内暴露频次为 1 次者，几乎没有什么效果；有效暴露频次过多，会使人感到厌倦，价值递减，并产生负面影响。

7. 千人成本（Cost per Thousand/Mille）

千人成本是指在既定媒体预算条件下，将一定数量的信息传播给 1000 位目标受众的成本。它通常用于比较不同媒体之间广告费用是否合理，反映了媒体的投资效应。千人成本越低，说明该媒体的投资效益越高，反之则越低。其计算公式为：

千人成本 = （广告费用/媒体受众总量） × 1000

阅读资料 6 – 6

广告次数的"魅力"

广告学家斯密斯先生研究认为：

第 1 次看到广告时，视而不见；

第 2 次再看到广告时，他不太注意；

第 3 次，他默认了广告的存在；

第 4 次，他对广告感到似曾相识；

第 5 次，他开始阅览广告；

第 6 次，他更专心地看了广告；

第 7 次，他彻底地阅读了广告，并说"原来是这么回事"；

第 8 次，他说，实在太恼人了，怎么老是遇见它；

第 9 次，他认为还有点内容；

第 10 次，他想，或许邻居使用过这个产品；

第 11 次，他想问厂商制作这一广告花了多少钱；

第 12 次，他有点动心了，他想"也许这产品值得买"；

第 13 次，他想，买这种产品一定很合算；

第 14 次，他想起了他很早就想拥有这种产品；

第 15 次，他渴望买它，可是没有钱；

第 16 次，他想有一天我一定要买；

第 17 次，他把这种愿望记在杂志本上；

第 18 次，他咒骂道"为什么我是穷光蛋"；

第 19 次，他开始精细地数着他的钞票；

第 20 次，再看到广告时，他马上去购买，或要家庭其他成员代劳。

资料来源：傅根清，杨明.广告学概论［M］.济南：山东大学出版社，2004.

三、医药广告媒体选择的影响因素

1. 广告媒体自身的特性

（1）每一种媒体都有其独特的属性，不同媒体的经营情况、发布情况都存在着较大差异，它们传递同样的信息会产生不同的效应，企业在选择媒体之前应该仔细分析各种媒体的传播特性及其对受众的影响力。例如，媒体覆盖率、接触率、毛评点、到达率、暴露频次、有效到达率及个性、权威性，媒体传播信息的速度、传播范围、信息量以及所传递信息的表现形式等。

（2）每一种媒体都有自身的形象，同样的广告品牌与广告文案使用不同的广告媒体播发，带给受众的价值和印象是不一样的，这种现象称为"关联效果"。究其原因是广告媒体本身的长期价值取向所形成的社会效果给利用该媒体发布的广告信息形成一种附加外在的影响，某种程度上会影响受众对该媒体广告信息的信赖、接受和采用的态度。如果我们把同一品牌的药品广告文案分别发布在中央电视台和地方电视台或《人民日报》和《齐鲁晚报》上，会带给受众不同的印象和效应。

案例6-3

马应龙药业签约凤凰卫视

2012年3月30日，马应龙药业集团股份有限公司正式签约凤凰卫视，冠名凤凰卫视王牌栏目《凤凰大视野》（凤凰视频版）。

作为凤凰卫视的王牌栏目，《凤凰大视野》坚持以翔实的史实记录和宏大的视野，不断将海内外华人关注的历史及社会事件、人物搬上凤凰的电视银屏。凭借对中华历史的独特诠释，《凤凰大视野》俨然成为华人世界中备受推崇的人文类栏目之一。2012年，凤凰传媒集团将加强对旗下节目版权的整合，突破凤凰卫视在大陆的收视条件制约，通过凤凰网将《凤凰大视野》奉献给观众。

合作《凤凰大视野》视频版，对于湖北马应龙药业股份集团而言既是机会，也是挑战。作为一个拥有400年历史的品牌，为了让更多的消费者了解和理解"马应龙"这个中华老字号背后的底蕴与文化，湖北马应龙药业股份集团一直在寻找能够在内容、气质、调性上与马应龙品牌相匹配的载体。2012年《凤凰大视野》全面登录凤凰网，与企业品牌营销的需求一拍即合，媒企双方迅速在短时间内进行多番论证，并最终达成共识。

虽然是百年老品牌，但是马应龙在营销传播的理念上超越了很多本土的快销品牌。早在2年前，马应龙就已经开始营销传播，玩转了眼下2012年最热门的传播形式——病毒视频、微电影。

伴随着中国互联网的快速发展，企业已经意识到消费者媒体接触习惯的显著改变。此番合作，更是期待通过将主打人文历史的《凤凰大视野》与传承百年的马应龙品牌完美结合，打造一次媒体品牌、栏目品牌、企业品牌的共赢。

思考题：为什么马应龙药业选择凤凰卫视签约，凤凰卫视具有怎样的媒体特征？

2. 广告受众的特征

广告要想起到应有的作用，必须有的放矢，必须考虑受众的特性，特别是要了解受众的消费习惯、购买力、偏好、对媒体的信赖程度等。其主要有以下两个方面值得注意。

（1）**品类关心度** 由于不同广告媒体本身特质上的差异，受众对品类关心度显而易见。广播、电视类等视听类广告媒体由于节目与广告的相互取代性，带来的是极高的品类关心度。报纸、杂志等印刷类广告媒体，其信息传播的强制性相对较低，读者对于不感兴趣的广告类内容多撇开不阅读，品类关心度低，所传播的药品广告效果明显降低。由此可见，受众对品类关心度的高低是由广告媒体自身的传播方式、传播能力、创意表现造成的。如中央电视台除了较高的声誉外，清晰、灵活多变的画面、符号、文字及庄重悦耳的声音，其较高的强制性收看、收听率对于受众的品类关心度效应显著。

（2）目标受众接触媒体的习惯　目标受众是广告信息的最终接受者，他们对不同媒体的接触习惯也是企业在选择媒体时应该考虑的重要因素。目标受众经常在什么时间段接触何种媒体直接关系到广告信息传播效果的有效性。

例如，都市女性白领阶层接触最频繁的媒体是网络，她们几乎不听广播，闲暇时经常翻阅一些时尚杂志，她们收看电视的时间大多从晚上 10 点左右开始，所以针对这一目标群体的如女性保健品广告，就应该选择以网络为主，辅之以杂志和电视，而电视广告的时间段最好选择在晚上 10 点以后。而在一周之中，应该选择从被誉为小周末的周三开始投放，能取得较高的收视率。

3. 医药商品的性质

（1）医药商品的类型　不同的医药商品要选择不同的广告媒体。对于 OTC 药品、保健品、家用医疗器械，宜选择影响面大的、大众性的广告媒体比如报纸、电视、广播、户外广告等。对于处方药、化学试剂、中药材、大型医疗器械等医药技术性强、构成复杂者宜选用说明性、保留性强的印刷广告，比如专业性报纸、杂志等。国家法律法规对于不同类型的药品广告宣传也有一定的约束。比如，麻醉药品、精神药品、医疗用毒性药品、放射性药品等特殊药品不得做广告；利用广播、电影、电视、报纸、期刊以及其他媒体发布药品、医疗器械等医药商品的广告，必须在发布前依照有关法律、行政法规由有关行政主管部门对广告内容进行审查，未经审查，不得发布；处方药不得在大众传播媒体上进行广告宣传等。

（2）医药商品所处的生命周期　医药商品典型的生命周期阶段包括导入期、成长期、成熟期和衰退期四个阶段，每个阶段商品的特征不同，广告媒体选择也应不同。在导入期不适合选择大规模的、广泛的广告媒体，避免让受众感到突兀，最好是慢慢融入受众的心目中；在成长期和成熟期则应该选择如电视、POP 及户外广告等传播性强的大众广告媒体；在衰退期一般不再进行广告宣传。

4. 广告的预算和费用

医药企业因自身产品类型、经济实力等因素的影响，对广告媒体的选择有诸多限制。任何一个企业做广告都希望以尽可能少的广告费用取得较好的效果，或者以同样的广告费用取得最好的效果。由于广告费用中的绝大部分用于媒体，从这个角度来分析，与其说是广告效果的大小，倒不如说媒体费用决定广告效果的大小。按照国际惯例，在一种正常的经济运行状态中，用于广告媒体的费用占企业广告费用的 80% 以上。因此，预算高低直接制约医药企业对广告媒体的选择。

决定广告预算问题的核心是以地区为单位的消费者购买力，广告媒体的收费标准的高低取决于该广告媒体覆盖率的大小、收视率的高低与发行量的多少，一般广告媒体越大型，收费就越高。视听类广告媒体电视和广播等传播广告，计费方式多按时间计算，如5秒、10秒、15秒、30秒等。除了媒体级别收费差别外，播出的时段（黄金时段、一般时段）和推出方式（插播、赞助）在计费上又有区分。比如，报纸广告媒体刊载广告按照报纸发行范围（全国、省级及地方发行）、广告版位（哪一版、什么位置等）、色彩（全彩、黑白、套色等）等来计费。

5. 广告信息内容的特性

广告信息内容的特性也制约着媒体的选择。如果广告信息内容与近期的促销活动相关联，企业就应选择报纸、电视、广播等具有即时性特征的媒体。如果广告信息中含有大量的高科技知识，则应选择报纸或专业杂志作为传播媒体。

6. 市场竞争情况

广告策略属于营销策略的范畴，因此，竞争对手的媒体策略也会影响企业的媒体选择。

医药整体市场是一个相对竞争激烈的市场，近年来，医药市场竞争达到白热化的程度，从营销战略扩大到广告战。在当代企业的广告策略中，一条重要的法则是，根据市场竞争状况来安排广告媒体，决定刊播频度、排期决策，目的是避免让竞争对手占上风，尤其是那些一次性竞标的广告媒体栏目，企业之间竞价激烈。总体来说，在竞争相对激烈时，药品生产企业应选择影响力大而且影响面广的广告媒体；竞争相对不激烈时，则选择相对自由些。

阅读资料 6 - 7

"环境即媒体"的思考

"有一天，当你起床时，喝下第一杯饮料，你在杯底发现了某饮料的广告；你探出头望了一眼楼底，发现公车车顶贴着广告语 Don't Jump（不要跳），这是某求职网站的广告，提醒你不要急着跳槽；你乘电梯下楼，电梯上贴着某降压药品的广告；你去超市，手推车上也贴着超市商品的广告；当你准备付钱时，收银员找的硬币的一面竟然也贴着某银行的广告；你搭的士回家，的士车身涂着某运输公司的广告；回到家了你悠闲地躺下，抬眼一看月亮，惊奇发现月亮上出现了某知名电脑品牌的标志。"以上是新加坡李奥贝纳创意总监 Tay Guan Hin 在"金铅笔"One Show China 广告年度峰会上为我们播放的一段短片，描述的是我们未来生活的某一天。

随着经济的发展，广告在人们的生活中扮演了越来越重要的角色。广告的发展日新月异，广告发布的媒体已经不仅仅地局限于传统的四大媒体——电视、广播、报纸、杂志。美国的广告商目光转而盯到苹果、番茄等大众食品上，效应可不一般。由美国著名影星金凯利主演的电影《骗子，骗子》，其广告就做在苹果上。金凯利那张令人喜爱的面孔被印成贴纸，贴到美国购物中心货架上1200万个"史密斯奶奶"苹果和"富士"苹果上。由于消费者在挑选水果时一般都很仔细，而且苹果还需要削皮，所以苹果广告比电影、报刊广告取得了更好的效果，吃到苹果的人同时也记住了新明星影片。

另一方面，广告的表现形式也是千奇百怪，无奇不有。例如奥地利撒尿的小孩突然拉出了红色液体，原来这是某红墨水的广告；好好的雨伞出现了几个破洞，原来这是世界臭氧日的广告；百货大楼挂着半边巨大的胸罩，这是提醒人们预防乳腺癌的广告；找自动取款机取钱，卡却插不进去，原来这是自动取款机的印刷品，是印刷公司的广告，说明印刷图像逼真；到药店，发现药店门前摆着一个充气不倒翁，定睛一瞧，原来是"伟哥"的广告；你的车在红灯时停了下来，有30秒的停留时间，这时路边冲出一快餐店工作人员，在汽车前快速展示快餐店的各项优惠套餐的海报，当他展示完毕时，恰好绿灯亮了。多么精彩的"新"广告啊！相信人们会在惊喜的同时会深深为广告主、广告公司的智慧折服，看这样的广告实在是一种美的享受。

同样，我国的广告主、广告公司也煞费苦心，寻找巧妙有效的广告媒体、表现手法。例如新近出现的火车票广告，同旧的火车票相比，新火车票幅面加大至6cm×9cm；防伪效果好，彩色印刷，制作精良，保留时间长，便于检查，具有收藏价值。而且它的发布量非常可观，预计可达到上亿张，销售地域大，覆盖面广阔。经过一段时间的运作，它的宣传效果不错，得到了广告商家的一致好评。另外，我们经常在路上接到的广告传单也有了改革，用途越来越广，小小一张纸上不仅有广告，更附上城市乘车线路图、年历等资料，这些都是有益的尝试。我们在感叹商家考虑周到的同时，也对产品留下了良好的印象。

环境即媒体的概念，凭借着人类的智慧和无限的想象力，将广告媒体无限延伸、扩张……一直渗透到我们生活的每一时空。广告媒体的更新、表现形式的多样，充分显示了商家、广告公司的聪明才智，也让消费者感到更多的惊喜，享受到更周到的服务。但同时我们更应深刻地认识到广告主、广告公司做广告应把握好一个度。我们不能把丑恶媚俗的广告强加给受众，那样无异于视觉的"强奸"。我们不能唯利是图，把任何东西都拿来做广告。例如冯小刚的电影《大腕》中，在"大腕"的葬礼上，葛优一伙人把"大腕"的身体各部位都当广告媒体卖。葬礼的背景场地也都卖给了各广告商，可谓为了赚钱，不择手段。影片的情节虽稍显夸张，但相信还是值得国内的广告界认真思考的。

广告首先是一种商业推销手段，但它同时也是一种文化。成功的广告常常并不赤裸裸地"王婆卖瓜"；相反，它要把自己的商业动机乃至商业性质巧妙地掩藏起来，给人的感觉仿佛不是在做广告。这个时候它就要借助于创意，借助于巧妙的媒体和叙述方法。我们衷心希望"新"的广告能越做越精彩，更希望消费者能自由自在地畅游在广告海洋中。

四、医药广告媒体选择的要求

（一）广告媒体选择的主要内容

1. 选择广告媒体种类

选择哪一种或哪几种类型的广告媒体，如选择电视、报纸、广播、杂志四种广告媒体，还是只选择一家或多家电视广告媒体。

2. 选择确定某家广告媒体或某几家广告媒体

如电视广告媒体中的中央电视台或报纸广告媒体中的《21世纪医药报》《中国中医药报》《健康报》等等，为企业发布广告信息。

3. 选择具体广告媒体的特定时间或空间

如中央电视台的新闻频道或体育频道的某时间段，《人民日报》的某版面。

4. 选择具体广告媒体发布广告的频率及发布数量

如某电视频道一定时间内出现的次数及广告重复发布的总量。

（二）广告媒体选择的有效指标

1. 信息的清晰度

沟通广告信息的渠道媒介必须能清晰地传达出广告信息，传递信息及时准确。

2. 覆盖的宽度

沟通广告信息的渠道媒介必须能以最低成本与尽可能多的目标对象沟通。

3. 信息的强度

沟通广告信息的渠道媒介必须能满足信息强度的需要，不同的广告媒体有不同的传播强度，如电视广告媒体实行时间制（24小时、18小时、12小时等），报纸广告媒体的发行有日报、晚报、周报等。时效性强的广告信息多选用传播周期短的广告媒体，如广播、电视类；时效性不强的广告信息可选用传播周期长的广告媒体，如易保存的报纸、杂志类。

4. 媒体使用条件

媒体使用条件主要是指广告主购买媒体广告版面或广告时段的难易程度，包括手续办理难易、广告媒体的服务质量及信誉、应付突发事件的能力等。

（三）广告媒体选择的评估

初步选定某些媒体以后，接下来就要对所选定的每个媒体进行调查、评估。在评估时主要对媒体进行各广告媒体"质"的特征，媒体投资效益，媒体的选择与分配研究，媒体组合是否恰当，媒体近期视听率、阅读率、点击率有否变化以及媒体执行方案的确定等方面的评估。媒体评估的程序一般是：先确定所选媒体的主要评估指标，然后是实施调查评估，最后根据评估结果选择备用媒体。

任务演练

为一家大型医药企业新上市的中药感冒药选择广告媒体，并说明选择的理由。

任务3 医药广告媒体组合运用

广告媒体组合是将不同媒体的广告资源加以整合，使广告信息能够有效地到达广告对象。不同的媒体具有不同的功能和传播特性。在广告活动中，企业往往结合商品定位、公众心理、广告费用预算、广告宣传目的以及广告信息性质来选择恰当的媒体组合，形成一个有机的传播媒体阵容，充分发挥每种广告媒体的特长，以产生（1+1）>2 的多方位立体传播效应。可见，媒体组合实质上就是媒体优化。

阅读资料6-8

全媒体

人民出版社出版的《童子问易》给出的"全媒体"定义是："所谓全媒体，就是数和象在天、地、人之间变动和周流而建立的备包有无的媒体形式。"

"全媒体"指媒体信息传播采用文字、声音、影像、动画、网页等多种媒体表现手段（多媒体），利用广播、电视、音像、电影、出版、报纸、杂志、网站等不同媒体形态（业务融合），通过融合的广电网络、电信网络以及互联网络进行传播（三网融合），最终实现用户以电视、电脑、手机等多种终端均可完成信息的融合接收（三屏合一），实现任何人（who）、任何时间（when）、任何地点（where）、以任何终端（why）获得任何想要的信息（what）。

一、医药广告媒体组合的原则

1. 互补性原则

广告媒体组合有助于广告信息的互相补充。进行媒体组合的目的在于通过不同媒体间的优化互补，实现媒体运用的"加乘效应"。具体来说，可以从以下几个方面来分析：

（1）**点面效应互补** 是以两种媒体覆盖面的大小为互补条件的组合方法，用以提高信息的重复暴露度。当选定某一媒体做一个或数个目标市场覆盖时，还可选择一种或多种局部区域覆盖的媒体与之组合，来提高信息的重复暴露度。

（2）**媒体传播特性的互补** 每种媒体都有其不同的个性和诉求特点，利用这种不同的个性进行互补组合，可以使信息传达全面、完整。

（3）**时效差异互补** 以媒体时效长短结合的组合方法，以扩大信息与消费者的接触时空，提高信息扩散度。

（4）**时间交替互补组合** 这种方法是利用在时间上的交替形式实行媒体组合。当个别主要媒体得到最佳到达率后，使用另一种较便宜的媒体与之交替作用，提高重复暴露率，使信息送达到主要媒体未达到的受众。

2. 有效性原则

所选择的广告媒体及其组合能有效地显示企业产品的优势，能有效地传递企业的各种有关信息，不失真，少干扰，有说服力和感染力，同时能以其适当的覆盖面和影响力有效地建立企业及其产品的良好形象。广告媒体组合有助于扩大广告的受众总量，同时也有助于对商品广告进行适当的重复，并使得广告媒体在周期上的配合及效益最大化。

3. 可行性原则

选择广告媒体还应当充分考虑各种现实的可行性。如自身是否具有经营的经济实力，能否获得期望的发布时间；目标受众能否接触你所选择的媒体，理解这些媒体所传递的信息；当地的政治、法律、文化、自然交通等条件能否保证所选择的媒体有效地传播企业的广告信息。

4. 目的性原则

在选择广告媒体时，应当遵循企业的经营目标，适应企业的市场目标，并充分考虑广告所要达到的具体目标，选择那些最有利于实现目标的广告媒体，让这些媒体起到相互配合的作用，以共同实现企业的经营目标。

二、医药广告媒体组合的方式

广告媒体的组合是充分运用多种广告媒体的自身优势刊播商品广告。通过把市场、资金、技术设备、人力资源等方面加以组合，使之形成一个有机的整体，设计特定的传播对象，发布内容一致的广告信息，组成一个优势互补的广告媒体群。广告媒体组合方式大体两种：一则是集中式媒体组合，另一种是分散式媒体组合。

（一）集中式媒体组合

集中式媒体组合也叫同媒体组合，是指广告主集中在一种媒体上发布广告。它主要集中影响被进行特别细分的广告受众，集中式媒体组合策略能创造出品牌易于被大众接受的氛围，尤其对于那些接受媒体有限的受众。

1. 广播广告媒体的组合

（1）中央人民广播电台和省以下地方的广播电台的组合　此组合多以中央台为主、地方台为辅，利用中央台政治性与新闻性较强的特点，和地方台的灵活性、娱乐性、区域听众各具特色的优势进行优势互补，中央台以宣传品牌为主，而地方台是以促销为主。

（2）省以下地方台之间的组合　该组合充分利用广大农村广播系统发达的优势，对于临床常用药物、保健品等品牌促销效果是明显的。

2. 电视广告媒体的组合

（1）中央电视台与省市以下电视台广告媒体的组合　该组合适用于产品已进入成长期，市场趋于稳定，产品在全国范围内已有销售，企业为了增加市场份额，保持品牌形象时选用。

（2）**省市以下电视台之间的广告媒体组合**　此组合方式强化的是区域性的特色，省与省之间虽然在经济发展方面有一定的差异，但是各省均有自己的长处优势，此组合可取得不同凡响的效果。

3. 报纸广告媒体的组合

企业选择报纸广告媒体组合的过程中，可采取多种组合形式，如全国性发行的报纸和省市地方性报纸，《中国中医药报与健康报》《医药市场报》等的组合。实践证明，地方性报纸刊播药品广告效果明显。

4. 杂志广告媒体的组合

杂志广告媒体常用的组合形式有：

（1）**国家级杂志广告媒体的组合**　此组合适合临床常用药物或不分淡旺季的药物做广告宣传。

（2）**国家级杂志与地方杂志的组合**　此组合是利用国家级杂志覆盖面广的特点与地方杂志区域特色明显的优势，是一种较佳的组合方式，既能做好品牌宣传，又能促进销售。

（3）**核心期刊与重要城市区域期刊的组合**　此组合能充分利用核心期刊的声誉，在城市中宣传企业品牌产品，适用于预防治疗心脑血管、泌尿系统、亚健康保健方面的药物，并且受众目标相对稳定，发行区域易控制，营销效果明显。

5. 网络广告媒体的组合

网络广告媒体的组合系指搜索引擎类网站与专业性网站的组合。搜索引擎类网站是一些访问量大，具有大量网民的综合性网站，如新浪、搜狐、雅虎及网易等网站。目前网络广告的广告主多集中在IT类产品、通信服务类等领域投放大量广告，医疗保健类产品广告相对较少。专业性网站是指带有明显行业特征的网站，如联邦快递等。

可口可乐广告总裁纳乐说过："网络广告的形式必须要与你的产品或服务相符合，否则就是浪费金钱。"当前医药广告还是在法律法规上有一定的限制，因此医药企业在网络上做广告，需要慎重调研和规划。

（二）分散式媒体组合

分散式媒体组合也叫异类媒体组合，是指广告主选择多种媒体发布广告。分散式媒体组合策略对于那些有着多样市场细分的商品和服务更有效，可以通过不同媒体对不同目标受众传达不同广告信息。

异类广告媒体的组合多以某种广告媒体为主体，再配合其他广告媒体为辅的组合方式。在运作过程中如果不分主次地实施平均分配方式，会使广告费用大幅度上升。常用的组合方式如下：

1. 电视与报纸的组合

应用报纸广告媒体信息量大的特点做先导，对企业产品进行全面介绍，待消费者对企业产品有了一定的了解后，再运用电视广告媒体冲击力强的特点去开拓市场，可使企业提高整体形象，产品销售渠道畅通，成绩显著。

2. 电视与广播的组合

企业利用电视在城镇、广播在农村普及率高的特点，把两类广告媒体结合起来，发布商品广告信息。此组合的优点是，一方面提高品牌认知，另一方面强化产品特性，吸引注意力，可使城镇与农村广大消费者均及时得到医药商品广告信息，提高消费者对产品的兴趣，产生购买欲望。

3. 报纸与广播的组合

报纸与广播的组合又称为视觉与听觉广告媒体的组合，能满足不同文化程度的消费者接触到医药企业发布的药品广告信息。例如，有一定文化程度的消费者，通过看报纸获取医药商品广告信息；文化程度相对低的消费者，通过收听广播也能获得医药商品广告信息。

4. 报纸与杂志的组合

充分利用报纸广告媒体的高覆盖率及连续性的特点，用杂志广告媒体目标受众相对稳定的优势形成组合，加强了产品功能特点的宣传，吸引了实际消费者或使用者，对企业的销售有较直接的推动作用，使企业的广告目标市场得到维护和不断开拓，并能形成较稳固的目标受众，同时会影响潜在的消费群众。

5. 电视与杂志的组合

众所周知，电视广告媒体声像同存，图文并茂，具有较强的视听觉冲击力，杂志广告媒体消费群又较稳定集中。该组合的目的是利用电视广告媒体树立企业产品的品牌形象，再利用杂志广告媒体详细介绍企业产品的功能等，其结果是为企业造了声势，扩大了销售，还使企业产品的生命周期得到了延伸。

6. POP 广告与 DM 单的组合

POP 是在医药零售药店卖场使用最多的一种广告媒体形式，它仅仅在卖场内部使用难以达到更好的宣传效果，因此组合 DM 单形式的社区、人流量集中地区的广告媒体宣传，能够达到双重的宣传作用。两者的组合都有广告费用低的特点，又有一定的经济性和有效性，达到目标受众人群互补的作用。

多类型广告媒体组合是当今医药企业运用最多的，很少对一个医药商品的广告宣传只采用一种或两种广告媒体，而是采用多种广告媒体方式。尤其一个医药商品在其不同的生命周期阶段采用的广告媒体会有所不同，这样在医药商品的整个生命周期则会运用更多的广告媒体。比如既在电视又在报纸上做广告，还做路牌、户外广告、橱窗等，多管齐下，充分调动目标消费者的感觉器官，扩大接触范围。

案例6-4

成都康弘药业的媒体营销

成都康弘药业是一个已经申请和获得过92项国内、国际发明专利，拥有7个在研一类新药、8个上市品种的民族创新型制药企业的代表。但是企业一直非常"低调"，成立16年来，康弘很少在媒体上露面，这直接导致其品牌在市场中的知名度和影响力不够，最终影响到企业的销售增长。由康弘开发的针对年龄相关性黄斑变性（AMD）治疗药物康柏西普眼用注射液（KH902），被认为将成为康弘划时代的品种，曾被跨国药企花上亿美元购买。该药不仅在抗新生血管领域达到国际领先水平，而且将使国内摆脱AMD疾病无药可医的窘境。

作为中国少有的具有国际水平的在研新药，康柏西普眼用注射液（KH902）在研究之初，就受到众多专家垂青，同时也得到了学术会议和媒体的广泛关注。康弘看到了这一点，变被动为主动，随着康柏西普眼用注射液（KH902）的临床研究进展，抓住其在国际学术会议上受到众位专家高度评价的契机，广泛利用媒体资源开展整合传播，强化公司及产品品牌影响力，用未来的产品促进当前产品的销售。

康柏西普眼用注射液（KH902）在临床研究前，康弘就将临床前的研究结果发表在国际知名学术刊物《Molecular Vision》和《Pharmaceutical Research》上。通过在多家国际知名学术期刊上发表论文，扩大了康柏西普眼用注射液（KH902）的影响力，从而引起了专家学者的关注。进一步的实验结果显示，康柏西普眼用注射液（KH902）治疗年龄相关性黄斑变性和糖尿病性视网膜病变的效果非常显著，得到了中国工程院陈志南院士、中华医学会眼科学会主任委员黎晓新教授、CFDA药品审评中心李娅杰老师等专家的高度认同，而且，这一实验结果受邀于2008年在香港召开的国际眼科大会上做了专题报道，更是引起了来自102个国家和地区近万名与会学者、专家的热烈反响。香港的凤凰卫视对这一科研成果做了专题报道，《大公报》《文汇报》和《成都日报》等新闻媒体也做了广泛报道。2009年初，康柏西普眼用注射液（KH902）完成的临床实验取得了可喜的成果，经康柏西普眼用注射液（KH902）受试的患者表现出明显提高视力和各种病理改善等临床疗效。康弘又将这一结果发表在国际知名学术刊物《Ophthalmology》上。得到了专家认可，康柏西普眼用注射液（KH902）得以频频亮相于国际眼科会议，进而实现更广泛的传播。例如，在2009年美国眼科学与视觉科学研究协会年会（ARVO）以及美国眼科学会年会（AAO）上，康柏西普眼用注射液（KH902）的研究进展得到了该领域专家的高度认同和业界人士的赞赏。更大的成果显现在2010年第一次在亚洲举行的澳门国际眼科药理学与治疗学研讨会（ISOPT2010）上，康柏西普眼用注射液（KH902）的最新研究进展同样引起了业内人士的高度关注，香港凤凰卫视及新浪、搜狐、凤凰网等多家新闻媒体再次对康柏西普眼用注射液（KH902）的临床研究成果进行广泛报道。仅一周时间，各网络媒体对该新闻的自动转载量近万条。借助此次事件，集团在电视、网络、平面等媒体广泛转载了该新闻，企业品牌得到了很好的提升。

康弘乘胜追击，积极配合媒体对企业的深入了解，《医药经理人》《中国医院院长》《医师报》等多家业内主流媒体对企业的研发实力、上市品种和发展前景进行了全面报道，从而有效带动了康弘现有产品——治疗高血压、防治脑卒中基本用药松龄血脉康胶囊与国内第一个 CFDA 批准的治疗轻中度抑郁症的中药新药舒肝解郁胶囊等产品的销售。

康弘的企业品牌和产品市场认可度得到明显提升，2011 年一季度预计销售同期增长 50% 以上，实现开门红。2010 年销售额 19.3 亿元，同比增长 28.67%。

思考题：康弘药业利用了几种媒体达到了企业品牌和产品市场认可度的提升？这些媒体的选择在时机上是怎样配合的？

三、医药广告媒体发布策略

（一）选择广告发布时机

广告发布时机是指广告刊播的时机。企业应善于充分掌握并利用各种时机进行广告宣传。例如，重大体育比赛期间、大型综合性文艺演出、国内外热点事件转播以及热门影视剧的播出时段的收视率都比较高，如果企业利用这个时机发布广告往往能取得比较好的传播效果。

（二）确定广告发布频率

广告发布频率是指单位时间内广告发布的次数。企业可以根据实际情况对广告的发布采用固定频率或变化频率，即在广告投放期间广告发布频率按时限平均运用，或者广告发布频率在广告排期内采用频率不等的方式。

广告发布时机与广告发布频率往往是结合在一起使用的，例如在产品销售旺季与新产品刚投放市场时，广告发布频率一般较高；而在销售淡季与产品的衰退期，广告发布频率则相对较低。

（三）设计实施广告发布进度

在医药市场竞争激烈的今天，设计广告媒体发布广告的进度尤其重要，例如，当同类产品较多时，应及时发布药品广告，先声夺人抢占市场，给目标受众对广告商品形成清晰的印象，有利于品牌形象的建立。广告投入进度常用以下三种方法：

1. 先多后少法

具体实施办法是在广告投入初期，加大投入费用，利用多种广告媒体的时段、版面刊播药品广告信息，当企业产品在市场有一定知名度后，再逐步减少广告投入。

2. 平均投入法

企业采用定期在广告媒体刊播药品广告，每次投入的广告的费用基本相等，即平均投入法，此方法适用于消费量大的常用药物，如感冒药类、广谱抗生素、消化系统用药等。选择平均投入法目的是提醒消费者在何时何地实施购买行为，避免因长期不播出该药品信息，使消费者对该药品记忆模糊、印象不深、慢慢消失的问题。

3. 试点推广法

有些医药生产或经营企业因企业规模小、产品品牌知名度不高，采用试点推广法，即企业采用先在小范围运用广告媒体发布广告信息，在试点成功的基础上，逐步加大选择广告媒体的种类和发布范围，随着市场的打开、生产经营规模的扩大，企业取得了较好的经济效益。此种采用以点带面循序渐进法，大大降低了广告投入的风险。

四、医药广告媒体排期策略

媒体排期策略是指广告媒体的发布时间表，它主要是指用于表示广告日程的时间安排。常见的广告排期策略主要有持续式排期、起伏式排期和脉冲式排期三种。

（一）持续式排期

在整个广告活动中，广告持续不断地出现在消费者的面前，不断地刺激消费者的感官，增强消费者对广告内容的记忆程度，从而达到累计效果的作用。这种广告发布方式没什么变化，比较适合那些在使用上没有时间或季节区分、需求比较稳定的产品，例如生活日用品、高档耐用品等。

（二）起伏式排期

这种广告投放方式是指一段时期投放广告，一段时期停止投放广告。这种方式主要是针对市场上某些产品的需求波动较大的情况推出的。广告主在消费者需要大量使用该产品时，可以加大广告投放力度，集中竞争优势使传播效果最大化。此外，必须注意的是在广告停止投放的时期，消费者对广告的记忆度可能跌至最低。

（三）脉冲式排期

脉冲式排期是持续式排期和起伏式排期的结合。有些产品的购买周期很长，广告主采用脉冲式的投放，加强重点期间的宣传力度，有助于不断累积广告效果。这类投放方式需要广告主有比较雄厚的经济实力作为后盾支持。

任务演练

一家大型医药企业新上市一种治疗口腔疾病的喷剂药品，准备选择视听结合的广播和报纸广告媒体进行广告宣传，说明其广告媒体组合是否恰当。

项目小结

医药广告媒体是指能够传递医药广告信息的载体，具有传播、吸引、服务的功能。广告媒体有多种多样，各自有其优缺点。评价医药广告媒体的指标有覆盖率、毛评点、到达率、暴露频次、有效到达率。

影响医药广告媒体的选择因素有媒体的特性、受众的特征、医药商品的性质、广告预算和费用、市场的竞争情况。广告媒体选择的原则有适用性、经济性、有效性和目标性原则。医药广告媒体选择的方法是首先分析广告媒体的地位和特性，遵循医药广告媒体选择的程序和进行医药广告媒体的目标细分。

广告媒体组合是指广告主在同一时期内利用两种或两种以上的广告媒体进行商品宣传。广告媒体组合的原则有互补性、有效性、可行性和目的性原则。广告媒体组合的方式有同媒体组合、异类媒体组合形式。

目标检测

一、复习思考

1. 何为医药广告媒体？它有哪些功能和作用？
2. 如何依据媒体特性来选择广告媒体？
3. 影响广告媒体选择的因素有哪些？
4. 何为广告媒体组合？医药广告媒体组合常见的有哪些形式？
5. 竞争对手的广告媒体策略对选择媒体会有哪些影响？

二、案例分析

"兰美抒" 多种媒体组合打造无缝隙的广告宣传

"兰美抒"是天津中美史克的一个拳头产品，具有快速止痒、防止复发和疗程短的三大特点，是全球抗真菌领域的重大突破。然而在市场竞争方面，脚气药市场上不仅存在着有近10年历史和较高信誉度的全国性领导品牌，即来自西安杨森的"达克宁"，它占有整个市场60%的份额；而且，潜在的市场容量也吸引着大量有相当影响力的地方品牌，如"环利""孚琪""美克"等，都在不同程度上瓜分着市场。因此，在拥有一个好的产品的前提下，"兰美抒"面临的挑战是：如何迅速有效地在目标对象中建立品牌知名度，在竞争激烈的市场上成功上市，占有一定的市场份额。毫无疑问，作为OTC产品，广告宣传是必不可少的。

"兰美抒"从消费者出发，巧妙地沟通品牌承诺，区别于传统的药品广告由厂商到消费者的沟通方面，大胆地发展了广告的诉求点和15秒电视广告创意。具体如下：

（1）简单明了的品牌主张：以大胆而直接的方式承诺消费者战胜脚气，并突出

"兰美抒"的优势。

（2）拟人化的执行手段：以"脚"的形象代表长年忍受脚气困扰的患者，通过"脚"来讲述患病的困扰和重获健康的用药体验。同时考虑到脚气类别的独特性，也根据性别区分不同的消费者需求。男性患者的忧虑往往是：觉得脚气是一块心病，时好时坏频繁复发是主要的烦恼。而女性患者往往认为：希望摆脱脚气困扰，拥有一双健康漂亮、细腻润滑的脚。

"兰美抒"在传播过程中大量运用了符号化的传播：以"V姿势的脚"作为"兰美抒"的代表符号，统一运用到各类媒体上，最大限度地扩大"脚"的影响力，并加强"兰美抒"带来"健康的脚"的信息。

市场推广在短时间内将"兰美抒"打开一定的知名度，由于广告创意的独特性，也在一段时间内形成人们谈论的话题。同时，除电视广告外，户外媒体及药店宣传品也使用了统一的视觉符号，互相之间形成了提醒和加深印象的作用，为"兰美抒"的上市提供了有力的支持。

首先是新颖的广告创意。"兰美抒"一反传统药品广告中对消费者强迫性地灌输产品信息，大胆地打破常规，以更贴近快速消费品广告的方式，从消费者的角度出发，以消费者的语言沟通产品功能和品牌承诺，更容易打动受众的心。而"说话的脚"则从执行层面为品牌创造了一个新颖的载体，形成深刻的记忆点。

根据产品上市的要求，"兰美抒"充分调动了各类媒体和渠道，根据不同特点与不同人群有针对性的沟通：广告活动主要运用电视为主要载体传播品牌的知名度和主要产品信息；使用全国性健康类杂志，长期投放形象广告，详细传播产品功能信息；同时在健康类杂志上投放软文，以消费者的角度介绍产品的功能；大规模启用户外广告，通过公交车和地铁接触大众人群；阶段性地使用互联网，展开"5000人挑战脚气大行动"，与年轻受众沟通产品功能并招募消费者试用，对大众媒体形成有效的补充。

根据中美史克提供的在广告播放前定量测试结果显示，"兰美抒"广告片在目标消费者中间赢得了极大的共鸣，整体喜好程度达到90%，购买意向达到64%，证明这是一个有效的广告片。广告上市后，根据中美史克在北京、广州和南京进行的品牌追踪调研显示，"兰美抒"知名度明显上升。

2002年第四季度"兰美抒"市场占有率在广州、南京和成都为第二位，在北京为第三位。根据致联市场研究有限公司提供的八城市零售监测数据（北京、上海、广州、成都、南京、杭州、武汉及沈阳）显示，"达克宁"的市场占有率为55%，"兰美抒"为7.2%，是除"达克宁"以外的整体市场上第二位的品牌。

分析：

1. "兰美抒"是怎样采用不同的媒体组合方式进行广告宣传的？

2. "兰美抒"进行广告宣传还可以选择哪些有效的广告媒体？

三、实训操作

【实训项目】

药品广告媒体的选择。

【实训目的】

通过实训，进一步了解当今的医药广告媒体现状和环境，在掌握不同医药广告媒体特征的基础上，能够根据具体药品的特点选择并运用医药广告媒体。

【实训内容】

根据以下背景资料，分组各自进行广告媒体的选择。

1. 畅想"冷酸灵"还可以选择哪些特殊有效的广告媒体。

2. 请为"冷酸灵"制订一个可行的广告媒体选择方案。

3. 分析广告媒体策略对品牌的塑造起到了什么作用。

背景资料："冷网感"的牙膏行业

在互联网营销浪潮下，众多传统企业已然开始自我洗脑了，但春风吹不到牙膏行业，难道牙膏行业对互联网思维天生高冷感？根据中国产业洞察网"2013 年中国牙膏品牌排行榜"，中国十大牙膏品牌是高露洁、佳洁士、黑人、中华、云南白药、冷酸灵、两面针、黑妹、田七、蓝天六必治。耳熟能详，但就是熟悉到无感了。佳洁士、高露洁两大外资巨头依旧在主流媒体上进行"防蛀"教育；冷酸灵的"冷热酸甜，想吃就吃"以及蓝天六必治的"身体倍儿棒，吃嘛嘛香"已然成为一代人的远久记忆；近几年小亮点的就是纳爱斯的"透明包装"和"牙膏分男女"噱头，以及田七广告中那句耳熟能详的"田七——！"

牙膏行业在互联网领域的发展好像挤牙膏，这是为什么？关键大家还是在玩细分功能抢天下，佳洁士、高露洁两大巨头防蛀美白高中低段均有覆盖，中国本土品牌则大多在细分功能领域争得你死我活。

但过于生硬地强调传统的功能性，在当今的 80 后、90 后甚至 00 后面前，是多么的无趣！而互联网思维，自诞生之时就带着浓重的"情怀"色彩。粉丝们需要的产品，除了好用，还需要有情感内涵，他们乐于为此买单。周鸿祎曾说："以前是先做事再说情怀，现在则是先讲情怀再做事"。但看看现在的牙膏行业，似乎还纠结于功能这一原始领域，远搭不上情怀的边。

1. 冷酸灵，吃螃蟹的第一人

在牙膏行业，谁会跳出来当第一个吃螃蟹的人？是强势的外资企业吗？出乎意料，是以"冷热酸甜，想吃就吃"深入人心的国内抗敏感牙膏品牌冷酸灵率先跳下海！"双11"前，把抗敏感的功能诉求演绎成生活要抗敏感的倡导，和一系列年轻人偶像一起玩情怀，推出定制版的偶像抗敏感牙膏，还紧跟移动互联大玩 O2O，让原本丰富的线下资源发挥双重价值。以互联网思维为武器，这一场传统老品牌的活化之战让业界侧目！

2. 深刻洞悉时代痛点，并转化为跟年轻群体的对话点

时代急剧变化，旧的规则被瓦解，而新的成功定义和标准变得不那么确定和清晰，每个人都有无限机会，也面临着各种挫折和困扰。80 后、90 后面临着各种严苛和冷酷的现实——史上最难就业季，一年年高攀的房价，爱情婚姻看脸更看存款单……他们是在社交网络下成长起来，在晒自己的同时也在时刻窥视着他人；一方面标榜自我的独特个性，另一方面又对外部世界的评价杯弓蛇影，变得焦虑和迷茫。

冷酸灵的品牌团队找到了"痛点"：敏感，是一种时代病，正困扰着年轻的群体。冷酸灵敏锐地嗅到了跟年轻人对话的机会——将产品与情怀结合，把功能层面的牙齿抗敏上升为精神层面的生活抗敏感，提出了"做抗敏感青年"的号召。

3. 产品即媒介，产品即流量入口

互联网思维时代，品牌和消费者之间的沟通变得平和透明，因此产品力求回归成为营销核心。而且，产品已不仅仅是产品。冷酸灵这场"年轻人派对"的核心，正是一款"抗敏感青年特别版套装"。吴秀波、蒋方舟、罗晓韵、张小盒、伟大的安妮五位在年轻群体中颇具影响力的领袖，把他们各自人生的抗敏感感悟写上了牙膏管上，连同他们的亲笔签名照"上管"。而这些抗敏感感悟，诸如吴秀波的"一切非议和挫折，只是说明人生未到收获期而已"、蒋方舟的"自己搭建世界观，为自己遮风挡雨"、罗晓韵的"我只对一切美好的事物敏感"、张小盒的"经常看不透这世界，但不妨碍我找到自己的路"、伟大的安妮的"我只对有趣的灵魂敏感"，让一支普通的牙膏瞬间有了正能量灵魂，情感价值和功能价值汇聚在"抗敏感"这一个诉求上，并落地于产品上。你可选择偶像的套装自用或送朋友分享，粉丝经济效应凸显。而这牙膏管背面更有手机淘宝二维码，扫码进入抗敏感手机游戏，强化品牌认知，再进店获取优惠券，刺激再购买。

据了解，该款产品在 1 天的优先预售日中，就有近千套被抢订，当天访客数和成交额比平时日均提升 100 倍。该产品在 11 月 7 日的聚划算大促中正式发售，销售反应值得期待。

4. 抢占年轻群体的关注量入口

有了好的产品，但要进入年轻人的关注圈子中又是另外一个挑战。冷酸灵以生于 1989 年的《新周刊》副主编蒋方舟一篇《抗敏感，不惶恐》的文章打响头炮。而那句"无痛的是人流，不是人生"更是直指年轻一代"对他人的意见过于敏感，无法忍受不被'点赞'的人生"，号召大家一起抗敏感。文章引发过百万关注，包括任志强、王利芬、袁裕来等社会名人都做了转评。目前新浪微博有关话题的阅读量已超过 6000 万次。同期，一部抗敏感青年励志视频也在网络热播，讲述各种被社会吐槽的"苦逼族"年轻人如何抗击周遭各种冷言酸语并最终拥抱自己定义的幸福。

而移动互联无疑是年轻人连接世界的最大入口，冷酸灵即将在"双 11"到"双 12"期间投资重庆解放碑的巨型 LED 屏幕、北京西客站巨屏等户外资源，以及全国百家剧院渠道，布上手机淘宝码，并置换到淘宝内推广资源。完整的 O2O 实践只为通过移动手机引导更多流量访问购买，并转化为品牌粉丝。

冷酸灵市场部负责人向媒体介绍说："企业希望冷酸灵从父辈手上传递到年轻一代，不仅仅是一个牙齿抗敏感护理的好产品，更是一种抗敏感的生活态度和精神——直面时代挑战与考验，执着于梦想，坚守于自己，以积极的正能量影响周围的世界！正如蒋方舟在她的长微博上倡导的'从自己身上，克服这个时代'。这也是冷酸灵品牌活化战略的重要一步。"

【实训步骤】

1. 预先布置本次实训的任务，告知实训时的评分要求。

2. 学生每 6~8 人进行分组，各组推选出发言代表和评分代表。

3. 针对上述背景资料，分组进行讨论。

4. 每组的发言代表展示其 PPT 并向全班汇报本组讨论结果。

5. 评分代表共同为每组代表的发言回报情况评分。

6. 老师综合评述各组的发言和方案，总结各组的评分情况，得到各组的实训成绩。

【实训评价】

（满分 100 分）

1. 能够针对药品的特点，准确、合理地选择医药广告媒体。（10 分）

2. 分析医药广告媒体选择的理由充分。（10 分）

3. 医药广告媒体组合策略运用适当，有一定创新性和可行性。（40 分）

4. 医药广告媒体策略分析内容翔实。（20 分）

5. 汇报 PPT 制作精美，具有观赏性。（10 分）

6. 团队合作好，汇报介绍口齿清晰，语言流利，表达准确。（10 分）

（张平）

项目七 医药广告效果评估

任务1 医药广告效果评估概述

一、医药广告效果的内涵

（一）医药广告效果的含义

市场竞争日趋激烈，为了赢得有利的市场地位，企业均不惜投入巨额的广告费用。这些广告费用的投入能否为企业带来预期的收益，是广告主极为关心的事情。因此，测定并评估广告效果已成为现代广告活动的重要组成部分。

医药广告效果，是指医药广告信息或广告活动在传播过程中，所引起的社会公众直接或间接、长期或短期、正面或负面等各种反应的总和。这种影响不仅包括对企业的影响、对消费者的影响，而且还包含对社会的影响。

狭义的广告效果，指的是广告取得的经济效果，即促销效果。广告主通常都希望通过广告的传播切实起到促销效果，这类广告则被称为有效广告，否则就认为它是无效广告。

广义的广告效果还包含了心理沟通效果、社会效果。心理沟通效果是广告对受众心理认知、情感和意志的影响程度，是广告的传播功能、经济功能、教育功能、社会功能等的集中体现。社会效果是广告对社会道德、文化教育、伦理、环境的影响。良好的社会效果也能给企业带来良好的经济效益。

广告效果的评估一般是指广告经济效果的评估，就是调查消费者对于各种媒体，如报纸、杂志、电台、电视、户外广告等的接触情形。

阅读资料 7 – 1

广告费用去哪儿了

在过去的 10 年里，我国人均广告接受量迅速增长，其结果是消费者对广告的注意程度、敏感程度和信赖程度都大大降低。约翰·沃纳梅克曾说："我知道我的广告费有一半被浪费掉了，但我不知道是哪一半。"冷静地审视我们身边的企业，浪费掉的广告费何止一半！但如果在广告运作过程中遵循科学性的原则、理性的数据分析，许多的广告浪费现象并非不可抗拒……

（二）医药广告效果的特征

广告效果是一个集合的概念，涉及诸多方面。医药广告效果具有与其他经济活动效果不同的特征，主要表现在以下几个方面。

1. 时间的滞后性

广告对媒体受众的影响程度由经济、文化、风俗、习惯等多种因素综合决定。广告对目标受众的影响可能是连贯的，也可能是间断的、迟效的。除非强迫消费者去阅读、收听或观看广告，一般来说人们对广告的态度是被动的、认识是逐步的。广告对消费者心理认知的影响以及购买行动的影响需要一定的时间。也就是说，广告的效果必须经过广告发布一段时间之后才能实现，我们称之为广告效果的时滞性。

2. 效果的积累性

广告发布一般都是反复的，每一次广告发布都会在一定程度上加深消费者的印象，扩大消费者对广告产品的认知范围和认知强度。所以，某一时点的广告效果都是这一时点以前的多次广告宣传积累的结果。我们不能因为一则广告在发布一次之后未能促使消费者产生购买行为就断定该广告无效，因此，对某一次的广告效果进行评估是不可取的。

媒体受众由于受多种因素的影响而没有产生购买行为，这段时间就是广告效果的积累期。针对广告效果的这一特性，广告主进行广告宣传时应突出广告的诉求点，以鲜明的特色来打动消费者，使他们产生购买欲望，并最终达成交易行为。

阅读资料 7 – 2

广告重复的效果

广告重复刊播能够提高或巩固品牌的知名度，对此似乎没有人会产生怀疑。事实上，绝大多数的知名品牌或企业之所以知名，跟广告的重复是分不开的。无论是名牌进口产品，如可口可乐饮料、松下电器、柯达胶卷、佳能复印机，还是知名的国内产品，如春兰空调、乐百氏奶、两面针牙膏，消费者都反复在电视或其他媒体上看过或听过。

心理学的研究也提供了大量的科学依据。例如心理学家潘达斯在 1970 年、1971 年的一系列试验研究中，向受试者呈现一些单词，并要求受试者出声复述。试验结果发现，所有单词的平均记忆成绩随着重复呈现次数的增加而提高，个别单词也由于受试者复述次数的提高而显示出较高的记忆水平。另一学者的研究也发现，只呈现 1 次的单词，受试者的回忆率为 28%；呈现 2 次的，回忆率提高到 47%。

黄合水等人曾直接以电视广告为试验材料做研究并发现，受试者见过率在 80% 以上的广告，再认成绩显著地高于见过率在 10% 以下的广告。产品名称重复播讲 3 次或 3 次以上的广告，其再认成绩也明显地高于产品名称播讲不到 3 次的广告。由此可见，如果要达到扩大品牌或企业知名度的目的，广告可以尽可能多、尽可能频繁地重复刊播。

资料来源：黄合水. 广告心理学［M］. 北京：东方出版社，1998.

3. 效果的复合性

广告宣传活动由于媒体不同，其形式也是多种多样。随着经济、科技的不断发展，新的媒体大量出现，极大地丰富了广告市场。例如，网络广告、互动广告、免费手机广告等就是新涌现出来的广告形式。广告效果具有复合性，某一时期的广告效果也许是多种媒体广而告之的结果。鉴于不同的广告媒体具有不同的特点，广告主可以综合加以利用。在测定广告效果时，要分清影响广告效果或决定广告效果的主要因素，以确保测定的客观性与真实性。

4. 效果的间接性

广告效果的间接性主要表现在两个方面：受广告宣传影响的消费者，在购买商品之后的使用或消费过程中，会对商品的质量和功能有一个全面的认识。如果商品质量好并且价格合理，消费者就会对该品牌商品产生信任感，就会重复购买；另一方面，对某一品牌商品产生信任感的消费者就会将该品牌推荐给亲朋好友，从而间接地扩大了广告效果。

5. 效果的层次性

广告效果具有层次性，既有经济效果、认知效果和社会效果之分，又有立即效果、近期效果和长期效果之别。只有将上述效果很好地综合考虑，才能有利于广告主产品的销售以及塑造良好的企业形象与品牌形象。广告策划者在开展广告宣传活动时，不能只顾眼前利益而发布虚假广告，更不能只要经济利益而不顾社会影响。

6. 广告的竞争性

广告是市场竞争的重要手段，广告的竞争性是指广告主向消费者推介产品以取代竞争者的产品。广告的竞争性强、影响力大，就能增强广告商品在消费者心目中的地位，并有助于树立企业良好的形象。如果仅仅将广告看作是向消费者传递信息的活动，而忽视竞争意识，在当今竞争激烈的市场环境下是很难实现广告目标的。同时，我们也应该看到，由于广告之间存在着竞争，同类产品的广告大战必然会对彼此的广告效果产生负面的影响。

（三）医药广告效果的类型

广告的效果（影响）是广泛而又多元的。一般来说，我们可以从以下两个方面来对广告效果进行分类。

1. 根据广告涵盖内容和影响范围分类

（1）*经济效果* 又称为销售效果，是指广告活动促进产品的销售或提供服务的增加，是对企业利润增值的贡献程度。广告主通过付费的形式，利用各种传播媒介把产品、服务以及观念等信息向目标受众传递，其最终目的就是通过广告活动来刺激消费者采取行动来购买广告产品或接受服务，以促进销售。广告的经济效果是企业广告活动最基本、最重要的效果，是广告效果的核心效益，也是广告效果评估的主要内容。

（2）*沟通效果* 是指广告活动在消费者心理上的反应程度，表现为广告活动对消费者的认知和改变消费者心理方面的影响。广告活动能够激发消费者对广告产品的需求，唤起他们的购买欲望，使之产生购买动机，并培养其对广告产品的信任和偏好。广告的沟通效果与销售并无直接的关系，但它可以间接地促进销售。

（3）*社会效果* 是指广告在社会伦理、道德、教育等精神文化方面的影响。广告的内容和表现手法都带有社会形态的烙印，因此，这种烙印必然会对广告受众产生影响。例如，广告所倡导的消费观念、道德规范、思想意识都会产生一定的社会影响。

案例 7-1

999 感冒灵，将让贴心进行到底

感冒药品牌种类繁多，大、中、小企业数不胜数，然而品牌做得有声色的却为数不多。因为多数品牌都将聚焦点着眼于功能性的定位，而缺少在情感上与消费者沟通，从而很难在消费者的心中播下忠诚的种子。

面对越来越感性的消费者，品牌应营造一个良好的消费情绪，从情感层面上打动顾客。品牌消费情绪的建立不仅能影响消费者的品牌认知，而且有利于在顾客心中建立消费附加值，这样才更容易真正赢得市场和顾客。

在与消费者建立良好的情感互动方面，999 感冒灵就做得很成功。

提起 999 感冒灵，我们随之想起的一定是"暖暖的，很贴心"这句广告语。2010 年 12 月，999 感冒灵新一季的 TVC 广告新鲜出炉，将"贴心感动"这一产品理念继续深化——情感路线依旧，但感动更深。

这次广告包括三个版本：母子篇、夫妻篇和失恋篇。在母子篇中，青春期叛逆的儿子把母亲的关心视作干涉，把她推出自己的房间。然而当母亲病了，他儿子给母亲送上感冒药，却仍然以指责的口气说："病了你都闲不住"。母亲却笑着说："不就是一场感冒吗？很快就好了。"因为她听懂了儿子的爱。广告很短暂，但却很感人。在夫妻篇和失恋篇中，也传递了同样的信息：生

活中都会有大大小小的问题和烦恼，但家人的温暖和关心一直都在，而且"暖暖的，很贴心"，这与999感冒灵想要传递给大家的感觉不谋而合，因此也肯定会建立起不错的群众基础。

新广告投放的同一时期，周华健代言的老版广告也同时播出。从周华健代言到普通人拍广告，这是一种挑战，也很具有意义。周华健作为一个名人，毕竟有一定的符号化，由他联想到生活中真实的家还会有一段的距离，相比之下，普通人更能让消费者感受到真正的家。

此轮宣传攻势还包括了2010年12月4日至2011年1月17日在腾讯网开展的"感冒心情倾诉"活动，同样是走感情路线。"您曾经这样'感冒'过吗——和他吵架了，感觉很失落；业绩不理想，感觉很沮丧；梦想遥不可及，感觉很困惑。说出自己的'感冒'心情，或者为'感冒'的好友送上慰问吧！"想象一下，当你心情不好时，看到这样温暖的语言，会不会有几分感动呢？

新旧两支广告在全国同时交叉投放，理念一致，且并有一个传承的过程。新广告在老广告建立的忠实用户的基础上，再次用"贴心"和"感动"温暖了一大批新用户，完成实现了销售额从三四个亿到突破十个亿的跨越。

2. 根据广告产生效果的时间分类

（1）即时效果　是指广告作品发布后立即就能产生的效果。例如，一家药店门口的招聘广告能够吸引大量的求职人员前来应聘。

（2）近期效果　是指广告发布后在较短时间内产生的效果。时间通常是一个月、一个季度，最多不超过一年。在此期间，广告主的广告商品（服务）的销售额出现增长，品牌知名度、美誉度等会有一定程度的提高。大多数广告都追求近期的广告效果，它是衡量一则广告活动成功与否的重要标志。

（3）长期效果　是指广告在目标受众心目中产生的长期影响。一般情况下，消费者在接收到广告信息后，并不会立即采取购买行动，而是把这些信息保存积累起来，只有在需要消费的时候这些广告信息才会被加以利用。因此，检验一则广告是否有效时必须充分考虑到广告产生效果的时间因素，不能仅仅凭借广告的即时效果和近期效果来评价广告的优劣。

📘 课堂互动

一位广告天才策划了一次非凡的广告活动，正当人们为之叫好之际，另一位广告天才也为竞争对手策划了同样优秀的广告活动，在同一时期与之相抗衡，以致前一位广告天才所策划的广告效果大打折扣，未能达到预期的效果。

分析：在这种情况下，我们能说第一位广告天才策划的广告活动不好吗？

二、医药广告效果评估的意义

医药广告效果评估，就是评估广告活动对医药企业（包括医院）的药品、医疗器械以及医疗服务的销售额、利润额的影响程度。

广告活动是企业的一种投资行为，它的产出状况直接关系着企业的命运，因此，对广告效果进行评估是一项非常重要的工作，也为越来越多的现代企业所重视。医药广告效果评估的意义主要有以下几点。

1. 医药广告效果评估是对整个广告活动经验的总结

广告效果是对整个广告活动的总结，是检验广告计划、广告活动合理与否的有效途径。在医药广告评估过程中，通过对广告结果与计划目标的对比，能够衡量广告的实现程度，并能够据此总结经验，吸取教训，为下一阶段的广告促销打下良好的基础。

2. 医药广告效果评估是广告主进行广告决策的依据

在某一时期广告活动结束之后，广告主必须客观地评估广告效果，检验广告目标与企业目标、目标市场、营销目标的吻合程度，以正确把握下一阶段的广告促销活动。如果对广告活动的成效胸中无数，就会使广告主在经营决策方面盲目行动，误入歧途。

3. 医药广告效果评估可促进企业改进广告的设计与制作

通过对广告效果的评估，医药企业可以了解消费者对广告作品的接受程度，鉴定广告主题是否突出，广告形象是否有艺术感染力，广告语言是否简洁、鲜明、生动，是否符合消费者的需求，是否收到良好的心理效果等。这些都为企业未来的广告活动提供了参考资料，并有助于企业改进广告的设计和制作，使广告宣传的内容和表现形式的结合日臻完美，从而使广告的诉求更加有力。

4. 医药广告效果评估可促进整体营销目标与计划的实现

广告效果评估能够比较客观地确定广告活动所取得的效益，也可以找到除广告宣传因素外影响企业产品销售的原因，如产品的款式、包装、质量、价格等问题。企业可据此调整生产经营结构，开发产品，生产时效对路的产品，实现经营目标，取得良好的经济效益。

5. 医药广告效果评估可增强企业的广告意识

对医药广告效果进行科学的评价、测定，可以摒弃单凭经验、感觉来主观评判广告效果的做法，可以使企业的广告活动规范化、严密化和精细化，从而制订可行的广告决策。同时，通过对广告效果的评估，可以使企业切实感受到广告所带来的各种收益，增强其运用广告发展企业的信心，促进企业与广告业的共同繁荣。

阅读资料 7 – 3

关于广告效果的种种忧虑

广告效果事关广告主的成败，更事关广告代理公司的声誉，谁也不能等闲视之；但令广告从业人员担心且不胜烦扰的因素真是太多了。简单列举二三：

其一，消费者和接触消费者的媒介都处于加速的变化中，令捕捉和影响消费者的难度不断增加。拿报刊（杂志）来说，全国每年新增加的报刊就不下几

百种。对于消费者来说，齐放的花朵越多越好，选择的余地越来越大！但对于商家而言，则意味着千人成本的增加。电视方面，中央一台一枝独秀的局面已被诸侯混战所代替。卫视台、地方台、有线台纷纷向大饼举刀，要求分一块份额。还有 Internet 也来凑热闹——所有商家共同的心声（疾呼）就是"告诉我，到底哪种渠道最有效！！！"

其二，即使让目标消费者看到广告，广告主依然犹豫：我的目的不只是让他们看到我的广告，我想让他们来买我的产品。

其三，既然没有人会老老实实待在家里看广告，那么广告主和广告公司就得琢磨：到底会有多少人看到了我们的广告？在目标消费者群当中的到达率是多少？看过我们广告的人群中，有没有 1/10 的人可以记得我们的品牌？压根儿想不起来，那可就糟透啦！

资料来源：熊超群．营销广告策划实务［M］．广州：广东经济出版社，2004.

三、医药广告效果评估的原则

广告效果可能是直接的，也可能是间接的。因此，我们对广告的效果必须有一个客观、全面的认识和评估。评估医药广告效果应遵循以下几个原则。

1. 针对性原则

针对性原则是指评估广告效果时必须有明确而具体的目标。例如，广告效果评估的内容是经济效果还是社会效果；是短期效果还是长期效果；短期效果是企业的销售效果还是消费者的心理效果；如果是心理效果，是评估态度效果还是认知效果；如果评估的是认知效果，是评估媒体受众对产品品牌的认知效果，还是对广告产品的功能特性的认知效果，等等。只有确定了具体的评估目标，才能选择相应的手段与方法，评估的结果也才能准确、可靠。

2. 可靠性原则

广告效果只有真实、可靠，才有助于企业进行决策，提高经济效益。在评估广告效果的过程中，要求抽取的调查样本有典型、代表意义；调查表的设计要合理，汇总分析的方法要科学、先进；考虑的影响因素要全面；测试要多次进行，反复验证。只有这样，才有可能取得可靠的测试结果。如果多次测试的结果都基本相同，说明该测试的可靠程度较高，否则此测试一定存在问题，有必要做进一步的研究。

3. 综合性原则

影响广告效果的因素多种多样，既有可控因素，也有不可控因素。可控因素是指广告主能够改变的，如广告预算、媒体的选择、广告刊播的时间、广告播放的频率等；不可控因素是指广告主无法控制的外部宏观因素，如国家有关法规的颁布、消费者的风俗习惯、目标市场的文化水平等。对于不可控因素，在评估广告效果时要充分预测它们对企业广告宣传活动的影响程度，做到心中有数。在评估广告效果时，除了要对影响因素进行综合性分析外，还要考虑到媒体使用的并列性以及广告播放时间的交叉性。只有这样，才能排除片面性的干扰，取得客观的评估效果。

4. 经常性原则

由于广告效果具有时间上的滞后性、效果的累积性、复合性以及间接性等特征，因此企业不能抱有临时性或一次性评估的态度。本期的广告效果也许并不是本期广告宣传的结果，而是上期或者过去一段时间内企业广告促销活动的共同作用结果。因此，在评估广告效果时必须坚持经常性原则，要定期或不定期地测定。

5. 简便易行原则

在制订广告效果评估计划时，必须坚持简便易行的原则。即在不影响评估要求和准确度的前提下，使评估方案不仅要在理论上可行，而且还要在实施中具有较强的可操作性。

6. 经济性原则

进行广告效果评估，所选取的样本数量、评估模式、地点、方法以及相关指标等，既要有利于评估工作的展开，同时又要从广告主的经济实力出发，考虑评估费用的额度，充分利用有限的资源为广告主多办事、办好事，否则就会成为广告主的一种负担或者是一种资源浪费。为此，企业要搞好广告效果评估的经济核算工作，用较少的成本投入取得较高的广告效果评估产出，以提高广告主的经济效益，增强广告主的经营实力。

四、医药广告效果评估的方法

广告活动复杂多样，广告信息的传播受到多种因素的影响，因此广告效果也要从多方面、多角度考察。医药广告效果评估的方法可以分为以下几种。

（一）事前评估、事中评估和事后评估

根据广告评估的整体过程，广告效果评估分为事前评估、事中评估和事后评估。

广告效果评估并非只是在广告发布之后才开始进行，事实上，在广告发布之前和发布过程之中也需要进行效果评估。这是因为事先评估能够起到一定的预测作用，对于整个广告活动的实施有着非常重要的作用；而事中评估则可以检验广告计划的执行情况，以保证广告战略的正常实施。

1. 事前评估

事前评估是指在广告活动之前对广告的策划方案、表现效果及媒体效果进行评价，预测广告活动的实施效果，包括对广告创意的事前测定、广告作品的事前测定等。通常用的测量方法是实验法或现场访问法等。

事前评估主要目的在于提前发现广告作品和媒体组合中存在的问题，及时提出修改意见和方案，以确保广告正式发布后，能够产生最佳的传播效果。

事前评估的对象主要有针对媒体情况的调查和针对作品效果的测验。媒体调查一般通过访问日记、访问电话或自动记录仪器等，对各个媒体的单位数、受众人数、社会声誉等情况进行事先调查研究；作品测验是对广告创意构想、文案创作的效果等，采用多种方法进行测定，以便为最后定稿提供参考。

2. 事中评估

事中评估是指在广告活动实施期间随时了解受众在实际环境中对广告活动的反应，对广告实施过程中的传播及营销效果进行检测评估，测试和验证广告策略是否符合实际。通常采用市场实验法、回函测定法、分割测定法等方法。

这是一种最常用的划分方式，其目的是为了随时了解广告的具体效果，并根据效果的不同，不断调整和修改广告计划。

3. 事后评估

事后评估是指在整个广告活动结束后，有关方面对广告效果所进行的全面评估。如考察广告销售效果与心理效果等，通常运用统计分析法、实验方法等。

广告效果的事后评估，是整个广告活动测定的最后阶段，是评估和检验广告活动的最终指标，是人们判断广告活动效益的根本依据。事后评估一般是由广告公司或广告主自己来进行的，现在许多专门的社会中介机构也介入了这一业务领域。事后评估是最常见、最普遍的广告评估活动。

阅读资料 7 – 4

盖洛普 – 鲁滨逊事后效果测试法

1. 测试要点

（1）对市场上各广告的表现进行评估。

（2）分析全盘广告活动及其策略的效果，并与从前的广告策略和其他相同商品的广告进行比较。

（3）针对同一类型产品或某一行业的销售情况和执行方案进行广告效果评估。

2. 测试要求

（1）每次抽取样本，人数为 150 名，年龄在 18 岁以上。

（2）样本分布于全美 10 个城市。

（3）被调查者可以选择自己常看的媒体接受测试，如杂志广告必须看过最近四期中的两期，但没有看过最新一期。

3. 测试方法

测试人员事先不透露测试内容，同时要求被调查者不要在访问当天阅读有关杂志。利用电话访问时，首先询问被调查者在某一期杂志的所有广告中记得哪几则广告，以确定这些广告的阅读率。媒体受众指出所记得的广告后，就可以问他们以下问题：

（1）那几则广告是什么模样？内容说些什么？

（2）该广告的销售重点是什么？

（3）您从该广告中知道了什么？

（4）当您看到广告时，心理有何反应？

（5）看完广告后，您购买产品的欲望是增强了还是减弱了？

（6）广告中什么因素引起你的购买欲望？

（7）您最近购买的产品是什么品牌的？

4. 测试效果

根据被测试者对这些问题的回答，经过分析整理归纳，可得到该广告的三种传播效果：

（1）品牌认知效果：即广告在吸引受众注意力方面的效果。

（2）观念传播效果：即广告影响受众心理反应或对销售重点理解程度的效果。

（3）说服购买效果：即广告说服媒体受众购买产品的能力。媒体受众看了该广告后，购买该产品的欲望是否增强，购买行为受影响程度是大是小。

（二）经济效果评估、沟通效果评估和社会效果评估

根据广告效果的层次性，广告效果评估分为经济效果评估、沟通效果评估和社会效果评估。

1. 经济效果评估

广告的经济效果评估的重点是：在投入一定广告费用及广告刊播之后，广告活动所引起的产品销售额与利润的变化情况。

2. 沟通效果评估

广告的沟通效果评估即广告心理效果评估，目的是了解广告在知晓度、认知和偏好等方面的效果。在广告沟通效果中，接触广告的人们的心理变化基本上是按"认知——接受——行动"这种发展模式，每一个层次的目的都可以作为广告沟通效果来测定。

3. 社会效果评估

广告的社会效果评估是指从社会道德、风俗习惯、语言文字、宗教信仰等方面对广告效果进行的综合考察和评估。广告的社会效果评估正日益受到人们的关注和重视。

五、医药广告效果评估的程序

医药广告效果评估的程序大体上可以划分为确定问题、收集资料、整理和分析资料、论证结果和撰写分析报告等过程。

（一）确定广告效果评估的具体问题

由于广告效果具有层次性的特点，因此评估研究问题不能漫无边际，而应事先决定研究的具体对象以及从哪些方面对该问题进行剖析。广告效果评估人员要把广告主宣传活动中存在的最关键和最迫切需要了解的效果问题作为评估重点，设立正式评估目标，选定评估课题。

广告效果评估课题的确定方法一般有两种：一是归纳法，即了解广告主广告促销现状，根据广告主的要求来确定分析的目标；二是演绎法，其基本思想是根据广告主的发展目标来衡量企业广告促销的现状，即广告主发展目标——企业广告现状——企业广告效果评估课题。

（二）收集广告效果评估的有关资料

1. 制订计划

根据广告主与评估研究人员双方的洽谈协商，广告公司应该委派课题负责人写出与实际情况相符的广告效果测定工作计划。该计划内容包括课题进行步骤、调查范围与内容、人员组织等。如果广告效果评估小组与广告主不存在隶属关系，就有必要签订有关协议。按照评估要求，双方应在协商的基础上就广告效果评估研究的目的、范围、内容、质量要求、完成时间、费用酬金、双方应承担的权利与责任等内容订立正式的广告效果评估调查研究合同。

2. 组建评估研究组

在确定广告效果评估课题并签订评估合同之后，评估研究部门应根据广告主所提课题的要求和评估调查研究人员的构成情况，综合考虑，组建评估研究组。评估研究组应该是由各类调查人员组成的优化组合群体，做到综合、专业评估人员相结合，高、中、低层次评估人员相结合，理论部门、实际部门专家相结合，老、中、青相结合。这种多种人员结合的评估研究组有利于理论与实际的统一，使课题分析比较全面，论证质量较高。在课题组的组建中，应选择好课题负责人，然后根据课题的要求分工负责、群策群力地进行课题研究，认认真真深入调查，才能产生高质量的测定结果。

3. 搜集评估的有关资料

广告效果评估研究组成立后，要按照测定课题的要求搜集有关资料。企业外部资料主要包括与企业广告促销活动有联系的政策、法规、计划及部分统计资料，企业所在地的经济状况、市场供求变化状况、主要媒体状况、目标市场上消费者的媒体习惯以及竞争企业的广告促销状况；企业内部资料包括企业近年来的销售、利润状况，广告预算情况，广告媒体选择情况等。

（三）整理和分析资料

整理和分析资料即通过对调查和其他方法所搜集的大量信息资料进行分类整理、综合分析和专题分析。资料归纳的基本方法有按时间序列分类、按问题分类、按专题分类、按因素分类等。在分类整理资料的基础上进行初步分析，摘出可以用于广告效果评估的资料。

分析方法有综合分析和专题分析两类。综合分析是从企业的整体出发，综合分析企业的广告效果。例如，广告主的市场占有率分析、市场扩大率分析、企业知名度提高率分析等。专题分析是根据广告效果评估课题的要求，在对调查资料汇总之后，对广告效果的某一方面进行详尽的分析。

（四）论证评估分析结果

论证分析结果即召开分析结果论证会。论证会应由广告效果评估研究组负责召开，邀请社会上有关专家、学者参加，广告主有关负责人出席，运用科学的方法，对广告效果测定结果进行全方位的评议和论证，使评估效果进一步科学合理。常用的论证评议方法如下。

1. 判断分析法

由评估研究组召集课题组成员，邀请专家和广告主主要负责人出席，对提供的分析结果进行研究和论证，然后由主持人集中起来，并根据参加讨论人员的身份、工作性质、发表意见的权威程度等因素确定一个综合权数，提出分析效果的改进意见。

2. 集体思考法

由测定研究组邀请专家、学者参加，对广告效果的结果进行讨论研究，发表独创性意见，尽量使会议参加者畅所欲言，集体修正，综合分析。

（五）撰写评估分析报告

广告策划者要对经过分析论证并征得广告主同意的分析结果，进行认真的文字加工，写成分析报告。企业广告效果评估分析报告的主要内容包括：

1. 绪言（主要阐明测定广告效果的背景、目的和意义）。

2. 广告主概况（主要说明广告主的人、财、物等资源状况，广告主广告促销的规模、范围和方法等）。

3. 广告效果测定的调查内容、范围与基本方法。

4. 广告效果评估的实际步骤。

5. 广告效果评估的具体结果。

6. 改善广告促销的具体意见。

任务演练

请围绕一则你熟悉的医药广告，分组讨论医药广告效果评估的程序。

任务2　医药广告经济效果评估

一、医药广告经济效果评估的含义

医药广告经济效果评估，就是评估广告主在投入一定广告费及广告刊播之后，所引起的医药商品销售额与利润额的变化状况。

在这里，"医药商品销售额与利润额变化状况"包含两层含义：一是指一定时期的广告促销所导致的医药广告商品的销售额，以及利润额的绝对增加量，这是一种最直观的衡量标准；二是指一定时期的医药广告促销活动所引起的商品相对量的变化。它是广告投入与产出结果的比较，是一种更深入、更全面了解医药广告效果的指标，这种投入产出指标对提高广告主经济效益有着重大的意义。

二、医药广告经济效果评估的指标

销售额和利润额是衡量广告经济效果的两个基础指标。医药广告经济效果评估主要是利用统计分析方法，对一定的广告投入所带来的销售额、利润额的增减变化情况进行比较研究，以反映医药广告的经济效果。在进行医药广告经济效果评估时，常用的指标有广告效益指标、市场竞争力指标和相关分析指标等三大类。

1. 广告效益指标

广告效益指标，是利用成本－收益分析方法测试广告活动经济效益状况的统计分析指标，有正指标和反指标两种形式。正指标是指每支出单位广告费用能够带来销售额或利润额的增加量，包括单位（或边际）广告费用销售增加额和单位（或边际）广告费用利润增加额等指标；反指标是广告费用同销售额或利润额的比率，主要包括单位（或边际）销售费用率和单位（或边际）利润费用率等指标。

课堂互动

一家制药企业投入 100 万元人民币在媒体上发布一则药品广告，结果药品的销售额增加了 500 万元。

分析企业单位（或边际）销售增加额。

2. 市场竞争力指标

市场竞争力指标主要通过市场占有率来反映。市场占有率是企业某种产品在一定时期内的销售量占市场同类产品销售总量的比率，它在一定程度上反映了本企业产品在市场上的地位。

3. 相关分析指标

相关分析指标是通过计算广告费用变量与经济收益变量之间相关系数等相关指标，来反映和研究某项广告活动的经济效益情况。相关系数的取值在 +1 和 −1 之间，接近于 +1 表明广告活动非常成功，接近于 −1 则表明广告活动非常失败，系数为 0 表明广告没有经济效果。

案例 7 −2

21 金维他——维生素红海中的强者

2000 年，黄金搭档上市第一年就销售了 5 亿元，此长彼消，21 金维他的销量下滑至 8000 万元，于是老骥伏枥，奋起直追。2004 年，21 金维他发布了一系列软文，力证自己是"好的维生素"；在电视广告方面，功效广告增加"21 种维生素，每天只要 8 毛钱"的提示；推出 15 秒"好维生素篇", 在央视一套高密度投放。这一系列将 21 金维他和"好的维生素"画等号的广告, 既容易被消费者接受, 又吻合 21 金维他显而易见的特点, 很快在消费者中产生了共鸣。市场调查发现, 大量的消费者放弃正在服用的品牌, 转而购买 21 金维他。据确切消息, 21 金维他 2004 年的销售额是 7.8 亿元, 这意味着它已经成为中国维生素市场的第一品牌。

三、医药广告经济效果评估的方法

广告的销售效果一般比沟通效果难以测定, 因为销售效果除了受广告促销的影响外, 还受其他许多因素的影响, 诸如产品特色、价格、售后服务、购买难易程度以及竞争者的行动等。上述因素的数量越少, 可控程度越高, 则广告对产品销售量的影响就越容易测定。

常见的医药广告经济效果评估的方法主要有以下几种。

1. 广告费用比率法

为测定每百元销售额所支付的广告费用, 可以采用广告费用比率这一相对指标, 它表明广告费支出与销售额之间的对比关系, 计算公式如下:

$$广告费用率 = \frac{本期广告费用总额}{本期广告后销售总额} \times 100\%$$

【例 7 - 1】某医药企业 2004 年广告费用为 400 万元, 商品的销售额为 10000 万元, 运用上述公式, 则

$$广告费用率 = 400/10000 \times 100\% = 4\%$$

如果已知上一年度广告费用率为 4.5%, 则 2004 年广告费用比率下降 0.5%, 表明广告经济效果提高了。

广告费用率的倒数又被称为单位广告费用销售率, 它表明每支出一单位的广告费用所能实现的销售额。其计算公式为:

$$单位广告费用销售率 = \frac{本期广告后销售额}{本期广告费用总额} \times 100\%$$

2. 单位广告费用销售增加率法

单位广告费用销售额增加率法的计算公式为:

$$单位广告费用销售增加率 = \frac{本期广告后的销售额 - 本期广告前的销售额}{本期广告费用总额} \times 100\%$$

【例 7 - 2】某医学院附属第三医院, 2004 年之前从未有过广告投入, 2004 年该医院投入广告费用 50 万元在当地媒体上发布广告。经年末会计核算, 该年医院取得营业收入 1000 万元, 而 2003 年全年的营业收入为 750 万元。运用以上公式, 则该医院单位广告费用销售增加率为:

$$单位广告费用销售增加率 = [(1000 - 750)/1000] \times 100\% = 25\%$$

3. 广告效果比率法

广告效果比率的计算公式如下：

$$广告销售效果比率 = \frac{本期销售额增长率}{本期广告费用增长率} \times 100\%$$

可见，广告效果比率越大，广告经济效果就越好，反之则越差。

【例 7 - 3】某制药企业为了配合旺季销售，第三季度投放的广告费比第二季度增长了 50%，同时，第三季度的销售额比第二季度增长了 25%，由上述公式，即：

$$广告销售效果比率 = 25\%/50\% \times 100\% = 50\%$$

另外，通过利润的变化来确定广告效果也是一种常用的方法，其计算公式为：

$$广告销售额利润效果比率 = \frac{本期销售利润额增长率}{本期广告费用增长率} \times 100\%$$

4. 广告费用利润率、单位费用利润率和单位费用利润增加率法

这是一种综合方法，具体的计算公式为：

$$广告费用利润率 = \frac{本期广告费用总额}{本期广告后利润总额} \times 100\%$$

$$单位广告费用利润率 = \frac{本期广告后利润总额}{本期广告费用总额} \times 100\%$$

$$单位广告费用利润增加率 = \frac{本期广告后利润总额 - 本期广告前利润总额}{本期广告费用总额} \times 100\%$$

5. 市场占有率法

市场占有率是指某品牌产品在一定时期、一定市场上的销售额占同类产品销售总额的比例。计算公式为：

$$市场占有率 = \frac{某品牌销售额}{同类产品销售总额} \times 100\%$$

市场占有率是一个十分重要的指标，它在很大程度上反映了企业的竞争实力。

$$市场占有提高率 = \frac{单位广告费用销售额增加额}{同类产品销售总额} \times 100\%$$

$$市场扩大率 = \frac{本期广告后的市场占有率}{本期广告前的市场占有率} \times 100\%$$

6. 声音占有率法

这种方法主要用来评价广告开支是多还是少。声音占有率是指某品牌产品在某种媒体上，在一定时间内的广告费用占同行业同类产品广告费用总额的比例。美国广告学家派克·汉姆经过研究发现，市场占有率与声音占有率之间存在一定的关系。对于老产品而言，市场占有率与声音占有率的比例为 1∶1，新产品为 1.5 ~ 2.0∶1.0。这一比例又被称为广告有效率，其计算公式为：

$$广告有效率 = \frac{市场占有率}{声音占有率} \times 100\%$$

【例 7 - 4】甲、乙、丙三家罗红霉素生产企业在某段时间的广告费用、声音占有率、市场占有率的情况如表 7 - 1 所示。

表7-1 甲、乙、丙三家制药企业的广告有效率

公司名称	广告开支（万美元）	声音占有率（100%）	市场占有率（100%）	广告有效率（100%）
甲企业	200	57.1	40	70
乙企业	100	28.6	28.6	100
丙企业	50	14.3	31.4	320

由上表可知，甲企业花费了整个行业广告开支总额350万美元中的200万，其声音占有率为57.1%，但其市场占有率只有40%，用市场占有率除以声音占有率，得出广告有效率为70%，显然甲企业的广告效果不甚理想；乙企业声音占有率和市场占有率均为28.6%，表明广告效果正常；而丙企业花费了50万美元，仅占广告费用总额的14.3%，却得到了31.4%的市场占有率，说明该企业的广告效果非常好。

7. 盈亏临界点法

盈亏临界点法的关键是确定平均销售广告费用率，计算公式为：

$$平均销售广告费用率 = \frac{广告费用额}{产品销售额} \times 100\%$$

用符号 X 表示基期广告费用；$\triangle X$ 表示报告期广告费用增加额；C 表示报告期产品销售额；L 表示平均销售广告费用率，则上述公式可简化为：

$$L = (X + \triangle X) / C$$

$$LC = X + \triangle X$$

得出 $\triangle X = LC - X$，如果计算结果 $\triangle X > 0$，说明广告费用使用合理，经济效果好；$\triangle X < 0$，说明广告费用使用不合理，需要调整广告宣传策略，压缩广告预算规模。

8. 广告效果测定指数法

这种方法是假定其他因素对广告产品的销售没有影响，只有广告促销与产品销售有着密切关系。其具体做法如下：

广告刊播之后，广告调查者对部分媒体受众进行调查。调查的问题主要包括：①是否看过某则广告？②是否购买了广告宣传的产品？假定调查结果如表7-2所示。

表7-2 广告商品购买情况调查表 单位：人

	看过某则广告	未看过某则广告	合计人数
购买广告商品人数	A	B	A + B
未购买广告商品	C	D	C + D
合计	A + C	B + D	N

表中 A 代表看过广告而购买商品的人数；B 代表没有看过广告而购买商品的人数；C 代表看过广告但没有购买商品的人数；D 代表没有看过广告也没有购买商品的人数；N 为被调查者总人数。

从表7-2中我们可以看出，即使在未看过广告的被调查者中，也有 B/（B + D）的比例购买了广告产品，所以要从看过广告而购买产品的 A 人中减去因广告以外影响而

购买产品的（A＋B）×B／（B＋D）人，才能得出真正因为广告而唤起购买欲望的购买效果。用这个人数去除以被调查者的总人数，所得的值就是广告效果指数。这个指数常用 AEI（Advertising Effectiveness Index）来表示。其计算公式为：$AEI = 1/N [A - (A + C) \times B/(B + D)] \times 100\%$

例如，某制药企业为自己的同一系列 OTC 药品进行过两次电视广告宣传，经过调查，获得以下有关资料（见表7-3、表7-4）。

表7-3　该品牌产品的第一次广告宣传　　　　单位：人

项　目	看过电视广告	未看过电视广告	合　计
购买广告药品	50	28	78
未购买广告药品	70	92	162
合　计	120	120	240

AEI（第一次）$= 1/240 \times [50 - (50 + 70) \times 28/(28 + 92)] \times 100\% = 9.17\%$

表7-4　该品牌产品的第二次广告宣传　　　　单位：人

项　目	看过电视广告	未看过电视广告	合　计
购买广告药品	60	18	78
未购买广告药品	55	107	162
合　计	115	125	240

AEI（第二次）$= 1/240 \times [60 - (60 + 55) \times 18/(18 + 107)] \times 100\% = 18.10\%$

从两次计算结果可以看出，第一次广告效果指数为 9.17%，第二次广告效果指数为 18.10%，第二次比第一次提高了 8.93 个百分点。如果两次的广告媒体选择、播放时间、广告预算总额相同，那么就说明第二次广告策划明显好于第一次。因此，有必要对第一次广告策划进行策略性调整和修改。

任务演练

有资料表明：2005 年，蒙牛在"超女"上投入了 1400 万元冠名费、8000 多万元的后续支持，近 1 亿元的总投入，换来了品牌价值的大幅提升，以及蒙牛酸酸乳 25 亿元的销售业绩。

1. 讨论：如果从考虑广告经济效果出发，医药产品适合上娱乐节目宣传吗？
2. 查阅资料分析：医疗服务和药品广告用哪些方式传播经济效果更好。

任务 3　医药广告沟通效果和社会效果评估

一、医药广告沟通效果评估的指标内容

医药广告沟通效果的评估，主要是基于医药广告作品接触到消费者后，所引起的各种心理效应的大小而进行，它能比较客观地反映广告活动的宣传效力。其评估内容主要有以下三个方面。

（一）广告知晓度和了解度的评估

广告知晓度是指媒体受众通过多种媒体了解某则广告的比率和程度。广告知晓度的计算公式如下：

$$某则广告的知晓度 = \frac{被调查者中知晓该广告的人数}{被调查者总人数} \times 100\%$$

$$某则广告的了解度 = \frac{深入了解该广告的人数}{知道该广告的人数} \times 100\%$$

【例 7 - 5】泛美广告公司发放对某则药品广告知晓度调查问卷 10000 份，在 10000 个媒体受众中有 8000 人知晓该则广告，那么该广告的知晓度为 80%。在知晓该广告的 8000 位媒体受众中，如果有 3000 人对广告宣传的产品有较深了解，那么该广告的了解度为 37.5%。

当产品上市时，广告宣传的目标只是为了告知媒体受众某品牌产品的存在。当产品处于成长期、成熟期或衰退期时，广告的诉求点则在于产品的功能及特性方面信息的传输。广告知晓度和了解度正是用于测定不同阶段广告效果的有效指标和内容。

（二）广告回忆状况的评估

对广告回忆状况的评估，是指借助一定的方法评估媒体受众能够重述或复制出其所接触广告内容的一种方法。"回忆（Recall）"常被用来确定消费者记忆广告的程度。对广告回忆的方法，主要有无协助回忆度（Unaided recall）与协助回忆度（Aided recall）两种，下面分别予以介绍。

1. 无协助回忆

无协助回忆又称纯粹回忆。这种方法是指让媒体受众独立地对某些广告进行回忆，调查人员只如实记录回忆情况，不做任何提示。如问："昨晚您收看了中央电视台的新闻联播了吗？如果您收看过，那么请记录一下在昨晚新闻联播节目前后所播出的广告中能记住的广告。"

2. 协助回忆

协助回忆是调查人员在调查时，适当地给被调查者某种提示（或暗示）。例如，提示广告的品牌、色彩、标题、插图等。如问："您记得最近看过或听过北京新兴医院的

任何广告吗?"协助回忆法询问的项目或内容越具体,获得的信息就越能鉴定媒体受众对广告了解程度的高低。

(三) 广告偏好状况的评估

偏好 (Loyalty) 是在一些竞争产品中,消费者较固定地购买某品牌产品的心理特征。美国著名经济学家乔治·斯蒂格勒说:"趣味偏好是在竞争中筛选出来的,不是随意给定的,它们必须面临一个连续竞争的严峻考验。"这也就是说,偏好在一定时期内是相对稳定的。通过突出感人的诉求点,培养消费者的品牌偏好,这对广告主来说是非常重要的。因为偏好一旦形成,在较长时期内将会产生一系列的重复购买行为。

二、医药广告沟通效果评估的方法

医药广告沟通效果评估根据安排时间的不同可以分为事前评估、事中评估和事后评估。相应地,运用的方法也可以分为三种。

(一) 广告沟通效果的事前评估

医药广告作品沟通效果事前评估的方法是:在广告作品尚未正式刊播之前,邀请有关广告专家和消费者团体进行现场观摩,审查广告作品存在的问题,或进行各种实验(在实验室运用各种仪器来评估人们对广告作品的各种反应),以对广告作品可能获得的成效进行评估。根据评估的结果,及时调整广告促销策略,修正广告作品,突出广告的诉求点,提高广告的成功率。事前评估常用的具体方法主要有以下几种:

1. 专家意见综合法

该方法是在刊播广告之前,邀请有关广告专家、心理学家和营销学家进行评价,多方面、多层次地对广告文案及媒体组合方式将会产生的效果做出预测,然后综合所有专家的意见作为预测效果的基础。运用此方法事前给专家提供一些必要的资料,包括设计的广告文案、广告产品的特点、广告主生产经营活动的现状及背景资料等。专家们通过独立思考,对广告设计方案提出自己的见解。

专家意见综合法是事前评估中比较简便的一种方法,但要注意所邀请的专家应能代表不同的广告创意趋势,以确保所提供意见的全面性和权威性。一般说来,聘请的专家人数以 10～15 人为宜,少了不能全面反映问题,多了则浪费时间。

2. 直接测试法

这种方法是把供选择的广告展露给一组消费者,并请他们对这些广告进行评比打分。这种评比法用于评估消费者对广告的注意力、认知、情绪和行动等方面的强度。虽然这种评估广告实际效果的方法还不够完善,但一则广告如果得分较高,也可说明该广告可能是有效的。

直接测试法常用的广告评分表格可参见表 7 - 5。

表 7-5　广告评分表

评分内容	评分
本广告吸引读者注意力的能力如何？………………………………	(　　)
本广告使读者往下继续阅读的能力如何？………………………	(　　)
本广告主要的信息或利益的鲜明度如何？………………………	(　　)
本广告特有的诉求效能如何？……………………………………	(　　)
本广告建议激起实际购买行动的强度如何？……………………	(　　)

评分标准

差	中等	一般	好	优秀
0	20	40	60	80	100

注：表中每项得分为 0~20 分。

3. 组群测试法

这种方法是让一组消费者观看或收听一组医药广告，对时间不加限制，然后要求他们回忆所看到（或听到）的全部广告以及内容，广告策划者可给予帮助或不给予帮助。他们的回忆水平表明广告的突出性以及信息被了解或记忆的程度。

在组群测试中，必须用完整的广告以便能做出系统的评估。组群测试法一次可以测试 5~10 则广告。在调查中，通常询问的问题主要有以下几个：

您对哪几则广告感兴趣？

您喜欢哪一则广告？

这则广告宣传的是什么？您明白了吗？

您觉得广告中文字和图案是否有需要改进的地方？

您看过广告后，给您最深刻的印象是什么？

看了广告后，您有没有产生进一步了解广告产品的兴趣，或者有近期购买广告产品的打算？

4. 仪器测试法

随着科学技术的进步，伴随着人类心理效应变化而产生的生理变化测试仪也在不断地创新与完善。在广告领域，作为一种辅助手段，借助仪器测试广告作品效果的做法也多起来。

（1）视向测验法（Eye camera test）　人们的视线一般总是停留在关心与兴趣的地方，越关心，越感兴趣，视线驻留时间就越长。视向测验器（Eye camera）是记录媒体受众观看广告文案各部分时的视线顺序以及驻留时间长短的一种仪器。根据测试的视线移动图和各部位注目时间长短的比例，可以预知：①广告文案文字字体的易读性如何，从而适当安排文字的排列；②视线顺序是否符合广告策划者的意图，有无被人忽视或不留意的部分，如果有，则要进行调整；③广告画面中最突出或最引人的部分是否符合设计者的意图，如果不符，应立即予以调整。

仪器测试法也有不少缺点：视线是根据眼球移动运动的，但不能确保视线运动与眼球的移动完全一致；注目时间的长短，并不能完全说明消费者兴趣的大小，一目了然的事物则注视的时间自然短，费解的图文往往要花费较多的时间去琢磨；测验费用高昂，并且不能保证被抽取的消费者都具有典型性、代表性。

（2）皮肤测试法（Galvanic - skin - response test，GSR）　该法主要利用皮肤反射测验器来测量媒体受众感受。运用此法的理论根据是，人在受到诸如兴奋、激动、紧张等情绪起伏的冲击后，人体的出汗情况会随之发生变化，可评估其感情的波动。

皮肤测试法主要用于对电视广告效果的评估，其次是对广播广告的评估，根据测试的结果，大体上可以确知最能激起媒体受众情感起伏的地方，以此检查此处"高潮"是否符合广告策划者的意图。

皮肤测试法也有一定的缺点。每个人的内分泌的情况各不相同，情绪反应也有快有慢，因此必须事前加以评估，再根据实际反应情况进行修正，工作程序非常烦琐。情绪的波动、内心的冲动，每个人的情况各不相同。引起内心冲动的因素有的来自音响，有的来自画面色彩或表演等。情绪的波动，有的可能是积极的，有的则是消极的。因此，必须辅以其他的方法，进行全面的分析，才能得出正确的结论。

（3）瞬间显露测验法　这种方法是利用瞬间显露仪（Tachistoscope），在短时间内（1/2 秒或 1/10 秒）呈现并评估广告各要素的注目程度。就是说，在 1 秒以内显露广告，然后让被试的消费者回答询问内容，从而评估广告效果。

这种方法的作用是：测试印刷品广告中各要素的显眼程度；测试各种构图的位置效果，以决定标题、图样、文案、广告主名称的适当位置。利用实验与统计的方法，可将艺术效果计量化，并在某些情况下区分出艺术效果与广告效果，以便在二者中有所调整和取舍。例如，标题的功能一般应是既抢眼又悦耳，但悦耳应从属于抢眼，在两者不可兼得的情况下，艺术效果应服从广告效果的需要；测试文案的易读程度，品牌的识别程度，以便使广告整体设计具有最佳效果，使人一目了然。

（二）广告沟通效果的事中评估

医药广告沟通效果的事中评估是在广告已开始刊播后进行的。事中评估可以直接了解媒体受众在日常生活中对广告的反应，得出的结论也更加准确可靠。常用的广告效果事中评估法有以下几种。

1. 市场试验法

先选定一两个试验地区刊播已设计好的广告，然后在同时观察试验地区与尚未推出广告的地区，根据媒体受众的反应情况，比较试验区与一般地区之间的差异，就可以对广告促销活动的沟通效果做出评估。

美国 Sterth 公司与 G&R（Gallap & Robinson）公司是两家广泛运用出版物测试广告效果的公司。其做法是：先把测试的广告刊登在杂志上；广告登出后，便把杂志分发给消费者中的调查对象；随后公司同这些被调查者接触，并与之就杂志及其广告问题同他们谈话；回忆和认识的测试结果可用来确定广告效果。Sterth 公司采用此法时制定三种阅读评分标准如下：

(1) **注意分**　即声称以前在杂志上看过这则广告的人数在目标读者中所占的百分比。计算公式为：

$$注意分 = \frac{被调查者中看过某则广告的人数}{被调查者总人数} \times 100\%$$

(2) **领悟和联想分**　即正确地将广告作品与广告主对上号的人在读者中所占的比例。计算公式如下：

$$领悟和联想分 = \frac{被调查者中能准确叙述广告内容的人数}{被调查者总人数} \times 100\%$$

(3) **大部分阅读分**　即声称阅读过广告文案一半以上的人在读者中所占的比例。计算公式为：

$$大部分阅读分 = \frac{被调查者中知晓广告大部分内容的人数}{被调查者总人数} \times 100\%$$

2. 函询法

这种方法一般采用调查问卷的形式进行。函询法一般要给函询者一定报酬，以鼓励他们积极回函反馈信息。调查问卷通常以不记名的方式，要求被调查者将自己的年龄、职业、文化层次、家庭住址、家庭年人均收入等基本情况填在问卷上。调查表中要尽可能详细地列置调查问题，以便对广告的心理效果进行测试。针对医药广告，常见的调查问题如下：

您看过或听过有关某品牌药品的广告吗？

通过什么媒体接触到某品牌药品的广告？

该广告的主要内容是什么？

您认为该广告有特色吗？

您认为该广告的构图如何？

您认为该广告的缺点是什么？

（三）广告沟通效果的事后评估

医药广告沟通效果的事后评估虽然不能直接对已经完成的广告宣传进行修改或补充，却可以全面、准确地对已做的广告活动的效果进行评估。因此，事后评估的结论，一方面可以用来衡量本次广告促销活动的业绩；另一方面可以用来评价企业广告策划的得失，积累经验，总结教训，以指导以后的广告策划。

广告沟通效果的事后评估有两层含义：第一，一则广告刊播过程一结束，就立刻对其效果进行评估；第二，一则广告宣传活动结束后过一段时间，再对其沟通效果进行测试。通常，效果测试与广告刊播结束之间的时间间隔主要由媒体的性质决定，同时也要考虑目标市场上消费者自身的特点。如果进行评估的时间过早，广告的时间滞后性尚没有充分发挥出来，得出的结论就不准确；如果评估的时间过晚，间隔时间太长，广告效果就可能淡化，得出的结论也有可能不准确。

广告沟通效果事后评估常用的方法主要有以下几种。

1. 要点采分法

要点采分法即评分法，是将广告各要素列表，请被测试者逐项评分。得分越高，广告效果就越好。评分的具体内容如见表7-6。

表7-6　广告沟通效果采分表

评分项目	评分的主要依据			该项满分	得分
吸引力	吸引注意力的程度			20	
认知力	对广告销售重点的认知程度			20	
易读力	能否了解广告的全部内容			20	
说服力	广告引起的兴趣如何			10	
	对广告商品的好感程度			10	
行动力	由广告引起的立即购买行为			20	
	由广告唤起的潜在购买准备			10	
优劣分数线	最佳	优秀	中等	下等	最差
	80/100	60/80	40/60	20/40	0/20

资料来源：韩顺平，宗永建. 现代广告学 ［M］. 成都：电子科技大学出版社，1998.

2. 雪林（Schwerin）评估法

雪林评估法是美国雪林调查公司（Schwerin Research）根据节目分析法的原理，于1964年发明的评估广告心理效果的一种方法。该评估法又分为节目效果评估法、广告效果评估法和基本电视广告测验法三种。

（1）节目效果评估法　即召集一定数量有代表性的观众到剧场，广告策划者说明测验的标准以后，请观众按照个人的意见对进行测验的广告表演节目评分定级。评分的级别通常是：有趣；一般；枯燥无味。这种测验完毕之后，再请观众进一步说明喜欢或讨厌广告节目中的哪一部分，请阐明理由，或者征求观众对广告节目的意见、建议。广告策划者对节目改进的意见进行统计、汇总，以作为今后设计或制作广告节目的重要依据。

（2）广告效果评估法　广告效果评估法与节目效果评估法的内容基本相同，是通过邀请具有代表性的观众到剧场或摄影棚，欣赏进行评估的各种广告片。与节目效果评估法的不同之处是：在未看广告片之前，根据入场者持票号码，要求媒体受众选择自己喜欢的商品。这些选择的商品品牌中，既有将在广告片中播放的品牌，也有主要竞争对手的品牌。广告片播放完以后，请观众再一次做出选择，如果此次对所测验的广告商品品牌的选择度高，高出部分就是该广告片的沟通效果。测试完成后，通常将媒体受众所选择的商品赠送给他们。如果商品单位价值高，可以赠送给他们其他一些礼品。

（3）基本电视广告测验法　这种测验法的目的在于客观地评价和判断电视广告片的优劣，以及用标准化的程度测验电视广告的效果。基本电视广告测验的项目主要有：第一，趣味反应，即利用集体反应评估机，评估媒体受众对每一画面感兴趣的程度；第二，回忆程度，即运用自由回答法，让媒体受众对广告内容的领悟程度；第三，广告作品诊断，即运用自由回答法，让媒体受众指出该广告片的特色，并提出修改意见；第四，效果评定，即采用问卷的形式，测验本广告片留给媒体受众的一般印象，即广告片的一般心理效果；第五，购买欲望，即让媒体受众说出有无购买广告产品的冲动或者欲望；第六，广告片的整体效果，即让媒体受众对广告片做整体的评价。

雪林评估法的优点是客观、全面，能真正反映媒体受众的心理活动状况，取得的资料可信度高；缺点是操作技术性强，成本费用大，具体推行起来有一定的局限性。

三、医药广告社会效果评估

（一）医药广告社会效果评估的内容

事实上，医药广告宣传同新闻宣传一样都具有一定的导向性。广告宣传在介绍、推介医药产品的同时，也在向受众者传递着社会文化等方面的信息，这些信息对人们的消费观念、生活行为等都会产生一定的影响，我们将这些影响统称为医药广告的社会效果。它既包括正面的影响，也包括负面的影响。这种影响不同于广告的心理效果或经济效果，广告策划者无法用数量指标来衡量这种影响，只能依靠社会公众长期建立起来的价值观念来对它进行评判。

医药广告的社会效果评估主要体现在以下几个方面。

1. 是否有利于广告受众树立正确的价值观念

医药广告的传播也会涉及社会伦理道德、风俗习惯、宗教信仰等意识形态领域，正面的积极的广告信息能对人们树立正确的价值观念起到正面的引导作用。

2. 是否有利于树立正确的医药消费观念

正确的医药消费观念是消费者维护自身健康发展的一个基础，也是确保正常医疗秩序的基础。长期以来，中医药广告一直宣称"纯天然、无毒副作用"，结果许多患者盲目服用中药或中成药，更有甚者将中药当成食品来消费，这样必然会对一部分消费者的健康带来极大的危害。

3. 是否有利于精神文明的建设

如今，报纸、杂志、电视、广播以及互联网络等各种媒体到处充斥着大量的医药广告，医药广告已经成为行业广告的龙头老大。在这些医药广告中，补肾、丰胸、壮阳、改善性能力等广告占据了很大的比例。此类广告有的含有虚假成分，有的语言庸俗、下流，有的图片（画面）过于暴露，其刊播发布都会产生负面的社会影响。

（二）医药广告社会效果评估的原则

在评估医药广告宣传的社会效果时，我们应该遵循以下两个基本原则。

1. 规范性原则

规范性原则是指在评估某一医药广告的社会效果时，要以一定的社会规范作为评判标准来衡量广告的正面社会效果。如以法律规范、社会道德规范、语言规范、行为规范等为衡量依据。

2. 真实性原则

医药广告的真实性原则，即医药广告宣传的内容必须客观真实地反映药品或医疗服务的功能与特性，实事求是地向媒体受众传输有关医药产品或企业的信息。

广告宣传的信息有单面信息和双面信息之分。

单面信息是指只集中告知媒体受众有关广告产品的功能与优点，调动媒体受众的情绪，使他们产生购买欲望。但过分强调单面信息会使媒体受众产生逆反心理，有时甚至会产生怀疑。

阅读材料 7 – 5

一则药品广告（节选）

"×××"含有特殊的管壁黏膜修复因子，可以保护气管，修复感染发炎引起的黏膜伤害，促进黏膜细胞再生。患者一般用药 5 天后，咳嗽明显减轻。7 天后，药物有效成分基本完全进入体内，且逐渐形成护原体，以阻止外邪入侵。10 天后，寒散阳通，病症明显得到抑止。1 个疗程后，有效分子作用于病变位置，使得病灶得以顺利瓦解。一般轻症患者在用药 1 ~ 3 个疗程后即可痊愈，重病患者在用药 2 ~ 4 个疗程后即可康复，且不再复发。

根据广大医生和患者对品种繁多的治喘药物的临床药效反馈，我国研制开发的治疗哮喘病及其并发症的中成药新型强效"×××"已具当今国际最新水平，其综合疗效大大超过了传统西药维持控制的治疗模式，步入根本治疗、整体恢复、标本兼治的新境界。

上面阅读材料 7 – 5 的药品广告，虽然极尽所能地在宣传该药品的神奇功能，但一味单方面的信息描述，显然会使读者对此产生怀疑，从而影响广告的宣传效果。

双面信息是指既告诉媒体受众产品的优点，同时也告诉他们广告产品存在哪些缺点或不足，使媒体受众认真对待，这种广告信息诚实可信，常能赢得消费者好感。前一段时间，电视播放了一则有关微创疗法治疗甲状腺结节的广告，广告不仅谈到了微创疗法的特点、原理和优点，同时也明确地告诉了患者该疗法的不足之处，该广告播出后，效果相当不错。随着消费者的不断成熟，一味地自吹自擂、"王婆卖瓜"式的医药广告今后会越来越遭到广大受众的抵制。因此，医药广告宣传坚持使用双面信息显然是一种明智之举。

任务演练

设计一份调查问卷，对一则你熟悉的医药广告进行沟通效果和社会效果的调查。

项目小结

广告效果是指通过广告媒体传播之后所产生的影响，或者说媒体受众对广告效果的结果性反应。广告效果测定的作用不仅在于它能较客观地肯定广告活动的效果，而且更重要的是在于它能促进广告策划、创意、设计和实施摆脱主观臆断的局限，提高人们对广告活动的监控能力，使广告活动真正进入科学化轨道。广告效果具有滞后性、积累性、复合型、间接性、层次性和竞争性五个方面的特征。

医药广告效果评价的指标是多方面的，依据广告效果分类，可以概括为三个方面的指标，即传播效果指标、经济效果指标和社会效果指标。我们应重点学习医药经济效果的评估方法，并将其运用到实践中。

目标检测

一、复习思考

1. 什么是广告效果？它包括哪些？
2. 评估广告效果应遵循哪些原则？
3. 医药广告经济效果评估有哪些方法？
4. 医药广告沟通效果评估的方法有哪些？
5. 医药广告社会效果评估有哪些方法？

二、案例分析

江中健胃消食片广告

江中集团是一家国家级重点高新技术企业，主要生产中成药、抗生素、合成药、生物制剂、保健食品、日化产品等10多个系列、100余种产品。

2002年，江中药业力主将江中健胃消食片作为新增长点，承载起江中药业上台阶的艰巨任务。江中药业经过市场调查，发现儿童与中老年人日常生活中多发的胃胀、食欲不振的症状，市场上还没有专门产品，于是确立了"日常助消化用药"的品牌定位。这不仅避开了与市场领导者吗丁啉的正面竞争，同时在地域上填补了市场的空白，满足江中药业现实的需要。江中确定了广告语"胃胀腹胀，不消化，用江中牌健胃消食片"，而不采用药品广告中常用的恐怖或权威认证式的诉求。江中健胃消食片的重新定位与传播，仅用2年时间就完成了吗丁啉用10年才完成的成长。

由于江中健胃消食片面对的是需求未被满足的空白市场，广告的主要目的就是告知消费者江中健胃消食片是什么、有什么作用，从而不断吸引消费者购买，开拓这类市场。因而江中健胃消食片的广告语是"胃胀腹胀，不消化，用江中牌健胃消食片"，以尽量突出它的日常用药、小药的产品形象，整个广告轻松、生活化。针对儿童的主要症状是食欲不振，江中药业考虑到儿童和家长的媒体收视习惯，在儿童及家长收视较高的时段单独投放一条广告片，主题就是"孩子不吃饭，快用江中牌健胃消食片"。

广告片创作中，选择的代言人是形象健康、亲切、关爱他人、轻松幽默又不纯粹滑稽可笑的小品影视演员——郭冬临。当时郭冬临拍摄的广告片数量较少，消费者不易产生混淆，同时，以上两条广告片都由郭冬临一人拍摄，就避免了消费者误以为是两个产品的可能性，加强了两条广告片之间的关联性。在成人广告片中，广告片的画面干净简单，去除了过多的装饰，定位广告直击消费者心智，快速引起消费者共鸣；在儿童广告片中，简单明了地直接提出家长烦恼，引起关注度，就是这种直击消费者需求的方式快速地拉动了江中健胃消食片的销售。

在推广力度上，江中药业深知一定要把产品所代表的概念或价值构筑在消费者的心智中，才会实现商业价值。江中健胃消食片得到了集团在财力上最大的支持，仅2002年一年投入的广告费用过亿，为抢占"日常助消化用药"定位打下了扎实的基础，如此投入，同年市场回报给企业的销售额直线上升到3亿多元，是前一年的近3倍，突破了江中健胃消食片年年销售不过2亿元的销售瓶颈。

分析：

1. 请尝试设计江中健胃消食片的广告效果评估方案。

2. 请对案例中江中健胃消食片广告的经济效果、沟通效果和社会效果进行简单的评估。

三、实训操作

【实训项目】

医药广告效果评估。

【实训目的】

1. 熟练应用广告效果评估应遵循的程序。

2. 能够选择合适的评估方法来评估广告效果。

【实训内容】

分组各选择一则熟悉的医药广告，围绕所选择的医药广告进行经济效果、传播效果和社会效果的评估，并分组汇报评估结果。

【实训步骤】

1. 预先布置本次实训的任务，告知实训时的评分要求。

2. 学生分组，每6~8人一组，各组推选每组的评分代表。

3. 各组进行讨论。

4. 各组进行发言。

5. 老师评述各组代表的发言。

6. 师生共同评述总结各组的情况，得到各组的实训成绩。

【实训评价】

（满分100分）

1. 医药广告的选择适当。（10分）

2. 广告效果评估方法的选择适当。（20分）

3. 广告经济效果评估基本准确。（20分）

4. 广告沟通效果评估基本准确。（20分）

5. 广告社会效果评估基本准确。（20分）

6. 团队合作好，临场介绍表达准确。（10分）

（李波）

项目八 医药广告管理

📘 学习目标

知识目标：了解医药广告管理的原则；熟悉医药广告管理的主体、客体、行业自律管理和社会监督管理；掌握医药广告管理法律法规的有关内容、行政管理机构的部门设置和职能配置。

能力目标：能运用医药广告管理的有关规定分析医药广告运作中存在的问题，并提出解决问题的思路。

任务1 医药广告管理概述

一、医药广告管理的含义

医药广告管理是指国家广告管理部门会同国家医药管理部门及其他社会监督部门，为使医药广告朝着规范有序的方向发展，确保社会公众的身体健康和生命安全，最终促进我国医药行业的发展，依照广告法及医药管理的法律法规、政策，对医药广告活动的全过程进行监督、检查、控制和指导等一系列活动。

广义的医药广告管理包括广告行业的自律管理、社会舆论监督管理、消费者监督管理等管理形式。但在通常的情况下，医药广告管理主要是以政府的行政管理为主。

医药广告管理包含以下几个方面的内容。

1. 医药广告管理的主体

国家广告管理部门——国家工商部门，会同国家医药主管部门——国家卫生和计划生育委员会和国家食品药品监督管理总局（CFDA），与其他社会监督部门，如公安部等，共同对医药广告实施管理。

2. 医药广告管理的客体

发布医药广告的医药企业（广告主体）、广告公司、媒体、广告代言人等。

3. 医药广告管理的目的

促使医药广告规范有序发展，最终促进我国医药行业的发展，确保社会公众的身体健康和生命安全。

4. 医药广告管理的依据

我国医药行业及医药广告管理的法律法规、政策等，最主要的有《广告法》《药品管理法》《医疗广告管理办法》《药品广告管理办法》《药品广告审查标准》等。

5. 医药广告管理的范围

医药广告内容及其广告设计、制造、发布等全过程。

二、医药广告管理的原则

1. 以法律为准绳的原则

对医药广告的管理是国家广告管理部门依法履行法律赋予其对医药广告进行监督管理的职责，因此在整个管理活动中，必须坚持以法律为准绳的原则，做到有法可依、有法必依、执法必严、违法必究。实践证明，对医药广告进行监督管理的法律法规的制定和实施，在发展医药事业，促进我国社会公众的身体健康和生命安全，提高医药广告的规范性，促进医药广告事业的健康发展方面，起到了极其重要的作用。

2. 以政策为指导的原则

为推动医药经济体制的改革，不断完善新形势下对医药事业及其广告的管理，我国政府及时制定了大量的政策，对相关的法律进行补充和完善。广告管理机关在对医药广告的管理过程中还必须以这些政策为指导，使得对医药广告的管理更加合理和完善。

3. 教育与处罚相结合的原则

一方面，应积极教育和引导医药企业在进行医药广告活动时自觉遵守相关的法律法规及政策，倡导合法经营、公平竞争；另一方面，对在医药广告活动中出现的弄虚作假等有可能损害社会公众利益、危害社会公众身体健康和生命安全的违法行为，则必须依法给予严厉的处罚，从而维护社会公众利益，促使医药广告及医药事业的健康、有序、可持续发展。

4. 协调与服务相结合的原则

广告管理机关在对医药广告进行依法管理的同时，还必须积极协调医药广告主体和医药广告经营者之间的关系，为推动医药广告事业和医药事业的发展服务。

5. 相互配合与综合管理的原则

工商部门的广告管理机关必须与医药行业的政府主管部门卫生和计划生育委员会、食品药品监督管理局密切配合，开展综合管理，才能进行行之有效的管理，才能完成对医药广告进行监督管理的重任。

三、医药广告管理的机构

在我国现行体制结构中，工商行政管理机关代表国家行使广告监督管理的职能，卫生行政管理机关代表国家行使医疗广告管理的职能，食品药品监督管理机关代表国家行使药品广告管理的职能。

（一）工商行政管理机关

国家工商行政管理总局下设广告监督管理司，它是工商行政管理部门广告监督管理的最高机关。

为加强各省、自治区、直辖市工商行政执法的统一性、权威性和有效性，我国对省以下工商行政管理局实行垂直管理。

工商行政管理机关根据《广告法》和国务院的授权，在广告管理中行使以下职能。

1. 广告发展规划、政策措施的制定和实施

拟订广告发展规划、政策措施并组织实施；拟订广告监督管理的具体措施、办法；组织、指导监督管理广告活动；组织监测各类媒介广告发布情况；查处虚假广告等违法行为；指导广告审查机构和广告行业组织的工作。

2. 广告经营登记

工商部门依法对专业或兼营广告公司的从业资格进行审查批准，核定广告经营范围；对从事广告发布活动的媒体单位进行资格审查，核定广告经营范围，核发《广告经营许可证》；对各类临时性或特殊性形式的广告活动进行资格审查，核定广告经营范围，核发《临时性广告经营许可证》。

3. 广告日常监督管理

《广告法》第六条规定：国务院工商行政管理部门主管全国的广告监督管理工作，国务院有关部门在各自的职责范围内负责广告管理相关工作。县级以上地方工商行政管理部门主管本行政区域的广告监督管理工作，县级以上地方人民政府有关部门在各自的职责范围内负责广告管理相关工作。主要包括对广告主体、广告经营者、广告发布者进行政策、法规的宣传教育和指导，对各类广告活动的监督检查，对广告样稿的备案审查，对广告经营行为、经营状况、管理制度、从业人员等的检查。

4. 受理投诉、查处和复议广告违法案件

受理并解决广告投诉，对广告违法案件进行立案调查并依法做出行政处罚，对情节严重的、构成犯罪的，移送司法机关处理，并对被处罚人的不服处罚的复议申请进行受理，进行复议，并根据事实依法做出复议决定。

5. 指导广告业的健康发展

研制制定并组织实施广告业的发展方针、政策和规划，指导广告行业组织发展工作。

（二）食品药品监督管理部门

我国新修订的《药品管理法》和《药品广告审查办法》对药品广告管理进行了明确规范，并明确了药品监督管理部门在药品广告管理中的职责。

1. 审查药品广告

省、自治区、直辖市药品监督管理部门是药品广告审查机关，负责本行政区域内药

品广告的审查工作。

　　国家食品药品监督管理总局对药品广告审查机关的药品广告审查工作进行指导和监督，对药品广告审查机关违反本办法的行为，依法予以处理。

2. 核发批准文号

　　药品广告必须经药品生产企业所在地省、自治区、直辖市药品监督管理部门批准并发给药品广告批准文号后方能进行药品广告。没有药品广告批准文号的，不得发布。

3. 检查药品广告

　　省、自治区、直辖市药品监督管理局应对其批准进行的药品广告进行检查，对于违反《药品管理法》和《广告法》的药品广告，应当向广告监督管理机关通报并提出处理意见。

4. 公告违法广告

　　对发布违法药品广告，情节严重的，省、自治区、直辖市药品监督管理部门予以公告，并及时上报国家食品药品监督管理总局，国家食品药品监督管理总局定期汇总发布。

　　对发布虚假违法药品广告情节严重的，必要时，由国家工商行政管理总局会同国家食品药品监督管理总局联合予以公告。

（三）卫生行政部门、医药管理部门

　　《医疗广告管理办法》规定了卫生行政部门、医药管理部门在医疗广告中的职责。

1. 医疗广告的审查和监督管理

　　卫生行政部门、医药管理部门负责医疗广告的审查，并对医疗机构进行监督管理。

2. 核发《医疗广告审查证明》

　　医疗机构发布医疗广告时，必须向所在地省级卫生行政部门申请《医疗广告审查证明》，对审查合格的医疗广告，省级卫生行政部门、医药管理部门发给《医疗广告审查证明》，其有效期为一年。

3. 对批准的医疗广告进行检查

　　卫生行政管理部门应对经其批准的医疗广告进行检查，对违法广告应当收回、撤销《医疗广告审查证明》或向当地广告监督管理行政机关通报并提出处理意见。

四、医药广告管理的法律法规

　　我国现行的医药广告法律法规和政策是对医药广告管理的依据。目前我国主要的医药广告管理法规有《广告法》《药品管理法》《医疗广告管理办法》《药品广告管理办法》《药品广告审查标准》等。

（一）广告法

　　广告是商品经济发展的产物，广告业的发展水平在一定程度上反映了一个国家商品经济发展的水平。我国广告业的发展是与我国的改革开放政策紧密相连的，十一届三中全会以后，尤其是从 1981 年至 1994 年，我国的广告业取得了长足的进步。但由于我国的广告业起步晚，底子薄，所以在快速发展的同时也存在一些问题，不仅严重影响了广告业的声誉，妨碍了广告业的健康发展，而且还严重干扰了社会主义市场经济秩序，损害了国家利益和社会公共利益。

为了规范广告活动，促进广告业的健康发展，保护消费者的合法权益，维护社会经济秩序，发挥广告在社会主义市场经济中的积极作用，1982 年和 1987 年，国务院先后发布了《广告管理暂行条例》和《广告管理条例》，国务院有关部门和一些地方政府还制定了大量的配套规定。同时，广告的行政管理也从过去分散的、没有统一的管理机关的状况，发展到以国家工商行政管理总局统一管理全国广告业的局面。1994 年 10 月 27 日，第八届全国人民代表大会常务委员会第十次会议审议通过了《中华人民共和国广告法》，同日以第 34 号主席令形式正式颁布了《广告法》，于 1995 年 2 月 1 日起正式施行，自此我国的广告业进入了法制化的轨道。

新修订的《中华人民共和国广告法》已由中华人民共和国第十二届全国人民代表大会常务委员会第十四次会议于 2015 年 4 月 24 日修订通过，并以第 22 号主席令公布，自 2015 年 9 月 1 日起施行。新修订的《广告法》全文共 6 章，75 条内容。其主要内容是规定了广告的准则、广告行为规范、监督管理，明确了违法广告应承担的法律责任，其中包含了对医药广告的管理。

（二）药品管理法

为加强药品监督管理，保证药品质量，保障人体用药安全，维护人民身体健康和用药的合法权益，《中华人民共和国药品管理法》由中华人民共和国第九届全国人民代表大会常务委员会第二十次会议于 2001 年 2 月 28 日修订通过，自 2001 年 12 月 1 日起施行。其中把药品价格和广告的管理专列一章，其中关于药品广告管理的内容如下：

1. 药品广告的审批

药品广告须经企业所在地省、自治区、直辖市人民政府药品监督管理部门批准，并发给药品广告批准文号；未取得药品广告批准文号的，不得发布。

处方药可以在国务院卫生行政部门和国务院药品监督管理部门共同指定的医学、药学专业刊物上介绍，但不得在大众传播媒介发布广告或者以其他方式进行以公众为对象的广告宣传。

2. 药品广告的内容

药品广告的内容必须真实、合法，以国务院药品监督管理部门批准的说明书为准，不得含有虚假的内容。

药品广告不得含有不科学的表示功效的断言或者保证；不得利用国家机关、医药科研单位、学术机构或者专家、学者、医师、患者的名义和形象做证明。

非药品广告不得有涉及药品的宣传。

3. 药品广告的检查及违规处理

（1）省、自治区、直辖市人民政府药品监督管理部门应当对其批准的药品广告进行检查，对于违反本法和《中华人民共和国广告法》的广告，应当向广告监督管理机关通报并提出处理建议，广告监督管理机关应当依法做出处理。

（2）违反本法有关药品广告的管理规定的，依照《中华人民共和国广告法》的规定处罚，并由发给广告批准文号的药品监督管理部门撤销广告批准文号，1年内不受理该品种的广告审批申请；构成犯罪的，依法追究刑事责任。

（3）药品监督管理部门对药品广告不依法履行审查职责，批准发布的广告有虚假或者其他违反法律、行政法规的内容的，对直接负责的主管人员和其他直接责任人员依法给予行政处分；构成犯罪的，依法追究刑事责任。

（三）医疗广告管理办法

为加强医疗广告管理，保障人民身体健康，根据《广告法》《医疗机构管理条例》《中医药条例》等法律法规的规定，中华人民共和国国家工商行政管理总局和中华人民共和国卫生部修订了《医疗广告管理办法》，并于2006年11月10日公布，自2007年1月1日起施行。新《医疗广告管理办法》明确规定：

1. 医疗广告中不能出现保证治愈或宣传治愈率的内容。

2. 广告只能刊登医疗机构第一名称、医疗机构地址、所有制形式、医疗机构类别、诊疗科目、床位数、接诊时间、联系电话等8项内容。广告内容被审查后，包括标点符号在内都不能再做改动。

3. 广告发布前必须由省级卫生行政部门对广告内容进行成品审查，取得《医疗广告审查证明》后方可发布。《医疗广告审查证明》有效期为1年，到期后仍需继续发布医疗广告的，应重新提出审查申请。未取得审查证明发布广告的，按非法行医处罚。医疗机构篡改审查证明内容发布广告的，撤销审查证明，并在1年内不受理该医疗机构的广告审查申请。

4. 医疗广告不得涉及医疗技术、诊疗方法、疾病名称、药物，不得保证治愈或宣传治愈率；禁止利用患者、卫生技术人员、医学机构、专家等名义和形象做证明；禁止利用新闻形式、医疗资讯服务类专题节（栏）目发布或变相发布医疗广告。同时，禁止使用解放军和武警部队的名义。

5. 对于发布严重违法广告的广告主和广告经营单位，工商机关将处以经济处罚，同时暂停发布医疗广告，直至取消广告经营单位的医疗广告经营和发布资格，卫生行政部门和医药管理部门可以责令医疗机构停业整顿、吊销有关诊疗科目，直至吊销《医疗机构执业许可证》。法律法规没有规定的，工商机关可给予警告或处以1万元以上、3万元以下的罚款。

阅读资料 8 - 1

当前医疗广告的主要表现

1. 形式多样，无孔不入

当前，医疗广告发布形式层出不穷，随处可见，随时可听，令人无法抗拒。随手打开电视，翻开报纸，收听广播，上互联网，马路边的电线杆上，各种医疗广告纷至沓来。目前，网络广告也逐渐成为医疗企业广告的主要形式。

2. 虚假宣传，夸大疗效

一些广告使用"国际认证""国家级""妙手回春""独家""神奇功效"等煽情字眼，天花乱坠；"治愈率百分之百""祖传秘方""攻克癌症""专治各种性病"，夸大其疗效和服务质量，承诺低费用。

3. 偷梁换柱，变相宣传

抓住人们对某些疾病的畏惧心理和对相关知识的缺乏，通过开展知识讲座、疾病知识普及等方式使群众产生恐慌心理，怀疑自己得病前往检查治疗，从而增加医院收益。同时采取病人谈疗效、专家谈知识、名人做代言，以及采访形式和新闻报道的方式，变相做广告，很多消费者由于缺少医学常识，难辨其广告宣传的真伪。

资料来源：杨健，周立君，吴瑛. 医疗广告政府监管实践与对策分析［J］. 中国卫生监督杂志，2013，20（4）：314 - 317.

（四）药品广告审查办法

新修订的《药品广告审查办法》（以下简称《办法》）经过国家食品药品监督管理总局、中华人民共和国国家工商行政管理总局审议通过，2007 年 3 月 13 日以国家食品药品监督管理总局令第 27 号发布。本办法自 2007 年 5 月 1 日起施行。

《办法》对药品广告审批和备案的程序、时限、申请人的资格、申请人的义务、药品广告的监督管理及有关的法律责任等做了规定。为了更有效地打击违法药品广告，切实解决人民群众反映强烈的热点问题，《办法》增加和明确了相应的规定：一是对虚假药品广告撤销该药品所有的广告文号；二是对严重违法药品广告的药品采取行政强制措施；三是根据《药品管理法》《药品管理法实施条例》等法律法规，增加了有关管理措施和法律责任。

（五）药品广告审查发布标准

《药品广告审查发布标准》（以下简称《标准》）经中华人民共和国国家工商行政管理总局和国家食品药品监督管理总局修订，于 2007 年 3 月 3 日以国家工商行政管理总局令第 27 号公布，自 2007 年 5 月 1 日起施行。

新《标准》规定：特殊管理等 5 类药品不得发布广告；"包治百病"等 8 种情形违

规；"家庭必备""无效退款"等词禁用；不准以儿童名义介绍药品；"壮阳广告"不得在 7：00 ~ 22：00 时间段内发布。

阅读资料 8 - 2

美国监管药品广告的法律依据

美国法律对药品广告的管理非常严格，对违规者和做虚假广告厂家的处罚也十分严厉。如果罪名成立，广告发布者在承担民事责任后，并不能免除行政责任和刑事责任，甚至会面临牢狱之灾。同监管机构一样，监管广告的法律也分别用于管理处方药和非处方药药品广告。

处方药广告监管的主要法律依据是《联邦食品药品和化妆品法》（FDCA）、《联邦法规汇编》（CFR）、2007 年版《食品药品法案修正案》（FDAAA）及其他法律法规等。根据 FDCA 的规定，任何人违反了其对药品广告的规定，将处以 1 年以下监禁，单处或并处 1000 美元以下罚款；再犯者处以 3 年以下监禁，单处或并处 1 万美元以下罚款；根据 FDAAA 的规定，任何发布虚假或有误导性处方药广告的企业，将处以 25 万美元以下罚款，再犯者处以 50 万美元以下罚款。

非处方药药品广告监管的主要法律依据为《联邦贸易委员会法案》（FTCA）及其他各类法律法规等。根据 FTCA 的规定，制作发布不实广告，将处以 6 个月以下有期徒刑，单处或并处 5000 美元以下罚金；再犯者处以 1 年以下有期徒刑，单处或并处 1 万美元以下罚金。如美国著名的"利斯特灵漱口水案"（Listerine Mouth - Wash Case）中，生产商在广告中声称该漱口水可以防治感冒和咽喉肿痛，甚至能够消灭成千上万的细菌，经 FTC 调查后发现广告失实，遂命令广告商必须花 1020 万美元做矫正广告，并且规定了矫正广告用语。

企业广告宣传的违法行为不仅会使其在经济上受到巨大损失，同时也会对其声誉产生不利影响，这种严重的后果常常使得试图进行虚假广告宣传的广告主们望而生畏。因此严格的法律管制使药品广告处于法制化管理和监察之中，同时也加强了广告主的自律性，起到了保护消费者、维护公平竞争的作用。

资料来源：田耀，刘卫珍 . 美国药品广告管理模式分析 ［J］. 中国药业，2014，23 （8）：7 - 8.

任务演练

内蒙古某蒙药股份有限公司的某药厂生产的药品"珍珠活络二十九味丸"，未经审批擅自发布广告，广告宣称"一粒奇小药专治 5 大脑病""药力奇大，1 粒顶 20 粒""让患者既激动又兴奋！据说，这粒奇小药全身充满了奇特的科技魅力"等。

试分析该广告含有哪些违法事实？应由哪个部门对其进行处罚？该如何处罚？

任务2　医药广告的行政管理

一、医药广告主体的管理

医药广告主体，是指为向社会公众传递医药商品或服务信息，以刺激、诱导社会公众消费其所提供的医药商品或服务，最终获取经济利益而自行或委托专业广告公司设计、制作、发布医药广告并承担费用的医药法人单位或企业、其他经济组织或者个人。

对医药广告主体的管理包含如下内容：

1. 医药广告主体必须具有合法的主体资格证明

（1）医疗机构必须具有《医疗机构执业许可证》，非医疗机构不得发布医疗广告，医疗机构不得以内部科室名义发布医疗广告。

（2）药品广告批准文号的申请人必须是具有合法资格的药品生产企业或者药品经营企业。药品经营企业作为申请人的，必须征得药品生产企业的同意。

（3）申请人可以委托代办人代办药品广告批准文号的申办事宜。

2. 医药广告主体的活动应在其经营范围或国家许可的范围内进行，不得超出其经营范围或国家许可的范围从事广告活动。合法经营受到法律保护，非法经营必将受到法律的制裁。

3. 医药广告主体委托他人设计、制作、代理、发布广告，应委托具有合法经营资格的广告商、广告发布者进行。

4. 医药广告主体必须提供真实、合法、有效的证明文件或者材料，从而保证其广告内容的真实性、合法性。

（1）医疗机构发布医疗广告，应当提交以下材料：①《医疗广告审查申请表》；②《医疗机构执业许可证》副本原件和复印件，复印件应当加盖核发其《医疗机构执业许可证》的卫生行政部门公章；③医疗广告成品样件。电视、广播广告可以先提交镜头脚本和广播文稿。

（2）申请药品广告批准文号，应当提交《药品广告审查表》，并附与发布内容相一致的样稿（样片、样带）和药品广告申请的电子文件，同时提交以下真实、合法、有效的证明文件：①申请人的《营业执照》复印件；②申请人的《药品生产许可证》或者《药品经营许可证》复印件；③申请人是药品经营企业的，应当提交药品生产企业同意其作为申请人的证明文件原件；④代办人代为申办药品广告批准文号的，应当提交申请人的委托书原件和代办人的营业执照复印件等主体资格证明文件；⑤药品批准证明文件（含《进口药品注册证》《医药产品注册证》）复印件、批准的说明书复印件和实际使用的标签及说明书；⑥非处方药品广告需提交非处方药品审核登记证书复印件或相关证明文件的复印件；⑦申请进口药品广告批准文号的，应当提供进口药品代理机构的相关资格证明文件的复印件；⑧广告中涉及药品商品名称、注册商标、专利等内容的，应当提交相关有效证明文件的复印件以及其他确认广告内容真实性的证明文件。提供本条规定的证明文件的复印件，需加盖证件持有单位的印章。

5. 医药广告主必须依法申请广告审查，医疗机构必须获取《医疗广告审查证明》，药品企业必须获取药品广告批准文号后方可按批准的内容和范围发布医药广告，医疗和药品行政监管部门在接到医药企业的广告申请后，应在有关法律法规所规定的时限内予以审查，并批准（或不批准）发布医药广告的申请。

6. 医药广告主设置户外广告应符合当地城市的整体规划，并在工商管理机关的监督下实施。

7. 医药广告主应合理编制医药广告预算，并按有关规定摊销广告费用。医药广告费用应开具广告专业发票（是广告费用开支的唯一合法凭证），并按国家的有关规定合法列入销售费用（如药品广告费用占销售费用的比例一般不超过当年销售收入总额的8%），或经批准转下年度待摊。

二、医药广告经营者的管理

医药广告经营者，是指接受委托提供医药广告设计、制作、代理服务的法人、其他经济组织或者个人，主要包括综合性广告公司、广告设计制作公司、兼营广告设计制作的企业、个体广告经营户。

1. 对医药广告经营者的审批登记管理

对医药广告经营者的审批登记管理即国家广告管理机关依照广告管理法规对医药广告经营者的申请、实施、审核、登记、批准注册的管理行为。医药广告经营者只有在获得经营资格后，才能从事医药广告经营活动；必须依法向国家广告登记、注册机关提请申请，获准登记、注册后方可进行广告业务。

医药广告经营者申请经营医药广告业务，除需具备我国《民法通则》和《企业法人登记管理条例》所规定的企业登记、注册的一般条件外，还应该具备广告管理法规对其所做的如下资质条件规定：①广告经营管理机构和广告设计、制作机构；②广告制作设备和活动资金；③各种从业人员，包括经营管理、市场调查、广告策划、设计、制作人员与财务人员；④一定面积的经营场所；⑤健全的各项管理制度。

2. 对医药广告业务员的管理

为加强对广告宣传和广告经营活动的管理，保障广告业的健康发展，国家工商行政管理总局自1991年1月1日起，在全国统一实施广告业务员《广告业务员证》制度，规定凡是专职从事承揽、代理广告业务的工作人员（简称"广告业务员"），必须按照制度规定领取《广告业务员证》作为开展广告业务活动的有效凭证，否则不能从事广告业务活动。

《广告业务员证》制度规定只有下列人员可以领取该证：①广告经营单位中专职从事广告业务的正式职工；②通过省辖市以上工商行政管理机关培训和考核，并获得《结业证书》者；③具有良好的职业道德，作风正派者。

《广告业务员证》制度的实施，从根本上规范了广告业务员的管理及行为，防止了不规范、不合法广告行为的大量出现，净化了广告市场，促进了广告业的健康发展。

3. 对医药广告合同的管理

我国新修订的《广告法》第三十条明确规定:"广告主、广告经营者、广告发布者之间在广告活动中应当依法订立书面合同。"广告合同制度是广告管理机关对广告活动主体进行管理,并保护参与广告活动各方正当权益不受侵害的重要制度之一。

医药广告合同应包含下列内容:①合同标的是医药广告的设计、制作、代理和发布项目;②医药广告的数量和应达到的质量;③完成广告项目的期限、地点和方式;④医药广告项目的验收标准、办法;⑤广告费用的支付办法和结算方式;⑥违约责任及解决合同纠纷的方式;⑦其他约定的条款。

4. 对医药广告业务档案的管理

医药广告业务档案,是指广告经营者(包括发布者)对医药广告主所提供的主体资格和医药广告内容的各种证明文件、材料以及在承办医药广告业务活动中所涉及的承接登记和医药广告审查情况的原始记录进行登记、整理,并建立业务档案保存,以备随时检查。医药广告档案管理制度是我国工商行政管理部门对医药广告经营活动进行管理的重要手段之一。

医药广告档案的主要内容有:①医药广告业务的承接登记、审核记录;②医药广告主体资格证明文件、材料;③证明医药广告内容真实、合法的文件、材料;④医药广告合同;⑤医药广告主提供的有关广告设计、制作、代理、发布的材料(如图片、照片、文字材料);⑥医药广告经营者完成的整体广告活动策划书,广告创意设计、制作方案、样品;⑦医药广告发布后的信息反馈情况;⑧其他应当保存的材料。

5. 对医药广告经营单位年检注册的管理

广告单位的年检注册制度,是广告管理机关依照国家广告管理的法律法规、政策,对广告经营单位一年来的经营状况进行的检查验收管理。它是工商行政管理局对广告经营单位实施规范化管理的重要内容之一。任何广告经营单位都必须经过年检注册,取得《广告经营单位年检注册证》后,才有资格继续经营广告业务,否则,即为非法经营。

三、医药广告发布者的管理

医药广告发布者,是指为医药广告或者医药广告主委托的广告经营者发布广告的法人或者其他经济组织,主要指那些兼营广告发布业务、传播经济信息的媒介单位,即报社、杂志社、电台、电视台等单位。

对医药广告发布者管理,又叫广告媒介物管理或者广告媒体管理,是指广告管理机关依照国家广告管理的法律、法规的有关规定,对以广告发布者为广告活动主体的广告发布活动全过程实施的监督管理行为。

(一)对广告发布者经营资格的管理

我国新修订的《广告法》第二十九条规定:"广播电台、电视台、报刊出版单位从事广告发布业务的,应当设有专门从事广告业务的机构,配备必要的人员,具有与发布广告相适应的场所、设备,并向县级以上地方工商行政管理部门办理广告发布登记。"

要求广告发布者在发布广告前，必须到当地县以上工商行政管理局办理广告发布登记，并由其审查是否具备直接发布广告的条件。广告发布者只有办理了广告发布登记手续，并取得广告经营资格证明后，才能经营广告发布业务，否则，即为非法经营。

（二）对广告发布者提供的媒体覆盖率真实性的管理

新修订的《广告法》第三十六条规定："广告发布者向广告主、广告经营者提供的覆盖率、收视率、点击率、发行量等资料应当真实"。媒体覆盖率是媒体覆盖范围和覆盖人数的总称，对广告发布者提供的媒体覆盖率真实性的管理，是广告管理机关对广告发布活动实施规范化管理的内容之一。之所以要对广告发布者提供的媒体覆盖率的真实性进行管理，这是因为：其一，真实的媒体覆盖面是广告主、广告经营者实施广告战略的重要依据；其二，真实的媒体覆盖率是确定媒体收费标准的唯一依据。

（三）对广告发布者利用的时间、版面和篇幅的管理

广告发布者虽然拥有对媒体的使用权，但是并不能随心所欲地把全部时间、版面、篇幅都用来刊播广告。无论从自身生存的角度，还是从广告主利益的角度考虑，广告发布者都必须努力提高媒体的节目质量，增加新闻信息的容量，以便吸引更多的观众，提高媒体覆盖率。唯其如此，广告发布者才能吸引更多的广告主投入更多的广告经费在其媒体上做广告。而要达到这个目的，就必须对广告占用的时间、版面、篇幅进行有效的管理，将更多的时间、版面、篇幅用来刊播观众喜爱的节目和大容量的新闻信息等。

四、医药广告内容的管理

对医药广告内容的管理，是国家广告管理机关依照广告管理法律、法规和其他政策规定，对医药广告内容的真实性、合法性进行的管理。

广告管理机关依法监督、检查广告内容是否符合广告管理法律、法规的要求，依法对广告内容的违法行为人进行处罚。

（一）医药广告内容的规定

1.《广告法》对医药广告内容的规定

第三条　广告应当真实、合法，以健康的表现形式表达广告内容，符合社会主义精神文明建设和弘扬中华民族优秀传统文化的要求。

第四条　广告不得含有虚假或者引人误解的内容，不得欺骗、误导消费者。

广告主应当对广告内容的真实性负责。

第八条　广告中对商品的性能、功能、产地、用途、质量、成分、价格、生产者、有效期限、允诺等或者对服务的内容、提供者、形式、质量、价格、允诺等有表示的，应当准确、清楚、明白。

广告中表明推销的商品或者服务附带赠送的，应当明示所附带赠送商品或者服务的品种、规格、数量、期限和方式。

法律、行政法规规定广告中应当明示的内容，应当显著、清晰表示。

2.《广告法》对医药广告内容的限制

第十五条　麻醉药品、精神药品、医疗用毒性药品、放射性药品等特殊药品，药品类易制毒化学品，以及戒毒治疗的药品、医疗器械和治疗方法，不得做广告。

前款规定以外的处方药，只能在国务院卫生行政部门和国务院药品监督管理部门共同指定的医学、药学专业刊物上做广告。

第十六条　医疗、药品、医疗器械广告不得含有下列内容：

（1）表示功效、安全性的断言或者保证。

（2）说明治愈率或者有效率。

（3）与其他药品、医疗器械的功效和安全性或者其他医疗机构比较。

（4）利用广告代言人做推荐、证明。

（5）法律、行政法规规定禁止的其他内容。

药品广告的内容不得与国务院药品监督管理部门批准的说明书不一致，并应当显著标明禁忌、不良反应。处方药广告应当显著标明"本广告仅供医学药学专业人士阅读"，非处方药广告应当显著标明"请按药品说明书或者在药师指导下购买和使用"。

推荐给个人自用的医疗器械的广告，应当显著标明"请仔细阅读产品说明书或者在医务人员的指导下购买和使用"。医疗器械产品注册证明文件中有禁忌内容、注意事项的，广告中应当显著标明"禁忌内容或者注意事项详见说明书"。

第十七条　除医疗、药品、医疗器械广告外，禁止其他任何广告涉及疾病治疗功能，并不得使用医疗用语或者易使推销的商品与药品、医疗器械相混淆的用语。

（二）医疗广告内容的规定

1.《医疗广告管理办法》对医疗广告内容的规定

医疗广告内容仅限于以下项目：①医疗机构第一名称；②医疗机构地址；③所有制形式；④医疗机构类别；⑤诊疗科目；⑥床位数；⑦接诊时间；⑧联系电话。

2.《医疗广告管理办法》对医疗广告内容的限制

医疗广告的表现形式不得含有以下情形：①涉及医疗技术、诊疗方法、疾病名称、药物的；②保证治愈或者隐含保证治愈的；③宣传治愈率、有效率等诊疗效果的；④淫秽、迷信、荒诞的；⑤贬低他人的；⑥利用患者、卫生技术人员、医学教育科研机构及人员以及其他社会社团、组织的名义、形象做证明的；⑦使用解放军和武警部队名义的；⑧法律、行政法规规定禁止的其他情形。

（三）药品广告内容的规定

1.《药品管理法》对药品广告内容的规定

药品广告的内容必须真实、合法，以国务院药品监督管理部门批准的说明书为准，不得含有虚假的内容。

药品广告内容涉及药品适应证或者功能主治、药理作用等内容的宣传，应当以国务院食品药品监督管理部门批准的说明书为准，不得进行扩大或者恶意隐瞒的宣传，不得含有说明书以外的理论、观点等内容。第九条规定：药品广告中涉及改善和增强性功能内容的，必须与经批准的药品说明书中的适应证或者功能主治完全一致。

2. 《药品广告审查发布标准》对药品广告内容的限制

药品广告中有关药品功能疗效的宣传应当科学准确，不得出现下列情形：①含有不科学的表示功效的断言或者保证的；②说明治愈率或者有效率的；③与其他药品的功效和安全性进行比较的；④违反科学规律，明示或者暗示包治百病、适应所有症状的；⑤含有"安全无毒副作用""毒副作用小"等内容的；⑥含有明示或者暗示中成药为"天然"药品，因而安全性有保证等内容的；⑦含有明示或者暗示该药品为正常生活和治疗病症所必需等内容的；⑧含有明示或暗示服用该药能应付现代紧张生活和升学、考试等需要，能够帮助提高成绩、使精力旺盛、增强竞争力、增高、益智等内容的；⑨其他不科学的用语或者表示，如"最新技术""最高科学""最先进制法"等。

药品广告应当宣传和引导合理用药，不得直接或者间接怂恿任意、过量地购买和使用药品，不得含有以下内容：①含有不科学的表述或者使用不恰当的表现形式，引起公众对所处健康状况和所患疾病产生不必要的担忧和恐惧，或者使公众误解不使用该药品会患某种疾病或加重病情的；②含有免费治疗、免费赠送、有奖销售、以药品作为礼品或者奖品等促销药品内容的；③含有"家庭必备"或者类似内容的；④含有"无效退款""保险公司保险"等保证内容的；⑤含有评比、排序、推荐、指定、选用、获奖等综合性评价内容的。

3. 禁止发布的药品广告

根据《药品广告审查发布标准》规定下列药品不得发布广告：①麻醉药品、精神药品、医疗用毒性药品、放射性药品；②医疗机构配制的制剂；③军队特需药品；④国家食品药品监督管理总局依法明令停止或者禁止生产、销售和使用的药品；⑤批准试生产的药品。

五、医药广告表现的管理

广告作为一种创作艺术，必须借助一定的表现方法和形式，把广告主的主观愿望和营销意图传达给广告受众，并给其留下深刻的印象，以促进其购买行为的实现，这就是广告表现。

所谓广告表现管理，是指广告管理机关依照广告管理的法律、法规的有关规定和一定的道德标准、社会利益规范，对广告表现方法和形式实施的管理。

由于广告表现是针对社会公众所开展的宣传活动，又是为了追求盈利目标所采取的一种宣传手段，所以它必然要受到广告管理的法律、法规和道德的约束，必须符合一定的社会利益规范。因此，广告表现的管理主要包括以下几个方面。

1. 对广告表现真实性的管理

广告表现只有在真实的基础上，通过恰当的方法和形式，真实地传达出广告的主观愿望和营销意图，才能得到广告受众的认可，并取得最佳广告效果。

2. 对广告表现合法性的管理

广告表现的合法性，就是广告表现必须符合国家广告管理的法律、法规和其他法律、法规的有关规定。

3. 对广告表现道德性的管理

广告管理机关对广告表现中种种不道德行为要进行管理。它包括两方面的内容：其一，保护合法的广告表现，营造公平竞争环境；其二，对那些污蔑、诽谤、中伤竞争对手的广告表现，要依法予以严厉制裁。

4. 对广告表现公益性的管理

广告管理机关依法对广告表现中违反社会公益原则的画面、声音、语言、文字等要进行管理。我国《广告法》禁止出现下列违背社会公众利益的广告："妨碍社会安定和危害人身、财产安全、损害社会公共利益；妨碍社会公共秩序和违背社会良好风尚；含有淫秽、迷信、恐怖、暴力、丑恶的内容；含有民族、种族、宗教、性别歧视的内容；妨碍环境和自然资源保护。"

5. 对广告代言人的管理

广告代言人在广告中对商品、服务做推荐、证明，应当依据事实，符合本法和有关法律、行政法规规定，并不得为其未使用过的商品或者未接受过的服务做推荐、证明。不得利用不满十周岁的未成年人作为广告代言人。对在虚假广告中做推荐、证明受到行政处罚未满三年的自然人、法人或者其他组织，不得利用其作为广告代言人。

阅读资料 8 - 3

国家食品药品监督管理总局关于 2014 年第 4 期违法药品、医疗器械、保健食品广告汇总情况的通报

各省、自治区、直辖市食品药品监督管理局，新疆生产建设兵团食品药品监督管理局：

根据各省食品药品监督管理部门监测情况，总局现将 2014 年第四季度药品、医疗器械、保健食品违法广告情况通报如下：

一、总体情况

本期公告汇总期间，各省食品药品监督管理部门以发布《违法广告公告》方式，通报并移送同级工商行政管理部门查处的药品违法广告共 75666 条次，医疗器械违法广告共 3709 条次，保健食品违法广告共 22776 条次。3 个药品、5 个医疗器械和 11 个保健食品广告因严重篡改审批内容进行违法宣传被撤销或收回广告批准文号。对违法广告涉及产品采取了 147 次暂停销售限期整改措施。

二、情节严重的违法广告

大连金泉宝山药业集团股份有限公司生产的药品"参蛾温肾口服液",其功能主治为"温肾助阳。适用于肾阳虚所致神疲乏力,畏寒肢冷,腰膝酸软,尿后余沥的辅助治疗"。广告宣称"服用3天肥大的前列腺开始消肿;服用15天尿路通畅,尿频尿急减轻或消失;服用3副药前列腺症状全部消失,使男性性器官二次发育;一次治愈不复发"等。

黑龙江全鸡药业有限公司生产的药品"天麻追风膏",其功能主治为"追风祛湿,活血通络,散寒止痛。用于风寒湿痹所致的腰腿酸痛、麻木"。广告宣称"一副包治,消炎止痛、酸麻胀痛全部消失;两副包好,迅速消融髓核突出物和关节增生骨刺;一经治愈绝不复发,不开刀不吃药,骨病包治包好"等。

伊春金北药制药有限公司生产的药品"三宝胶囊",其功能主治为"益肾填精,养心安神。用于肾精亏虚、心血不足所致的腰腿酸软、阳痿遗精、头晕眼花、耳鸣耳聋、心悸失眠、食欲不振"。广告宣称"两三个星期,疲乏无力、腰膝酸软症状明显改善;坚持一段时间,尿频尿急、失眠健忘症状彻底好转,肾精亏虚、前列腺疾病得到根本治疗;男性障碍疾病治一个好一个"等。

湖南乐邦制药有限公司生产的药品"龟蛇酒",其功能主治为"滋阴补肾,益气活血,舒筋通络,祛风除湿。用于老年体弱,头昏眼花,腰膝酸软,尿频,四肢麻木,关节酸痛"。广告宣称"喝乐邦龟蛇酒胜过开刀吃药;清肾毒通肾脉,服用当天尿急尿频症状改善;服用七天脑血栓、中风偏瘫在搀扶下能行走;服用2~3个疗程彻底消除心脑猝死隐患"等。

广州白云山陈李济药厂有限公司生产的药品"活络止痛丸",其功能主治为"活血舒筋,祛风除湿。用于风湿痹痛,手足麻木酸软"。广告宣称"服用3天颈椎就不疼了;3周后10年的老风湿完全好了;服药90天变硬变形的关节恢复正常,骨病康复行动自如"等。

广西邦琪药业集团有限公司生产的药品"桂龙药膏",其功能主治为"祛风除湿,舒筋活络,温肾补血。用于风湿骨痛,慢性腰腿痛,肾阳不足及气血亏虚引起的贫血、失眠多梦、气短、心悸、多汗、厌食、腹胀、尿频"。广告宣称"支气管炎患者通过内外双修后呼吸顺畅,胸闷气短症状消失,肺炎未再发作;心肌炎患者通过内外双修后全身有力,心脏功能恢复正常;常感冒的患者通过内外双修后免疫力提高了"等。

安徽省阜阳市瑞康药业有限公司生产的医疗器械"远红外舒筋活血贴",其适用范围为"主要用于颈椎病、肩周炎、骨质增生、腰椎间盘突出、风湿关节炎、跌打损伤、腰腿痛等骨伤疼痛性病症的辅助治疗"。广告宣称"哪痛往哪贴,专治老风湿、老骨病;1个疗程腿就恢复了知觉;3个疗程就能下床走路了;3个月风湿骨病彻底好了"等。

保定辉瑞医疗器械有限公司生产的医疗器械"电极贴片",其适用范围为

"风湿、类风湿、肩周炎、颈椎病、腰椎间盘突出、骨质增生、滑膜炎、腱鞘炎、坐骨神经痛、无菌性股骨头坏死、痛风、闭合性软组织劳损、跌打损伤等引起的酸麻胀肿痛的辅助治疗"。广告宣称"3 天后关节有所好转；2 个疗程关节基本恢复；全国各地很多疑难骨病患者经我治疗都康复了"等。

咸阳皇家医疗保健品厂的保健食品"蓝美牌清清胶囊"，国食健字 G20040528，其批准的保健功能为"改善胃肠道功能"。广告宣称"服用当天排便顺畅痛快，服用三天浑身轻松气顺通畅；服用半个月体内毒素逐渐净化；服用一个月胃功能很好、三高也正常了、心脑血管病也正常了"等。

天津开发区天光高科技开发有限公司的保健食品"天光牌盐藻天然胡萝卜素软胶囊"，国食健字 G20040847，其批准的保健功能为"免疫调节"。广告宣称"1 个月失眠好了；3 个月血压、血糖恢复正常了；5 个月多年的冠心病好了；半年会年轻 5～8 岁；已帮助 5027 位高龄妈妈和不孕患者怀上健康的宝宝"等。

三、有关要求

各省级食品药品监管部门要按照总局工作要求，对上述曝光的 10 个严重违法广告一律撤销其批准文号。

严格药品、医疗器械、保健食品广告审核，进一步提高监测频率，加大对违法广告综合整治力度。

要采取多种形式提醒广大消费者，在医生或药师指导下购买药品和医疗器械；保健食品没有治疗作用，不能代替药品，需谨慎购买。

国家食品药品监督管理总局

2015 年 1 月 5 日

任务演练

2014 年 6 月，怀柔工商分局执法人员在日常检查中发现，某医院发布医疗广告内容与《医疗广告审查证明》的内容不符。当事人涉嫌未按照《医疗广告证明》核定的内容设计、制作、发布医疗广告，执法人员依法对其立案调查。经查，当事人将《医疗广告审查证明》成品样件的内容"某某医院，诊疗科目：内科、外科、口腔科、中医科、妇产科/妇产专业。"擅自变更为"某某医院，医保、新农合定点医院，看名老中医，吃放心中药到某某医院。某某医院，医保、新农合定点医院。颈肩腰腿痛选择某某医院，我专业，你放心"。

试分析该广告含有哪些违法事实？应由哪个部门对其进行处罚？该如何处罚？

任务3 医药广告自律和社会监督管理

一、医药广告的自律管理

中国广告协会于2008年修订了《广告行业自律规则》（中广协〔2008〕59号文件），自2008年7月1日起施行，《广告行业自律规则》对广告内容、广告行为、自律措施等做出了相应的规定：为促进全国广告行业的自我约束、自我完善，维护广告市场秩序，树立良好的行业风气，更好地发挥行业组织规范行为的作用，依据国家广告管理法律、法规，并借鉴国外广告行业的自律办法，制定本规则。广告主、广告经营者、广告发布者及其他参与广告活动的单位和个人（以下简称"广告活动主体"），应当诚实守信，增强自律意识，遵守本自律规则的要求，承担社会责任和社会义务。

（一）广告行业自律的特征

所谓广告行业自律，又叫广告行业自我管理，是指广告活动主体以行业普遍认可的行为规范，或者以行业组织依程序制定的广告活动规则为标准，进行自我约束和自我管理，使其行为符合国家法律法规、职业道德和社会公德的要求。广告行业自律是广告行业进行自我管理的一种职业道德规范，它主要通过人们在广告活动中自觉遵守和维护这种职业道德规范来发挥作用。它是目前世界上通行的一种行之有效的管理方式，并逐渐发展成为广告行业自我管理的一种制度。

广告行业自律具有以下特征。

1. 自发性

广告行业组织并非政府的行政命令和强制行为的结果，而是由广告主、广告经营者、广告发布者自发成立的；广告行业组织用以进行自我管理的依据——《广告行业自律规则》，是由广告主、广告经营者、广告发布者和广告行业组织共同商议、自行制订的，体现出广告行业的共同愿望。

2. 自愿性

政府管理广告，主要通过广告管理法律、法规和其他政策规定对广告活动实施管理，无论广告主、广告经营者和广告发布者愿意与否，都必须服从政府的管理和广告管理法律、法规的要求，违者将受到法律、法规的制裁，因而政府的广告管理具有强制性。而广告行业自律则不然，它是由广告主、广告经营者、广告发布者和广告行业组织主动提出，并自觉遵守的，是一种完全自愿的行为，其本身不带强制性。

3. 道德约束性或舆论规范性

广告行业自律作用的发挥，一方面来自于广告主、广告经营者和广告发布者自身的职业道德、社会公德等内在修养和信念，即广告主、广告经营者和广告发布者不仅主动提出了广告行业自律规则，而且还要自觉遵守；另一方面则来自一些具有职业道德、社会公德等规范作用的广告自律章程、公约、会员守则对广告主、广告经营者和广告发布者的广告行为的规范与约束。它主要借助职业道德、社会公德的力量和社会舆论、广告行业同仁舆论的力量来发挥其规范与约束作用，即使广告主、广告经营者和广告发布者有违反广告自律规则的行为，也只在广告行业内部，通过舆论谴责和批评教育等方式，对其行为加以规范与约束。

4. 灵活性

广告行业自律的灵活性，是指广告主、广告经营者、广告发布者和广告行业组织在制订广告行业自律章程、公约和会员守则等自律规则时，具有较大的灵活性。只要参与制订该自律规则的各方同意，可以随时制订自律规则，而且还可以根据客观情况的变化和现实需要，随时对自律规则进行修改和补充。

（二）广告行业自律的内容

1. 广告应当符合《广告法》及其他法律法规的有关规定。

2. 广告应当符合社会主义精神文明建设的需要，有利于维护社会公共秩序和树立良好社会风尚。

3. 禁止虚假和误导广告，也不应对商品或服务的属性做片面的宣传；不应将科学上尚未定论的观点、现象当作产品或服务的特点用于广告；以明显的艺术夸张手法作为表现形式，不足以造成公众误解的除外。

4. 法律法规禁止生产、销售的商品或提供的服务，以及禁止发布广告的商品或服务，不得广告。

5. 广告诉求和信息传递，应当充分尊重消费者的知情权和受众的认知能力，不得利用信息的不对称做引人误解的宣传。

6. 广告对商品或者服务的功效、性质和条件等内容有表示的，应当准确、客观，且能够被科学的方法所证实，不得有任何夸大；涉及商品的成分、含量及其他数据、统计资料的，应当提供有效的证明文件。

7. 广告应当尊重他人的知识产权，不抄袭他人专属的广告创意，未经许可不应在广告中使用他人受保护的各类作品。

8. 广告应当尊重妇女，有利于儿童身心健康，并正确引导大众消费。不适合未成年人的商品和服务，不应使用未成年人的形象和名义制作广告。

9. 广告应当尊重良好道德传统，弘扬健康民族文化，不应表现低俗、迷信和其他不良行为。

（三）广告行业自律的行为

1. 广告主自律的行为

（1）广告主应当向广告经营者提供真实、可靠的商品或服务信息和齐备的证明材料，不得怂恿广告经营者设计、制作不实广告。

（2）广告主应当尊重广告公司及其他广告服务机构的合法权益，支付相应的代理费或服务费，不得无偿占有其劳动成果。采用比稿形式选择广告公司时，应向所有提供策划、创意等方案的公司支付相应的费用。

（3）广告主和广告经营者不得以不正当的广告投放为手段干扰媒体节目、栏目等内容的安排。

2. 广告经营者自律的行为

（1）广告经营者应通过提高服务质量争取客户，不得恶意竞争、扰乱市场秩序，代理费的收取不得低于服务的成本费用。

（2）广告经营者和广告发布者应当认真履行广告的审查义务。对于各类广告证明，应查看原件，必要时还应与出证机构核实，切实把好广告制作、刊播的关口。

3. 广告发布者自律的行为

（1）广告发布者不得强制搭售广告时间、版面或附加其他不合理的交易条件。

（2）广告发布者公布的广告刊播价格和折扣条件应当统一、透明，在执行中一视同仁。

4. 广告代言人自律的行为

广告代言人从事广告活动，应当自尊、自重，并事先对代言内容的真实性、合法性做必要的了解，切实对消费者负责。

（四）广告行业自律的措施

1. 对于涉嫌违反法律、法规和行业自律规则的广告内容和行为，任何单位和个人都可以向中国广告协会及地方各级广告协会投诉和举报。

2. 对于违反本规则的相关责任者，经查证后，分别采取如下自律措施：

（1）自律劝诫。

（2）通报批评。

（3）取消协会颁发的荣誉称号。

（4）取消会员资格。

（5）降低或取消协会认定的中国广告业企业资质等级。

（6）报请政府有关部门处理。

以上处理措施，可以单独适用，也可以合并适用。

3. 对于做出的自律处置有异议的，相关当事人可以向中国广告协会理事会提起申诉，由理事会做出最终自律处理决定。

4. 任何单位和个人均有权对协会实施行业自律的情况进行监督，对于违规行为有权向协会的上级主管部门举报。

阅读资料 8 - 4

美国药品广告的行业自律

美国广告业的行业自律体系非常健全，自我管理机制也比较完善，行业组织的自我管理是美国广告管理的重要组成部分。其自律体系主要由广告公司、广告媒体和广告主三个自律主体构成。广告公司需要审查广告主所提交材料的真实有效性，广告媒体也建立有相应的广告审查机构和制度，以防止因广告主发布的信息与事实不符而导致自身利益受损。因行业组织有着很高的地位，可以发挥带头作用，广告主主要由其领域内的行业组织规范进行自律。此外，各领域间相互竞争的企业也可以作为自律体系的组成部分，根据《拉纳姆法案》的第 43 节 (a) 规定，当某一企业进行虚假宣传时，其竞争企业可以对其提起诉讼。

药品广告领域，也存在着广告公司、广告媒体、广告主和竞争企业间的自我监管，目的是保护公共健康，减少相关部门不必要的监管。其体系可以归纳如下：

(1) 隶属于商业促进局理事会 (Council of Better Business Bureaus, CBBB) 的全国广告处 (National Advertising Division, NAD) /全国广告审查委员会 (National Advertising Review Board, NARB)：NAD 是主要的广告自律机构，消费者、广告主的竞争企业都可以针对广告的真实性和准确性向 NAD 投诉。NAD 是初审机构，NARB 为二审机构。NAD/NARB 的决定都不具有法律约束力，广告主自愿选择是否遵从。然而，如果某一广告主没有遵守，NAD/NARB 可以根据处方药、非处方药广告类别，将其移交给 FTC 或 FDA。

(2) 全国广播电视协会 (the National Association of Broad - casters, NAB)：美国的媒体也建立有相应的广告审查制度，如电视广播公司在接受广告申请之前，可以要求广告主提交广告的故事板 (指软件显示效果的视觉草图，用于视频创作和广告设计，表达作者的创意)，而且会审查能进行广告宣传的证明。

(3) 美国消费者健康产品协会 (Consumer Healthcare Products Association, CHPA)：CHPA 是一个代表非处方药、膳食补充剂企业的全国性贸易协会，已有 119 年的历史，在非处方药领域享誉甚高，早在 1934 年，CHPA 自发制定了非处方药广告规范并定期更新，对当今药品广告规范的制定起到了重要作用。

(4) 美国药物研发和制造商协会组织 (the Pharmaceutical Research and Manufacturers of America, PhRMA)：处方药广告受到制药企业协会的约束，PhRMA 已经制定了 15 个处方药广告指南，并由 25 家企业采用。其关键在于，遵从 FDA 指南，并发布了一系列处方药广告指南，及时进行修正。

(5) 同领域中的竞争企业：出于实事求是、遵守法律法规的原则，企业需要保证药品广告的真实性。其竞争企业会审议他们的广告，并根据《拉纳姆法案》对其提起诉讼。

上述体系只是美国药品广告自律体系中的一小部分，还有诸多组织如美国广告代理商协会、美国广告联盟等在广告监管方面也发挥着很大作用。可见，美国的药品广告自律体系十分健全，各自律组织兢兢业业，体现了自律体系间的明确分工、通力合作，从而更好地协助美国药品广告的监管工作。

资料来源：李延敏，陈蕾，张欣涛，等．美国药品广告监管模式对我国的启示［J］．中国药业，2013，20（14）：3-4.

二、医药广告的社会监督管理

（一）广告社会监督的特征

广告社会监督，又称广告消费者监督，或广告舆论监督。它主要通过广大消费者自发成立的消费者组织，依照国家广告管理的法律、法规对广告进行日常监督，对违法广告和虚假广告向政府广告管理机关进行举报与投诉，并向政府立法机关提出立法请求与建议。其目的在于制止或限制虚假、违法广告对消费者权益的侵害，以维护广大消费者的正当权益，确保广告市场健康有序的发展。

广告社会监督具有以下特征：

1. 广告社会监督主体的广泛性

广告信息一发布出来，就要受到广告受众全方位的监督。这些广告受众即构成广告社会监督的主体，其每一个成员都可以对广告的真实性、合法性进行监督，并向各级广告社会监督组织反馈其监督结果，从而构成一支庞大的广告社会监督大军。

2. 广告社会监督组织的"官意民办"性

我国各级消费者协会多带有"官意民办"的性质。这种"官意民办"性质主要表现在：其一，各级消费者协会都是经过同级人民政府批准后成立的，并非消费者完全自发的行为；其二，它成立后挂靠在同级工商行政管理机关，没有独立的地位；其三，它在经费、编制、人员及办公条件等方面需得到同级政府支持，缺乏自主权。由这种"官意民办"的性质决定，广告社会监督组织具有二重使命：既要在一定程度上体现官方意志，又要保护广大消费者的合法权益。

3. 广告社会监督行为的自发性

广告受众依法对广告进行监督并非广告管理机关和广告社会监督组织的指令所致，而是一种完全自发的和自愿的行为，广告受众这种自发行为主要来自：其一，广告受众对自己接受真实广告信息权利的认识的加强；其二，广告受众对保护自身合法权益的意识的提高。

4. 广告社会监督结果的无形权威性

广告主发布广告，向社会公众传递商品或服务信息，其目的在于使一般社会公众成为广告受众，使潜在的购买趋势发展成为现实的购买行为。但社会公众是否愿意接受其广告信息，是否愿意产生购买欲望和发生购买行为，主动权不在广告主一边，也不在广告公司一边，而是在广告受众一边。而广告信息是否真实、广告主的承诺是否可信，将直接影响广告受众对它的认可与否，并决定其购买愿望和购买行为的产生与否。因此，以广告受众为主的广告社会监督主体对广告的监督结果具有一种无形的权威性。社会监督结果的这种无形权威性是广告主、广告公司进行广告创意、构思、设计、制作时所不容忽视的，任何对它的忽视或轻蔑都将招致严重的后果。

（二）广告社会监督组织及其职能

1. 广告社会监督组织

我国的广告社会监督组织，主要指中国消费者协会和各地设立的消费者协会（有的称消费者委员会或消费者联合会）。中国消费者协会是经国务院批准，于 1984 年 12 月 26 日在北京成立的。截止到 1994 年，全国县级以上的消费者协会已超过 2400 多个，在街道、乡镇、大中型企业中建立的各种形式的保护消费者的社会监督网络 3.3 万多个。消费者协会基本上是由工商行政管理、技术监督、进出口检验、物价、卫生等部门及工会、妇联、共青团中央等组织共同发起，经同级人民政府批准建立和民政部门核准登记，具有社会团体法人资格，挂靠在同级工商行政管理局的"官意民办"的消费者组织。根据《中华人民共和国消费者权益保护法》（以下简称《消费者权益保护法》）第三十六条规定："消费者协会和其他消费者组织是依法成立的对商品和服务进行社会监督的保护消费者合法权益的社会组织。"这便是消费者协会的性质和任务。

2. 广告社会监督组织的职能

依照《消费者权益保护法》第三十七条的规定，消费者协会履行下列公益性职责：

（1）向消费者提供消费信息和咨询服务，提高消费者维护自身合法权益的能力，引导文明、健康、节约资源和保护环境的消费方式。

（2）参与制定有关消费者权益的法律、法规、规章和强制性标准。

（3）参与有关行政部门对商品和服务的监督、检查。

（4）就有关消费者合法权益的问题，向有关部门反映、查询，提出建议。

（5）受理消费者的投诉，并对投诉事项进行调查、调解。

（6）投诉事项涉及商品和服务质量问题的，可以委托具备资格的鉴定人鉴定，鉴定人应当告知鉴定意见。

（7）就损害消费者合法权益的行为，支持受损害的消费者提起诉讼或者依照本法提起诉讼。

（8）对损害消费者合法权益的行为，通过大众传播媒介予以揭露、批评。

各级人民政府对消费者协会履行职责应当予以必要的经费等支持；消费者协会应当认真履行保护消费者合法权益的职责，听取消费者的意见和建议，接受社会监督；依法成立的其他消费者组织依照法律、法规及其章程的规定，开展保护消费者合法权益的活动。

（三）广告社会监督的运行机制

我国广告社会监督的运行分为三个层次，由下向上，逐层推进，构成一个有机的整体，并自成体系。这三个层次如下。

1. 广告受众对广告的全方位监督

广告中任何违法、虚假的成分都逃脱不了广告受众"雪亮"的眼睛。广告受众这种对广告的全方位监督构成了广告社会监督的第一个层次，它是广告社会监督的基础。正因为有广告受众对广告全方位监督这样坚实的基础，故广告社会监督才得以顺利进行。

2. 广告社会监督组织的中枢保障作用

广告社会监督组织在广告社会监督的运行机制中介于新闻传媒、广告管理机关、人民法院与广告受众之间，处于第二层。广告社会监督组织有两大任务：一是对商品或服务广告进行社会监督，二是保护广告受众接受真实广告信息的权利。为了完成这两大任务，一方面，广告社会监督组织要积极宣传，动员一切可以动员的力量，包括全方位的社会监督。另一方面，广告受众对虚假、违法广告的举报与投诉，广告社会监督组织有责任与义务向大众传播媒介进行通报，并让新闻传媒对其进行曝光；对情节严重并造成了严重后果的，广告社会监督组织还应向广告管理机关的人民法院提起诉讼。因此，在广告社会监督的运行机制中，广告社会监督组织上接新闻传媒、广告管理机关、人民法院，下连广告受众，起着重要的中枢保障作用，并共同构成一个有机的整体。

3. 新闻传媒、广告管理机关、人民法院对违法广告的监管

由广告社会监督组织"官意民办"的特点所决定，其无法独立完成对商品或服务广告进行社会监督和保护广告受众接受真实广告信息的权利这两大任务。在通常情况下，它不得不借助于新闻传媒、政府广告管理机关、人民法院对虚假、违法广告及其责任人的曝光、查禁和惩处。因此，新闻传媒、政府广告管理机关和人民法院对虚假、违法广告的曝光、查禁和惩处便构成了广告社会监督运行机制的第三层次，也是最高层次。在该层次，对广告受众投诉与举报的虚假、违法广告，最常见的做法是通过一定的社会监督组织，向新闻传媒进行发布，然后再由新闻传媒对其进行曝光，借助社会舆论的力量防止虚假、违法广告的出现和出现后的进一步蔓延。所以，新闻传媒对虚假、违法广告的曝光在广告社会监督中起着至关重要的作用，这种作用在一定程度上是不可替代的。可以这样说，广告社会监督的任务完成与否，在很大程度上取决于新闻传媒对虚假、违法广告的这种舆论监督作用是否发挥出来了。除此而外，政府广告管理机关、人民法院对情节严重并造成了重大伤害的虚假、违法广告的查禁和惩处，也是广告社会监督得以顺利实现的重要保证。

任务演练

目前，一些医疗广告成了"真实的谎言"，不少人上当受骗，讨论分析如何才能消除这种状况。

项目小结

医药广告传播医药信息具有特殊性。我国立法机关和政府对医药广告建立了一整套法律法规和管理制度，对医药广告主体、广告信息、广告公司、广告表现形式、广告媒体等均进行了严密的规范，对医药广告违法行为进行了界定，并制定了相应的处罚办

法。这从根本上规范了医药广告行为，同时对医药广告事业的发展起到积极的保驾护航作用，并对切实保障社会公众的身体健康和生命安全起到积极的作用。本项目重点从广告法规管理和广告自律管理两个角度介绍了医药广告活动中的管理问题。

▊ 目标检测

一、复习思考

1. 医疗机构申请医疗广告应当提交哪些材料？
2. 医药广告合同包含有哪几方面的内容？
3. 医药广告违法的构成条件和具体表现形式有哪些？
4. 对医药广告负有监督管理职责的行政部门有哪些？各自的职责是什么？
5. 医药广告的自律行为有哪些？
6. 广告社会监督的组织及其职能有哪些？

二、案例分析

"力度伸"："预防"比"治疗"更重要

感冒药市场一直是一个稳定而巨大的市场，每年能达到 200 亿元的销量。因市场强势品牌多，且占有份额基本稳定，其他新品难以介入。虽第一品牌康泰克因 PPA 事件后使感冒药市场重新定义，但新康泰克又东山再起，重申自己不含 PPA，其收复失地的决心之大可想而知。正当这类大品牌相互角逐时，海王药业也重拳出击，推出海王银得菲强行挤入，使热热闹闹的感冒药市场更加繁荣。

然而，就从 2002 年元月开始，上海市场突然冒出了一个 VC 泡腾片，强力瓜分感冒药市场。这是上海罗氏制药有限公司生产的"力度伸" VC 感冒药品。

关于治疗感冒，大多数人已经有了共识，即预防感冒吃中药板蓝根，感冒后要吃西药康泰克、泰诺、百服灵等。对于感冒药市场，罗氏制药公司把握了一个人们司空见惯的事实，即吃感冒药当心有副作用，特别是儿童尽量少吃。另外还有人认为，感冒了吃药一个星期见好，不吃药七天见好，两者差不多，所以很多人宁愿不吃感冒药，硬挺着身子让体内免疫系统自行康复。既然治疗无济于事，那么预防就显得非常关键。

"力度伸"就从预防入手，推广提前保护意识。一时间，"力度伸"报纸广告、公交广告铺天盖地，到处都是"保护你，感冒远离你"的宣传口号。宣传对象从少年儿童到成年人，主要针对白领家庭进行诉求。一方面以小孩的口吻"夸夸我的妈妈"，一方面是白领丽人的自述"我家的'守护天使'"，倡导每天补充 1000 毫克维生素 C，加固人体免疫防线，让感冒远离自己与家人。高频度的报媒、车体、户外广告轰炸，短短的两三个月，掀起一股"抵御感冒 VC 计划"的旋风。

当人们还沉浸在 PPA 风波的阴影之中，作为一个全新的 VC 防感冒概念，"力度伸"无疑使人们眼睛一亮：原来感冒来临前，千万要注意免疫力下降，做好健康防护，保证体内 VC 的充足！

"力度伸"的报媒选择以《申江服务导报》《上海星期三》《新闻晨报》《新民晚报》为主，同时大力开发《生活周刊》《每周广播电视报》读者群，以硬广告和软文结合的优势展开宣传攻势。在户外广告方面加强了公交车身广告的投入和地铁广告的投入，以及药店终端的建设等，展开全面的市场导入营销。

这是OTC市场一个非常典型的差异化入市的案例，而且导入期非常迅速，完全从天然角度推广预防观念，达到远离感冒的目的。

资料来源：张继明. 谋定市场［M］. 重庆：重庆出版社，2002.

分析：

1. 结合医药广告管理相关的法律法规，说明在该广告案例中有无存在违反医药广告管理的现象？

2. 上述广告案例中若存在有违规现象，应如何处理？

3. 本案例中上海罗氏制药有限公司要发布该广告，须要向广告审查机关提交哪些申报资料？

三、实训操作

【实训项目】

识别和分析违法的医药广告。

【实训目的】

检验学生对医疗及药品广告法律法规的掌握情况及运用相关法律法规知识分析解决实际问题的能力。

【实训内容】

学生自己收集1~2个违规医疗或药品广告的实例，分析其违法事实，管理部门该如何管理。

【实训步骤】

1. 从日常生活、学习中收集违规医疗或药品广告的实例。

2. 运用本项目所学内容分析案例中的违法事实及所违反的法律法规条款。

3. 确定对该违法广告负有监督管理职责的部门。

4. 该如何对该违法广告行为进行处罚，由哪个部门处罚及所使用的法律依据（可查阅本教材附录中的法律法规）。

【实训评价】

（满分100分）

1. 所选案例典型，生活中常见，患者容易上当受骗。（10分）

2. 分析案例中的违法事实及所违反的法律法规条款正确。（30分）

3. 负有监督管理职责的部门确定准确。（30分）

4. 对该违法广告行为处罚适当，执法部门及所使用的法律条款正确。（30分）

（王秋红）

附　录

附录一

《中华人民共和国广告法》

（1994 年 10 月 27 日第八届全国人民代表大会常务委员会第十次会议通过，2015 年 4 月 24 日第十二届全国人民代表大会常务委员会第十四次会议修订）

第一章　总　则

第一条　为了规范广告活动，保护消费者的合法权益，促进广告业的健康发展，维护社会经济秩序，制定本法。

第二条　在中华人民共和国境内，商品经营者或者服务提供者通过一定媒介和形式直接或者间接地介绍自己所推销的商品或者服务的商业广告活动，适用本法。

本法所称的广告主，是指为推销商品或者服务，自行或者委托他人设计、制作、发布广告的自然人、法人或者其他组织。

本法所称的广告经营者，是指接受委托提供广告设计、制作、代理服务的自然人、法人或者其他组织。

本法所称的广告发布者，是指为广告主或者广告主委托的广告经营者发布广告的自然人、法人或者其他组织。

本法所称的广告代言人，是指广告主以外的，在广告中以自己的名义或者形象对商品、服务做推荐、证明的自然人、法人或者其他组织。

第三条　广告应当真实、合法，以健康的表现形式表达广告内容，符合社会主义精神文明建设和弘扬中华民族优秀传统文化的要求。

第四条　广告不得含有虚假或者引人误解的内容，不得欺骗、误导消费者。

广告主应当对广告内容的真实性负责。

第五条　广告主、广告经营者、广告发布者从事广告活动，应当遵守法律、法规，诚实信用，公平竞争。

第六条　国务院工商行政管理部门主管全国的广告监督管理工作，国务院有关部门在各自的职责范围内负责广告管理的相关工作。

县级以上地方工商行政管理部门主管本行政区域的广告监督管理工作，县级以上地方人民政府有关部门在各自的职责范围内负责广告管理相关工作。

第七条　广告行业组织依照法律、法规和章程的规定，制定行业规范，加强行业自律，促进行业发展，引导会员依法从事广告活动，推动广告行业诚信建设。

第二章　广告内容准则

第八条　广告中对商品的性能、功能、产地、用途、质量、成分、价格、生产者、有效期限、允诺等或者对服务的内容、提供者、形式、质量、价格、允诺等有表示的，应当准确、清楚、明白。

广告中表明推销的商品或者服务附带赠送的，应当明示所附带赠送商品或者服务的品种、规格、数量、期限和方式。

法律、行政法规规定广告中应当明示的内容，应当显著、清晰表示。

第九条　广告不得有下列情形：

（一）使用或者变相使用中华人民共和国的国旗、国歌、国徽，军旗、军歌、军徽。

（二）使用或者变相使用国家机关、国家机关工作人员的名义或者形象。

（三）使用"国家级""最高级""最佳"等用语。

（四）损害国家的尊严或者利益，泄露国家秘密。

（五）妨碍社会安定，损害社会公共利益。

（六）危害人身、财产安全，泄露个人隐私。

（七）妨碍社会公共秩序或者违背社会良好风尚。

（八）含有淫秽、色情、赌博、迷信、恐怖、暴力的内容。

（九）含有民族、种族、宗教、性别歧视的内容。

（十）妨碍环境、自然资源或者文化遗产保护。

（十一）法律、行政法规规定禁止的其他情形。

第十条　广告不得损害未成年人和残疾人的身心健康。

第十一条　广告内容涉及的事项需要取得行政许可的，应当与许可的内容相符合。

广告使用数据、统计资料、调查结果、文摘、引用语等引证内容的，应当真实、准确，并标明出处。引证内容有适用范围和有效期限的，应当明确表示。

第十二条　广告中涉及专利产品或者专利方法的，应当标明专利号和专利种类。

未取得专利权的，不得在广告中谎称取得专利权。

禁止使用未授予专利权的专利申请和已经终止、撤销、无效的专利做广告。

第十三条　广告不得贬低其他生产经营者的商品或者服务。

第十四条　广告应当具有可识别性，能够使消费者辨明其为广告。

大众传播媒介不得以新闻报道形式变相发布广告。通过大众传播媒介发布的广告应当显著标明"广告"，与其他非广告信息相区别，不得使消费者产生误解。

广播电台、电视台发布广告，应当遵守国务院有关部门关于时长、方式的规定，并应当对广告时长做出明显提示。

第十五条　麻醉药品、精神药品、医疗用毒性药品、放射性药品等特殊药品，药品类易制毒化学品，以及戒毒治疗的药品、医疗器械和治疗方法，不得做广告。

前款规定以外的处方药，只能在国务院卫生行政部门和国务院药品监督管理部门共同指定的医学、药学专业刊物上做广告。

第十六条　医疗、药品、医疗器械广告不得含有下列内容：

（一）表示功效、安全性的断言或者保证。

（二）说明治愈率或者有效率。

（三）与其他药品、医疗器械的功效和安全性或者其他医疗机构比较。

（四）利用广告代言人做推荐、证明。

（五）法律、行政法规规定禁止的其他内容。

药品广告的内容不得与国务院药品监督管理部门批准的说明书不一致，并应当显著标明禁忌、不良反应。处方药广告应当显著标明"本广告仅供医学药学专业人士阅读"，非处方药广告应当显著标明"请按药品说明书或者在药师指导下购买和使用"。

推荐给个人自用的医疗器械的广告，应当显著标明"请仔细阅读产品说明书或者在医务人员的指导下购买和使用"。医疗器械产品注册证明文件中有禁忌内容、注意事项的，广告中应当显著标明"禁忌内容或者注意事项详见说明书"。

第十七条　除医疗、药品、医疗器械广告外，禁止其他任何广告涉及疾病治疗功能，并不得使用医疗用语或者易使推销的商品与药品、医疗器械相混淆的用语。

第十八条　保健食品广告不得含有下列内容：

（一）表示功效、安全性的断言或者保证。

（二）涉及疾病预防、治疗功能。

（三）声称或者暗示广告商品为保障健康所必需。

（四）与药品、其他保健食品进行比较。

（五）利用广告代言人作推荐、证明。

（六）法律、行政法规规定禁止的其他内容。

保健食品广告应当显著标明"本品不能代替药物"。

第十九条　广播电台、电视台、报刊音像出版单位、互联网信息服务提供者不得以介绍健康、养生知识等形式变相发布医疗、药品、医疗器械、保健食品广告。

第二十条　禁止在大众传播媒介或者公共场所发布声称全部或者部分替代母乳的婴儿乳制品、饮料和其他食品广告。

第二十一条　农药、兽药、饲料和饲料添加剂广告不得含有下列内容：

（一）表示功效、安全性的断言或者保证。

（二）利用科研单位、学术机构、技术推广机构、行业协会或者专业人士、用户的名义或者形象做推荐、证明。

（三）说明有效率。

（四）违反安全使用规程的文字、语言或者画面。

（五）法律、行政法规规定禁止的其他内容。

第二十二条　禁止在大众传播媒介或者公共场所、公共交通工具、户外发布烟草广告。禁止向未成年人发送任何形式的烟草广告。

禁止利用其他商品或者服务的广告、公益广告宣传烟草制品名称、商标、包装、装潢以及类似内容。

烟草制品生产者或者销售者发布的迁址、更名、招聘等启事中，不得含有烟草制品名称、商标、包装、装潢以及类似内容。

第二十三条　酒类广告不得含有下列内容：

（一）诱导、怂恿饮酒或者宣传无节制饮酒。

（二）出现饮酒的动作。

（三）表现驾驶车、船、飞机等活动。

（四）明示或者暗示饮酒有消除紧张和焦虑、增加体力等功效。

第二十四条　教育、培训广告不得含有下列内容：

（一）对升学、通过考试、获得学位学历或者合格证书，或者对教育、培训的效果做出明示或者暗示的保证性承诺。

（二）明示或者暗示有相关考试机构或者其工作人员、考试命题人员参与教育、培训。

（三）利用科研单位、学术机构、教育机构、行业协会、专业人士、受益者的名义或者形象做推荐、证明。

第二十五条　招商等有投资回报预期的商品或者服务广告，应当对可能存在的风险以及风险责任承担有合理提示或者警示，并不得含有下列内容：

（一）对未来效果、收益或者与其相关的情况做出保证性承诺，明示或者暗示保本、无风险或者保收益等，国家另有规定的除外。

（二）利用学术机构、行业协会、专业人士、受益者的名义或者形象做推荐、证明。

第二十六条　房地产广告，房源信息应当真实，面积应当表明为建筑面积或者套内建筑面积，并不得含有下列内容：

（一）升值或者投资回报的承诺。

（二）以项目到达某一具体参照物的所需时间表示项目位置。

（三）违反国家有关价格管理的规定。

（四）对规划或者建设中的交通、商业、文化教育设施以及其他市政条件做误导宣传。

第二十七条　农作物种子、林木种子、草种子、种畜禽、水产苗种和种养殖广告关于品种名称、生产性能、生长量或者产量、品质、抗性、特殊使用价值、经济价值、适宜种植或者养殖的范围和条件等方面的表述应当真实、清楚、明白，并不得含有下列内容：

（一）做科学上无法验证的断言。

（二）表示功效的断言或者保证。

（三）对经济效益进行分析、预测或者做保证性承诺。

（四）利用科研单位、学术机构、技术推广机构、行业协会或者专业人士、用户的名义或者形象做推荐、证明。

第二十八条　广告以虚假或者引人误解的内容欺骗、误导消费者的，构成虚假广告。

广告有下列情形之一的，为虚假广告：

（一）商品或者服务不存在的。

（二）商品的性能、功能、产地、用途、质量、规格、成分、价格、生产者、有效期限、销售状况、曾获荣誉等信息，或者服务的内容、提供者、形式、质量、价格、销售状况、曾获荣誉等信息，以及与商品或者服务有关的允诺等信息与实际情况不符，对购买行为有实质性影响的。

（三）使用虚构、伪造或者无法验证的科研成果、统计资料、调查结果、文摘、引用语等信息做证明材料的。

（四）虚构使用商品或者接受服务的效果的。

（五）以虚假或者引人误解的内容欺骗、误导消费者的其他情形。

第三章　广告行为规范

第二十九条　广播电台、电视台、报刊出版单位从事广告发布业务的，应当设有专门从事广告业务的机构，配备必要的人员，具有与发布广告相适应的场所、设备，并向县级以上地方工商行政管理部门办理广告发布登记。

第三十条　广告主、广告经营者、广告发布者之间在广告活动中应当依法订立书面合同。

第三十一条　广告主、广告经营者、广告发布者不得在广告活动中进行任何形式的不正当竞争。

第三十二条　广告主委托设计、制作、发布广告，应当委托具有合法经营资格的广告经营者、广告发布者。

第三十三条　广告主或者广告经营者在广告中使用他人名义或者形象的，应当事先取得其书面同意；使用无民事行为能力人、限制民事行为能力人的名义或者形象的，应当事先取得其监护人的书面同意。

第三十四条　广告经营者、广告发布者应当按照国家有关规定，建立、健全广告业务的承接登记、审核、档案管理制度。

广告经营者、广告发布者依据法律、行政法规查验有关证明文件，核对广告内容。对内容不符或者证明文件不全的广告，广告经营者不得提供设计、制作、代理服务，广告发布者不得发布。

第三十五条　广告经营者、广告发布者应当公布其收费标准和收费办法。

第三十六条　广告发布者向广告主、广告经营者提供的覆盖率、收视率、点击率、发行量等资料应当真实。

第三十七条　法律、行政法规规定禁止生产、销售的产品或者提供的服务，以及禁止发布广告的商品或者服务，任何单位或者个人不得设计、制作、代理、发布广告。

第三十八条　广告代言人在广告中对商品、服务做推荐、证明，应当依据事实，符合本法和有关法律、行政法规规定，并不得为其未使用过的商品或者未接受过的服务做推荐、证明。

不得利用不满十周岁的未成年人作为广告代言人。

对在虚假广告中做推荐、证明受到行政处罚未满三年的自然人、法人或者其他组织，不得利用其作为广告代言人。

第三十九条　不得在中小学校、幼儿园内开展广告活动，不得利用中小学生和幼儿的教材、教辅材料、练习册、文具、教具、校服、校车等发布或者变相发布广告，但公益广告除外。

第四十条　在针对未成年人的大众传播媒介上不得发布医疗、药品、保健食品、医疗器械、化妆品、酒类、美容广告，以及不利于未成年人身心健康的网络游戏广告。

针对不满十四周岁的未成年人的商品或者服务的广告不得含有下列内容：

（一）劝诱其要求家长购买广告商品或者服务。

（二）可能引发其模仿不安全行为。

第四十一条　县级以上地方人民政府应当组织有关部门加强对利用户外场所、空间、设施等发布户外广告的监督管理，制定户外广告设置规划和安全要求。

户外广告的管理办法，由地方性法规、地方政府规章规定。

第四十二条　有下列情形之一的，不得设置户外广告：

（一）利用交通安全设施、交通标志的。

（二）影响市政公共设施、交通安全设施、交通标志、消防设施、消防安全标志使用的。

（三）妨碍生产或者人民生活，损害市容市貌的。

（四）在国家机关、文物保护单位、风景名胜区等的建筑控制地带，或者县级以上地方人民政府禁止设置户外广告的区域设置的。

第四十三条　任何单位或者个人未经当事人同意或者请求，不得向其住宅、交通工具等发送广告，也不得以电子信息方式向其发送广告。

以电子信息方式发送广告的，应当明示发送者的真实身份和联系方式，并向接收者提供拒绝继续接收的方式。

第四十四条　利用互联网从事广告活动，适用本法的各项规定。

利用互联网发布、发送广告，不得影响用户正常使用网络。在互联网页面以弹出等形式发布的广告，应当显著标明关闭标志，确保一键关闭。

第四十五条 公共场所的管理者或者电信业务经营者、互联网信息服务提供者对其明知或者应知的利用其场所或者信息传输、发布平台发送、发布违法广告的，应当予以制止。

第四章　监督管理

第四十六条 发布医疗、药品、医疗器械、农药、兽药和保健食品广告，以及法律、行政法规规定应当进行审查的其他广告，应当在发布前由有关部门（以下称广告审查机关）对广告内容进行审查；未经审查，不得发布。

第四十七条 广告主申请广告审查，应当依照法律、行政法规向广告审查机关提交有关证明文件。

广告审查机关应当依照法律、行政法规规定做出审查决定，并应当将审查批准文件抄送同级工商行政管理部门。广告审查机关应当及时向社会公布批准的广告。

第四十八条 任何单位或者个人不得伪造、变造或者转让广告审查批准文件。

第四十九条 工商行政管理部门履行广告监督管理职责，可以行使下列职权：

（一）对涉嫌从事违法广告活动的场所实施现场检查。

（二）询问涉嫌违法当事人或者其法定代表人、主要负责人和其他有关人员，对有关单位或者个人进行调查。

（三）要求涉嫌违法当事人限期提供有关证明文件。

（四）查阅、复制与涉嫌违法广告有关的合同、票据、账簿、广告作品和其他有关资料。

（五）查封、扣押与涉嫌违法广告直接相关的广告物品、经营工具、设备等财物。

（六）责令暂停发布可能造成严重后果的涉嫌违法广告。

（七）法律、行政法规规定的其他职权。

工商行政管理部门应当建立健全广告监测制度，完善监测措施，及时发现和依法查处违法广告行为。

第五十条 国务院工商行政管理部门会同国务院有关部门，制定大众传播媒介广告发布行为规范。

第五十一条 工商行政管理部门依照本法规定行使职权，当事人应当协助、配合，不得拒绝、阻挠。

第五十二条 工商行政管理部门和有关部门及其工作人员对其在广告监督管理活动中知悉的商业秘密负有保密义务。

第五十三条 任何单位或者个人有权向工商行政管理部门和有关部门投诉、举报违反本法的行为。工商行政管理部门和有关部门应当向社会公开受理投诉、举报的电话、信箱或者电子邮件地址，接到投诉、举报的部门应当自收到投诉之日起七个工作日内，予以处理并告知投诉、举报人。

工商行政管理部门和有关部门不依法履行职责的，任何单位或者个人有权向其上级机关或者监察机关举报。接到举报的机关应当依法做出处理，并将处理结果及时告知举报人。

有关部门应当为投诉、举报人保密。

第五十四条　消费者协会和其他消费者组织对违反本法规定，发布虚假广告侵害消费者合法权益，以及其他损害社会公共利益的行为，依法进行社会监督。

第五章　法律责任

第五十五条　违反本法规定，发布虚假广告的，由工商行政管理部门责令停止发布广告，责令广告主在相应范围内消除影响，处广告费用三倍以上、五倍以下的罚款，广告费用无法计算或者明显偏低的，处二十万元以上、一百万元以下的罚款；两年内有三次以上违法行为或者有其他严重情节的，处广告费用五倍以上、十倍以下的罚款，广告费用无法计算或者明显偏低的，处一百万元以上、二百万元以下的罚款，可以吊销营业执照，并由广告审查机关撤销广告审查批准文件，一年内不受理其广告审查申请。

医疗机构有前款规定违法行为，情节严重的，除由工商行政管理部门依照本法处罚外，卫生行政部门可以吊销诊疗科目或者吊销医疗机构执业许可证。

广告经营者、广告发布者明知或者应知广告虚假仍设计、制作、代理、发布的，由工商行政管理部门没收广告费用，并处广告费用三倍以上、五倍以下的罚款，广告费用无法计算或者明显偏低的，处二十万元以上、一百万元以下的罚款；两年内有三次以上违法行为或者有其他严重情节的，处广告费用五倍以上、十倍以下的罚款，广告费用无法计算或者明显偏低的，处一百万元以上、二百万元以下的罚款，并可以由有关部门暂停广告发布业务、吊销营业执照、吊销广告发布登记证件。

广告主、广告经营者、广告发布者有本条第一款、第三款规定行为，构成犯罪的，依法追究刑事责任。

第五十六条　违反本法规定，发布虚假广告，欺骗、误导消费者，使购买商品或者接受服务的消费者的合法权益受到损害的，由广告主依法承担民事责任。广告经营者、广告发布者不能提供广告主的真实名称、地址和有效联系方式的，消费者可以要求广告经营者、广告发布者先行赔偿。

关系消费者生命健康的商品或者服务的虚假广告，造成消费者损害的，其广告经营者、广告发布者、广告代言人应当与广告主承担连带责任。

前款规定以外的商品或者服务的虚假广告，造成消费者损害的，其广告经营者、广告发布者、广告代言人，明知或者应知广告虚假仍设计、制作、代理、发布或者做推荐、证明的，应当与广告主承担连带责任。

第五十七条　有下列行为之一的，由工商行政管理部门责令停止发布广告，对广告主处二十万元以上、一百万元以下的罚款，情节严重的，并可以吊销营业执照，由广告审查机关撤销广告审查批准文件、一年内不受理其广告审查申请；对广告经营者、广告发布者，由工商行政管理部门没收广告费用，处二十万元以上、一百万元以下的罚款，情节严重的，并可以吊销营业执照、吊销广告发布登记证件：

（一）发布有本法第九条、第十条规定的禁止情形的广告的。

（二）违反本法第十五条规定发布处方药广告、药品类易制毒化学品广告、戒毒治疗的医疗器械和治疗方法广告的。

（三）违反本法第二十条规定，发布声称全部或者部分替代母乳的婴儿乳制品、饮料和其他食品广告的。

（四）违反本法第二十二条规定发布烟草广告的。

（五）违反本法第三十七条规定，利用广告推销禁止生产、销售的产品或者提供的服务，或者禁止发布广告的商品或者服务的。

（六）违反本法第四十条第一款规定，在针对未成年人的大众传播媒介上发布医疗、药品、保健食品、医疗器械、化妆品、酒类、美容广告，以及不利于未成年人身心健康的网络游戏广告的。

第五十八条 有下列行为之一的，由工商行政管理部门责令停止发布广告，责令广告主在相应范围内消除影响，处广告费用一倍以上、三倍以下的罚款，广告费用无法计算或者明显偏低的，处十万元以上、二十万元以下的罚款；情节严重的，处广告费用三倍以上、五倍以下的罚款，广告费用无法计算或者明显偏低的，处二十万元以上、一百万元以下的罚款，可以吊销营业执照，并由广告审查机关撤销广告审查批准文件，一年内不受理其广告审查申请：

（一）违反本法第十六条规定发布医疗、药品、医疗器械广告的。

（二）违反本法第十七条规定，在广告中涉及疾病治疗功能，以及使用医疗用语或者易使推销的商品与药品、医疗器械相混淆的用语的。

（三）违反本法第十八条规定发布保健食品广告的。

（四）违反本法第二十一条规定发布农药、兽药、饲料和饲料添加剂广告的。

（五）违反本法第二十三条规定发布酒类广告的。

（六）违反本法第二十四条规定发布教育、培训广告的。

（七）违反本法第二十五条规定发布招商等有投资回报预期的商品或者服务广告的。

（八）违反本法第二十六条规定发布房地产广告的。

（九）违反本法第二十七条规定发布农作物种子、林木种子、草种子、种畜禽、水产苗种和种养殖广告的。

（十）违反本法第三十八条第二款规定，利用不满十周岁的未成年人作为广告代言人的。

（十一）违反本法第三十八条第三款规定，利用自然人、法人或者其他组织作为广告代言人的。

（十二）违反本法第三十九条规定，在中小学校、幼儿园内或者利用与中小学生、幼儿有关的物品发布广告的。

（十三）违反本法第四十条第二款规定，发布针对不满十四周岁的未成年人的商品或者服务的广告的。

（十四）违反本法第四十六条规定，未经审查发布广告的。

医疗机构有前款规定违法行为，情节严重的，除由工商行政管理部门依照本法处罚外，卫生行政部门可以吊销诊疗科目或者吊销医疗机构执业许可证。

广告经营者、广告发布者明知或者应知有本条第一款规定违法行为仍设计、制作、代理、发布的，由工商行政管理部门没收广告费用，并处广告费用一倍以上、三倍以下的罚款，广告费用无法计算或者明显偏低的，处十万元以上、二十万元以下的罚款；情节严重的，处广告费用三倍以上、五倍以下的罚款，广告费用无法计算或者明显偏低的，处二十万元以上、一百万元以下的罚款，并可以由有关部门暂停广告发布业务、吊销营业执照、吊销广告发布登记证件。

第五十九条　有下列行为之一的，由工商行政管理部门责令停止发布广告，对广告主处十万元以下的罚款：

（一）广告内容违反本法第八条规定的。

（二）广告引证内容违反本法第十一条规定的。

（三）涉及专利的广告违反本法第十二条规定的。

（四）违反本法第十三条规定，广告贬低其他生产经营者的商品或者服务的。

广告经营者、广告发布者明知或者应知有前款规定违法行为仍设计、制作、代理、发布的，由工商行政管理部门处十万元以下的罚款。

广告违反本法第十四条规定，不具有可识别性的，或者违反本法第十九条规定，变相发布医疗、药品、医疗器械、保健食品广告的，由工商行政管理部门责令改正，对广告发布者处十万元以下的罚款。

第六十条　违反本法第二十九条规定，广播电台、电视台、报刊出版单位未办理广告发布登记，擅自从事广告发布业务的，由工商行政管理部门责令改正，没收违法所得，违法所得一万元以上的，并处违法所得一倍以上、三倍以下的罚款；违法所得不足一万元的，并处五千元以上、三万元以下的罚款。

第六十一条　违反本法第三十四条规定，广告经营者、广告发布者未按照国家有关规定建立、健全广告业务管理制度的，或者未对广告内容进行核对的，由工商行政管理部门责令改正，可以处五万元以下的罚款。

违反本法第三十五条规定，广告经营者、广告发布者未公布其收费标准和收费办法的，由价格主管部门责令改正，可以处五万元以下的罚款。

第六十二条　广告代言人有下列情形之一的，由工商行政管理部门没收违法所得，并处违法所得一倍以上、两倍以下的罚款：

（一）违反本法第十六条第一款第四项规定，在医疗、药品、医疗器械广告中做推荐、证明的。

（二）违反本法第十八条第一款第五项规定，在保健食品广告中做推荐、证明的。

（三）违反本法第三十八条第一款规定，为其未使用过的商品或者未接受过的服务做推荐、证明的。

（四）明知或者应知广告虚假仍在广告中对商品、服务做推荐、证明的。

第六十三条　违反本法第四十三条规定发送广告的，由有关部门责令停止违法行为，对广告主处五千元以上、三万元以下的罚款。

违反本法第四十四条第二款规定，利用互联网发布广告，未显著标明关闭标志、确保一键关闭的，由工商行政管理部门责令改正，对广告主处五千元以上、三万元以下的罚款。

第六十四条 违反本法第四十五条规定，公共场所的管理者和电信业务经营者、互联网信息服务提供者，明知或者应知广告活动违法不予制止的，由工商行政管理部门没收违法所得，违法所得五万元以上的，并处违法所得一倍以上、三倍以下的罚款，违法所得不足五万元的，并处一万元以上、五万元以下的罚款；情节严重的，由有关部门依法停止相关业务。

第六十五条 违反本法规定，隐瞒真实情况或者提供虚假材料申请广告审查的，广告审查机关不予受理或者不予批准，予以警告，一年内不受理该申请人的广告审查申请；以欺骗、贿赂等不正当手段取得广告审查批准的，广告审查机关予以撤销，处十万元以上、二十万元以下的罚款，三年内不受理该申请人的广告审查申请。

第六十六条 违反本法规定，伪造、变造或者转让广告审查批准文件的，由工商行政管理部门没收违法所得，并处一万元以上、十万元以下的罚款。

第六十七条 有本法规定的违法行为的，由工商行政管理部门记入信用档案，并依照有关法律、行政法规规定予以公示。

第六十八条 广播电台、电视台、报刊音像出版单位发布违法广告，或者以新闻报道形式变相发布广告，或者以介绍健康、养生知识等形式变相发布医疗、药品、医疗器械、保健食品广告，工商行政管理部门依照本法给予处罚的，应当通报新闻出版广电部门以及其他有关部门。新闻出版广电部门以及其他有关部门应当依法对负有责任的主管人员和直接责任人员给予处分；情节严重的，并可以暂停媒体的广告发布业务。

新闻出版广电部门以及其他有关部门未依照前款规定对广播电台、电视台、报刊音像出版单位进行处理的，对负有责任的主管人员和直接责任人员，依法给予处分。

第六十九条 广告主、广告经营者、广告发布者违反本法规定，有下列侵权行为之一的，依法承担民事责任：

（一）在广告中损害未成年人或者残疾人的身心健康的。

（二）假冒他人专利的。

（三）贬低其他生产经营者的商品、服务的。

（四）在广告中未经同意使用他人名义或者形象的。

（五）其他侵犯他人合法民事权益的。

第七十条 因发布虚假广告，或者有其他本法规定的违法行为，被吊销营业执照的公司、企业的法定代表人，对违法行为负有个人责任的，自该公司、企业被吊销营业执照之日起三年内不得担任公司、企业的董事、监事、高级管理人员。

第七十一条 违反本法规定，拒绝、阻挠工商行政管理部门监督检查，或者有其他构成违反治安管理行为的，依法给予治安管理处罚；构成犯罪的，依法追究刑事责任。

第七十二条 广告审查机关对违法的广告内容做出审查批准决定的，对负有责任的主管人员和直接责任人员，由任免机关或者监察机关依法给予处分；构成犯罪的，依法追究刑事责任。

第七十三条　工商行政管理部门对在履行广告监测职责中发现的违法广告行为或者对经投诉、举报的违法广告行为，不依法予以查处的，对负有责任的主管人员和直接责任人员，依法给予处分。

工商行政管理部门和负责广告管理相关工作的有关部门的工作人员玩忽职守、滥用职权、徇私舞弊的，依法给予处分。

有前两款行为，构成犯罪的，依法追究刑事责任。

第六章　附　则

第七十四条　国家鼓励、支持开展公益广告宣传活动，传播社会主义核心价值观，倡导文明风尚。

大众传播媒介有义务发布公益广告。广播电台、电视台、报刊出版单位应当按照规定的版面、时段、时长发布公益广告。公益广告的管理办法，由国务院工商行政管理部门会同有关部门制定。

第七十五条　本法自 2015 年 9 月 1 日起施行。

附录二

《药品广告审查标准》

第一条　为了保证药品广告真实、合法、科学，制定本标准。

第二条　发布药品广告，应当遵守《中华人民共和国广告法》《中华人民共和国药品管理法》和《中华人民共和国药品管理法实施条例》《中华人民共和国反不正当竞争法》及国家有关法规。

第三条　下列药品不得发布广告：

（一）麻醉药品、精神药品、医疗用毒性药品、放射性药品。

（二）医疗机构配制的制剂。

（三）军队特需药品。

（四）国家食品药品监督管理总局依法明令停止或者禁止生产、销售和使用的药品。

（五）批准试生产的药品。

第四条　处方药可以在卫生部和国家食品药品监督管理总局共同指定的医学、药学专业刊物上发布广告，但不得在大众传播媒介发布广告或者以其他方式进行以公众为对象的广告宣传。不得以赠送医学、药学专业刊物等形式向公众发布处方药广告。

第五条 处方药名称与该药品的商标、生产企业字号相同的，不得使用该商标、企业字号在医学、药学专业刊物以外的媒介变相发布广告。

不得以处方药名称或者以处方药名称注册的商标以及企业字号为各种活动冠名。

第六条 药品广告内容涉及药品适应证或者功能主治、药理作用等内容的宣传，应当以国务院食品药品监督管理部门批准的说明书为准，不得进行扩大或者恶意隐瞒的宣传，不得含有说明书以外的理论、观点等内容。

第七条 药品广告中必须标明药品的通用名称、忠告语、药品广告批准文号、药品生产批准文号；以非处方药商品名称为各种活动冠名的，可以只发布药品商品名称。

药品广告必须标明药品生产企业或者药品经营企业名称，不得单独出现"咨询热线""咨询电话"等内容。

非处方药广告必须同时标明非处方药专用标识（OTC）。

药品广告中不得以产品注册商标代替药品名称进行宣传，但经批准作为药品商品名称使用的文字型注册商标除外。

已经审查批准的药品广告在广播电台发布时，可不播出药品广告批准文号。

第八条 处方药广告的忠告语是："本广告仅供医学药学专业人士阅读"。

非处方药广告的忠告语是："请按药品说明书或在药师指导下购买和使用"。

第九条 药品广告中涉及改善和增强性功能内容的，必须与经批准的药品说明书中的适应证或者功能主治完全一致。

电视台、广播电台不得在7：00～22：00发布含有上款内容的广告。

第十条 药品广告中有关药品功能疗效的宣传应当科学准确，不得出现下列情形：

（一）含有不科学地表示功效的断言或者保证的。

（二）说明治愈率或者有效率的。

（三）与其他药品的功效和安全性进行比较的。

（四）违反科学规律，明示或者暗示包治百病，适应所有症状的。

（五）含有"安全无毒副作用""毒副作用小"等内容的；含有明示或者暗示中成药为"天然"药品，因而安全性有保证等内容的。

（六）含有明示或者暗示该药品为正常生活和治疗病症所必需等内容的。

（七）含有明示或暗示服用该药能应付现代紧张生活和升学、考试等需要，能够帮助提高成绩、使精力旺盛、增强竞争力、增高、益智等内容的。

（八）其他不科学的用语或者表示，如"最新技术""最高科学""最先进制法"等。

第十一条 非处方药广告不得利用公众对于医药学知识的缺乏，使用公众难以理解和容易引起混淆的医学、药学术语，造成公众对药品功效与安全性的误解。

第十二条 药品广告应当宣传和引导合理用药，不得直接或者间接怂恿任意、过量地购买和使用药品，不得含有以下内容：

（一）含有不科学的表述或者使用不恰当的表现形式，引起公众对所处健康状况和所患疾病产生不必要的担忧和恐惧，或者使公众误解不使用该药品会患某种疾病或加重病情的。

（二）含有免费治疗、免费赠送、有奖销售、以药品作为礼品或者奖品等促销药品内容的。

（三）含有"家庭必备"或者类似内容的。

（四）含有"无效退款""保险公司保险"等保证内容的。

（五）含有评比、排序、推荐、指定、选用、获奖等综合性评价内容的。

第十三条　药品广告不得含有利用医药科研单位、学术机构、医疗机构或者专家、医生、患者的名义和形象做证明的内容。

药品广告不得使用国家机关和国家机关工作人员的名义。

药品广告不得含有军队单位或者军队人员的名义、形象。不得利用军队装备、设施从事药品广告宣传。

第十四条　药品广告不得含有涉及公共信息、公共事件或其他与公共利益相关联的内容，如各类疾病信息、经济社会发展成果或医药科学以外的科技成果。

第十五条　药品广告不得在未成年人出版物和广播电视频道、节目、栏目上发布。

药品广告不得以儿童为诉求对象，不得以儿童名义介绍药品。

第十六条　药品广告不得含有医疗机构的名称、地址、联系办法、诊疗项目、诊疗方法以及有关义诊、医疗（热线）咨询、开设特约门诊等医疗服务的内容。

第十七条　按照本标准第七条规定必须在药品广告中出现的内容，其字体和颜色必须清晰可见、易于辨认。上述内容在电视、电影、互联网、显示屏等媒体发布时，出现时间不得少于 5 秒。

第十八条　违反本标准规定发布的广告，构成虚假广告或者引人误解的虚假宣传的，依照《广告法》第三十七条、《反不正当竞争法》第二十四条处罚。

违反本标准第四条、第五条规定发布药品广告的，依照《广告法》第三十九条处罚。

违反本标准第三条、第六条等规定发布药品广告的，依照《广告法》第四十一条处罚。

违反本标准其他规定发布广告，《广告法》有规定的，依照《广告法》处罚；《广告法》没有具体规定的，对负有责任的广告主、广告经营者、广告发布者，处以一万元以下罚款；有违法所得的，处以违法所得三倍以下但不超过三万元的罚款。

第十九条　本标准自 2007 年 5 月 1 日起施行。1995 年 3 月 28 日国家工商行政管理总局令第 27 号发布的《药品广告审查标准》同时废止。

附录三

《药品广告审查办法》

第一条 为加强药品广告管理，保证药品广告的真实性和合法性，根据《中华人民共和国广告法》（以下简称《广告法》）、《中华人民共和国药品管理法》（以下简称《药品管理法》）和《中华人民共和国药品管理法实施条例》（以下简称《药品管理法实施条例》）及国家有关广告、药品监督管理的规定，制定本办法。

第二条 凡利用各种媒介或者形式发布的广告含有药品名称、药品适应证（功能主治）或者与药品有关的其他内容的，为药品广告，应当按照本办法进行审查。

非处方药仅宣传药品名称（含药品通用名称和药品商品名称）的，或者处方药在指定的医学药学专业刊物上仅宣传药品名称（含药品通用名称和药品商品名称）的，无须审查。

第三条 申请审查的药品广告，符合下列法律法规及有关规定的，方可予以通过审查：

（一）《广告法》。

（二）《药品管理法》。

（三）《药品管理法实施条例》。

（四）《药品广告审查发布标准》。

（五）国家有关广告管理的其他规定。

第四条 省、自治区、直辖市药品监督管理部门是药品广告审查机关，负责本行政区域内药品广告的审查工作。县级以上工商行政管理部门是药品广告的监督管理机关。

第五条 国家食品药品监督管理总局对药品广告审查机关的药品广告审查工作进行指导和监督，对药品广告审查机关违反本办法的行为，依法予以处理。

第六条 药品广告批准文号的申请人必须是具有合法资格的药品生产企业或者药品经营企业。药品经营企业作为申请人的，必须征得药品生产企业的同意。

申请人可以委托代办人代办药品广告批准文号的申办事宜。

第七条 申请药品广告批准文号，应当向药品生产企业所在地的药品广告审查机关提出。

申请进口药品广告批准文号，应当向进口药品代理机构所在地的药品广告审查机关提出。

第八条 申请药品广告批准文号，应当提交《药品广告审查表》，并附与发布内容相一致的样稿（样片、样带）和药品广告申请的电子文件，同时提交以下真实、合法、有效的证明文件：

（一）申请人的《营业执照》复印件。

（二）申请人的《药品生产许可证》或者《药品经营许可证》复印件。

（三）申请人是药品经营企业的，应当提交药品生产企业同意其作为申请人的证明文件原件。

（四）代办人代为申办药品广告批准文号的，应当提交申请人的委托书原件和代办人的营业执照复印件等主体资格证明文件。

（五）药品批准证明文件（含《进口药品注册证》《医药产品注册证》）复印件、批准的说明书复印件和实际使用的标签及说明书。

（六）非处方药品广告需提交非处方药品审核登记证书复印件或相关证明文件的复印件。

（七）申请进口药品广告批准文号的，应当提供进口药品代理机构的相关资格证明文件的复印件。

（八）广告中涉及药品商品名称、注册商标、专利等内容的，应当提交相关有效证明文件的复印件以及其他确认广告内容真实性的证明文件。

提供本条规定的证明文件的复印件，需加盖证件持有单位的印章。

第九条　有下列情形之一的，药品广告审查机关不予受理该企业该品种药品广告的申请：

（一）属于本办法第二十条、第二十二条、第二十三条规定的不受理情形的。

（二）撤销药品广告批准文号行政程序正在执行中的。

第十条　药品广告审查机关收到药品广告批准文号申请后，对申请材料齐全并符合法定要求的，发给《药品广告受理通知书》；申请材料不齐全或者不符合法定要求的，应当当场或者在五个工作日内一次告知申请人需要补正的全部内容；逾期不告知的，自收到申请材料之日起即为受理。

第十一条　药品广告审查机关应当自受理之日起十个工作日内，对申请人提交的证明文件的真实性、合法性、有效性进行审查，并依法对广告内容进行审查。对审查合格的药品广告，发给药品广告批准文号；对审查不合格的药品广告，应当做出不予核发药品广告批准文号的决定，书面通知申请人并说明理由，同时告知申请人享有依法申请行政复议或者提起行政诉讼的权利。

对批准的药品广告，药品广告审查机关应当报国家食品药品监督管理总局备案，并将批准的《药品广告审查表》送同级广告监督管理机关备案。国家食品药品监督管理总局对备案中存在问题药品广告，应当责成药品广告审查机关予以纠正。

对批准的药品广告，药品监督管理部门应当及时向社会予以公布。

第十二条　在药品生产企业所在地和进口药品代理机构所在地以外的省、自治区、直辖市发布药品广告的（以下简称异地发布药品广告），在发布前应当到发布地药品广告审查机关办理备案。

第十三条　异地发布药品广告备案应当提交如下材料：

（一）《药品广告审查表》复印件。

（二）批准的药品说明书复印件。

（三）电视广告和广播广告需提交与通过审查的内容相一致的录音带、光盘或者其他介质载体。

提供本条规定的材料的复印件，需加盖证件持有单位印章。

第十四条 对按照本办法第十二条、第十三条规定提出的异地发布药品广告备案申请，药品广告审查机关在受理备案申请后五个工作日内应当给予备案，在《药品广告审查表》上签注"已备案"，加盖药品广告审查专用章，并送同级广告监督管理机关备查。

备案地药品广告审查机关认为药品广告不符合有关规定的，应当填写《药品广告备案意见书》，交原审批的药品广告审查机关进行复核，并抄报国家食品药品监督管理总局。

原审批的药品广告审查机关应当在收到《药品广告备案意见书》后的五个工作日内，将意见告知备案地药品广告审查机关。原审批的药品广告审查机关与备案地药品广告审查机关意见无法达成一致的，可提请国家食品药品监督管理总局裁定。

第十五条 药品广告批准文号有效期为一年，到期作废。

第十六条 经批准的药品广告，在发布时不得更改广告内容。药品广告内容需要改动的，应当重新申请药品广告批准文号。

第十七条 广告申请人自行发布药品广告的，应当将《药品广告审查表》原件保存两年备查。

广告发布者、广告经营者受广告申请人委托代理、发布药品广告的，应当查验《药品广告审查表》原件，按照审查批准的内容发布，并将该《药品广告审查表》复印件保存两年备查。

第十八条 已经批准的药品广告有下列情形之一的，原审批的药品广告审查机关应当向申请人发出《药品广告复审通知书》，进行复审。复审期间，该药品广告可以继续发布。

（一）国家食品药品监督管理总局认为药品广告审查机关批准的药品广告内容不符合规定的。

（二）省级以上广告监督管理机关提出复审建议的。

（三）药品广告审查机关认为应当复审的其他情形。

经复审，认为与法定条件不符的，收回《药品广告审查表》，原药品广告批准文号作废。

第十九条 有下列情形之一的，药品广告审查机关应当注销药品广告批准文号：

（一）《药品生产许可证》《药品经营许可证》被吊销的。

（二）药品批准证明文件被撤销、注销的。

（三）国家食品药品监督管理总局或者省、自治区、直辖市药品监督管理部门责令停止生产、销售和使用的药品。

第二十条　篡改经批准的药品广告内容进行虚假宣传的，由药品监督管理部门责令立即停止该药品广告的发布，撤销该品种药品广告批准文号，一年内不受理该品种的广告审批申请。

第二十一条　对任意扩大产品适应证（功能主治）范围、绝对化夸大药品疗效、严重欺骗和误导消费者的违法广告，省以上药品监督管理部门一经发现，应当采取行政强制措施，暂停该药品在辖区内的销售，同时责令违法发布药品广告的企业在当地相应的媒体发布更正启事。违法发布药品广告的企业按要求发布更正启事后，省以上药品监督管理部门应当在十五个工作日内做出解除行政强制措施的决定；需要进行药品检验的，药品监督管理部门应当自检验报告书发出之日起十五日内，做出是否解除行政强制措施的决定。

第二十二条　对提供虚假材料申请药品广告审批，被药品广告审查机关在受理审查中发现的，一年内不受理该企业该品种的广告审批申请。

第二十三条　对提供虚假材料申请药品广告审批，取得药品广告批准文号的，药品广告审查机关在发现后应当撤销该药品广告批准文号，并三年内不受理该企业该品种的广告审批申请。

第二十四条　按照本办法第十八条、第十九条、第二十条和第二十三条被收回、注销或者撤销药品广告批准文号的药品广告，必须立即停止发布；异地药品广告审查机关停止受理该企业该药品广告批准文号的广告备案。

药品广告审查机关按照本办法第十八条、第十九条、第二十条和第二十三条收回、注销或者撤销药品广告批准文号的，应当自做出行政处理决定之日起五个工作日内通知同级广告监督管理机关，由广告监督管理机关依法予以处理。

第二十五条　异地发布药品广告未向发布地药品广告审查机关备案的，发布地药品广告审查机关发现后，应当责令限期办理备案手续，逾期不改正的，停止该药品品种在发布地的广告发布活动。

第二十六条　县级以上药品监督管理部门应当对审查批准的药品广告发布情况进行监测检查。对违法发布的药品广告，各级药品监督管理部门应当填写《违法药品广告移送通知书》，连同违法药品广告样件等材料，移送同级广告监督管理机关查处；属于异地发布篡改经批准的药品广告内容的，发布地药品广告审查机关还应当向原审批的药品广告审查机关提出依照《药品管理法》第九十二条、本办法第二十条撤销药品广告批准文号的建议。

第二十七条　对发布违法药品广告，情节严重的，省、自治区、直辖市药品监督管理部门予以公告，并及时上报国家食品药品监督管理总局，国家食品药品监督管理总局定期汇总发布。

对发布虚假违法药品广告情节严重的，必要时，由国家工商行政管理总局会同国家食品药品监督管理总局联合予以公告。

第二十八条　对未经审查批准发布的药品广告，或者发布的药品广告与审查批准的内容不一致的，广告监督管理机关应当依据《广告法》第四十三条规定予以处罚；构成虚假广告或者引人误解的虚假宣传的，广告监督管理机关依据《广告法》第三十七条、《反不正当竞争法》第二十四条规定予以处罚。

广告监督管理机关在查处违法药品广告案件中，涉及药品专业技术内容需要认定的，应当将需要认定的内容通知省级以上药品监督管理部门，省级以上药品监督管理部门应在收到通知书后的十个工作日内将认定结果反馈广告监督管理机关。

第二十九条 药品广告审查工作人员和药品广告监督工作人员应当接受《广告法》《药品管理法》等有关法律法规的培训。药品广告审查机关和药品广告监督管理机关的工作人员玩忽职守、滥用职权、徇私舞弊的，给予行政处分。构成犯罪的，依法追究刑事责任。

第三十条 药品广告批准文号为"X 药广审（视）第 0000000000 号""X 药广审（声）第 0000000000 号""X 药广审（文）第 0000000000 号"。其中"X"为各省、自治区、直辖市的简称。"0"为由 10 位数字组成，前 6 位代表审查年月，后 4 位代表广告批准序号。"视""声""文"代表用于广告媒介形式的分类代号。

第三十一条 本办法自 2007 年 5 月 1 日起实施。1995 年 3 月 22 日国家工商行政管理局、卫生部发布的《药品广告审查办法》（国家工商行政管理总局令第 25 号）同时废止。

附录四

《医疗器械广告审查标准》

第一条 为了保证医疗器械广告的真实、合法、科学，制定本标准。

第二条 发布医疗器械广告，应当遵守《中华人民共和国广告法》（以下简称《广告法》）、《中华人民共和国反不正当竞争法》（以下简称《反不正当竞争法》）、《医疗器械监督管理条例》及国家有关规定。

第三条 下列产品不得发布广告：

（一）食品药品监督管理部门依法明令禁止生产、销售和使用的医疗器械产品。

（二）医疗机构研制的在医疗机构内部使用的医疗器械。

第四条 医疗器械广告中有关产品名称、适用范围、性能结构及组成、作用机理等内容应当以食品药品监督管理部门批准的产品注册证明文件为准。

第五条 医疗器械产品注册证明文件中有禁忌内容、注意事项的，应在广告中标明"禁忌内容或注意事项详见说明书"。

第六条 医疗器械广告中必须标明经批准的医疗器械名称、医疗器械生产企业名称、医疗器械注册证号、医疗器械广告批准文号。

经审批的医疗器械广告在广播电台发布时，可以不播出医疗器械广告批准文号。

仅出现医疗器械产品名称的，不受前款限制，但应标明医疗器械注册证号。

第七条　医疗器械广告中不得以任何非医疗器械产品名称代替医疗器械产品名称进行宣传。

第八条　推荐给个人使用的医疗器械产品广告，必须标明"请仔细阅读产品说明书或在医务人员的指导下购买和使用"。

第九条　医疗器械广告中涉及改善和增强性功能内容的，必须与经批准的医疗器械注册证明文件中的适用范围完全一致，不得出现表现性器官的内容。

报纸头版、期刊封面不得发布含有前款内容的广告。电视台、广播电台不得在7：00～22：00发布含有前款内容的广告。

第十条　医疗器械广告中有关适用范围和功效等内容的宣传应当科学准确，不得出现下列情形：

（一）含有表示功效的断言或者保证的。

（二）说明有效率和治愈率的。

（三）与其他医疗器械产品、药品或其他治疗方法的功效和安全性对比。

（四）在向个人推荐使用的医疗器械广告中，利用消费者缺乏医疗器械专业、技术知识和经验的弱点，使用超出产品注册证明文件以外的专业化术语或不科学的用语描述该产品的特征或作用机理。

（五）含有无法证实其科学性的所谓"研究发现""实验或数据证明"等方面的内容。

（六）违反科学规律，明示或暗示包治百病、适应所有症状的。

（七）含有"安全""无毒副作用""无效退款""无依赖""保险公司承保"等承诺性用语，含有"唯一""精确""最新技术""最先进科学""国家级产品""填补国内空白"等绝对化或排他性的用语。

（八）声称或暗示该医疗器械为正常生活或治疗病症所必需等内容的。

（九）含有明示或暗示该医疗器械能应付现代紧张生活或升学、考试的需要，能帮助改善或提高成绩，能使精力旺盛、增强竞争力、能增高、能益智等内容的。

第十一条　医疗器械广告应当宣传和引导合理使用医疗器械，不得直接或间接怂恿公众购买使用，不得含有以下内容：

（一）含有不科学的表述或者通过渲染、夸大某种健康状况或者疾病所导致的危害，引起公众对所处健康状况或所患疾病产生担忧和恐惧，或使公众误解不使用该产品会患某种疾病或加重病情的。

（二）含有"家庭必备"或者类似内容的。

（三）含有评比、排序、推荐、指定、选用、获奖等综合性评价内容的。

（四）含有表述该产品处于"热销""抢购""试用"等的内容。

第十二条　医疗器械广告中不得含有利用医药科研单位、学术机构、医疗机构或者专家、医生、患者的名义和形象做证明的内容。

医疗器械广告中不得含有军队单位或者军队人员的名义、形象。不得利用军队装备、设施从事医疗器械广告宣传。

第十三条 医疗器械广告不得含有涉及公共信息、公共事件或其他与公共利益相关联的内容，如各类疾病信息、经济社会发展成果或医疗科学以外的科技成果。

第十四条 医疗器械广告中不得含有医疗机构的名称、地址、联系办法、诊疗项目、诊疗方法以及有关义诊、医疗（热线）咨询、开设特约门诊等医疗服务的内容。

第十五条 医疗器械广告不得在未成年人出版物和频道、节目、栏目上发布。

医疗器械广告不得以儿童为诉求对象，不得以儿童的名义介绍医疗器械。

第十六条 按照本标准第六条规定必须在医疗器械广告中出现的内容，其字体和颜色必须清晰可见、易于辨认。上述内容在电视、互联网、显示屏等媒体发布时，出现时间不得少于5秒。

第十七条 违反本标准规定发布的广告，构成虚假广告或者引人误解的虚假宣传的，依照《广告法》或者《反不正当竞争法》有关规定予以处罚。

违反本标准第三条、第四条等规定发布的医疗器械广告，依照《广告法》第四十一条处罚。

违反本标准其他规定发布广告，《广告法》《反不正当竞争法》有规定的，依照《广告法》处罚；《广告法》《反不正当竞争法》没有具体规定的，对负有责任的广告主、广告经营者、广告发布者，处以一万元以下罚款；有违法所得的，处以违法所得三倍以下但不超过三万元的罚款。

第十八条 本标准自2009年5月20日起施行。1995年3月3日国家工商行政管理总局发布的《医疗器械广告审查标准》同时废止。

附录五

《医疗器械广告审查办法》

第一条 为加强医疗器械广告管理，保证医疗器械广告的真实性和合法性，根据《中华人民共和国广告法》（以下简称《广告法》）、《中华人民共和国反不正当竞争法》、《医疗器械监督管理条例》以及国家有关广告、医疗器械监督管理的规定，制定本办法。

第二条 通过一定媒介和形式发布的广告含有医疗器械名称、产品适用范围、性能结构及组成、作用机理等内容的，应当按照本办法进行审查。

仅宣传医疗器械产品名称的广告无须审查，但在宣传时应当标注医疗器械注册证号。

　　第三条　申请审查的医疗器械广告，符合下列法律法规及有关规定的，方可予以通过审查：

　　（一）《广告法》。

　　（二）《医疗器械监督管理条例》。

　　（三）《医疗器械广告审查发布标准》。

　　（四）国家有关广告管理的其他规定。

　　第四条　省、自治区、直辖市药品监督管理部门是医疗器械广告审查机关，负责本行政区域内医疗器械广告审查工作。

　　县级以上工商行政管理部门是医疗器械广告监督管理机关。

　　第五条　国家食品药品监督管理总局对医疗器械广告审查机关的医疗器械广告审查工作进行指导和监督，对医疗器械广告审查机关违反本办法的行为，依法予以处理。

　　第六条　医疗器械广告批准文号的申请人必须是具有合法资格的医疗器械生产企业或者医疗器械经营企业。医疗器械经营企业作为申请人的，必须征得医疗器械生产企业的同意。

　　申请人可以委托代办人代办医疗器械广告批准文号的申办事宜。代办人应当熟悉国家有关广告管理的相关法律、法规及规定。

　　第七条　申请医疗器械广告批准文号，应当向医疗器械生产企业所在地的医疗器械广告审查机关提出。

　　申请进口医疗器械广告批准文号，应当向《医疗器械注册登记表》中列明的代理人所在地的医疗器械广告审查机关提出；如果该产品的境外医疗器械生产企业在境内设有组织机构的，则向该组织机构所在地的医疗器械广告审查机关提出。

　　第八条　申请医疗器械广告批准文号，应当填写《医疗器械广告审查表》，并附与发布内容相一致的样稿（样片、样带）和医疗器械广告电子文件，同时提交以下真实、合法、有效的证明文件：

　　（一）申请人的《营业执照》复印件。

　　（二）申请人的《医疗器械生产企业许可证》或者《医疗器械经营企业许可证》复印件。

　　（三）申请人是医疗器械经营企业的，应当提交医疗器械生产企业同意其作为申请人的证明文件原件。

　　（四）代办人代为申办医疗器械广告批准文号的，应当提交申请人的委托书原件和代办人营业执照复印件等主体资格证明文件。

　　（五）医疗器械产品注册证书（含《医疗器械注册证》《医疗器械注册登记表》等）的复印件。

　　（六）申请进口医疗器械广告批准文号的，应当提供《医疗器械注册登记表》中列明的代理人或者境外医疗器械生产企业在境内设立的组织机构的主体资格证明文件复印件。

　　（七）广告中涉及医疗器械注册商标、专利、认证等内容的，应当提交相关有效证明文件的复印件及其他确认广告内容真实性的证明文件。

提供本条规定的证明文件的复印件，需证件持有人签章确认。

第九条 有下列情形之一的，医疗器械广告审查机关不予受理该企业该品种医疗器械广告的申请：

（一）属于本办法第十七条、第十九条、第二十条规定的不受理情形的。

（二）撤销医疗器械广告批准文号行政程序正在执行中的。

第十条 医疗器械广告审查机关收到医疗器械广告批准文号申请后，对申请材料齐全并符合法定要求的，发给《医疗器械广告受理通知书》；申请材料不齐全或者不符合法定要求的，应当当场或者在五个工作日内一次告知申请人需要补正的全部内容；逾期不告知的，自收到申请材料之日起即为受理。

第十一条 医疗器械广告审查机关应当自受理之日起二十个工作日内，依法对广告内容进行审查。对审查合格的医疗器械广告，发给医疗器械广告批准文号；对审查不合格的医疗器械广告，应当做出不予核发医疗器械广告批准文号的决定，书面通知申请人并说明理由，同时告知申请人享有依法申请行政复议或者提起行政诉讼的权利。

对批准的医疗器械广告，医疗器械广告审查机关应当报国家食品药品监督管理总局备案。国家食品药品监督管理总局对备案中存在问题的医疗器械广告，应当责成医疗器械广告审查机关予以纠正。

对批准的医疗器械广告，药品监督管理部门应当通过政府网站向社会予以公布。

第十二条 医疗器械广告批准文号有效期为一年。

第十三条 经批准的医疗器械广告，在发布时不得更改广告内容。医疗器械广告内容需要改动的，应当重新申请医疗器械广告批准文号。

第十四条 医疗器械广告申请人自行发布医疗器械广告的，应当将《医疗器械广告审查表》原件保存两年备查。

广告发布者、广告经营者受广告申请人委托代理、发布医疗器械广告的，应当查验《医疗器械广告审查表》原件，按照审查批准的内容发布，并将该《医疗器械广告审查表》复印件保存两年备查。

第十五条 已经批准的医疗器械广告，有下列情形之一的，原审批的医疗器械广告审查机关进行复审。复审期间，该医疗器械广告可以继续发布：

（一）国家食品药品监督管理总局认为医疗器械广告审查机关批准的医疗器械广告内容不符合规定的。

（二）省级以上广告监督管理机关提出复审建议的。

（三）医疗器械广告审查机关认为应当复审的其他情形。

经复审，认为医疗器械广告不符合法定条件的，医疗器械广告审查机关应当予以纠正，收回《医疗器械广告审查表》，该医疗器械广告批准文号作废。

第十六条 有下列情形之一的，医疗器械广告审查机关应当注销医疗器械广告批准文号：

（一）医疗器械广告申请人的《医疗器械生产企业许可证》《医疗器械经营企业许

可证》被吊销的。

（二）医疗器械产品注册证书被撤销、吊销、注销的。

（三）药品监督管理部门责令终止生产、销售和使用的医疗器械。

（四）其他法律、法规规定的应当注销行政许可的情况。

第十七条　篡改经批准的医疗器械广告内容进行虚假宣传的，由药品监督管理部门责令立即停止该医疗器械广告的发布，撤销该企业该品种的医疗器械广告批准文号，一年内不受理该企业该品种的广告审批申请。

第十八条　向个人推荐使用的医疗器械广告中含有任意扩大医疗器械适用范围、绝对化夸大医疗器械疗效等严重欺骗和误导消费者内容的，省级以上药品监督管理部门一经发现，应当采取行政强制措施，在违法发布广告的企业消除不良影响前，暂停该医疗器械产品在辖区内的销售。

违法发布广告的企业如果申请解除行政强制措施，必须在相应的媒体上发布《更正启事》，且连续刊播不得少于三天；同时向做出行政强制措施决定的药品监督管理部门提供如下材料：

（一）发布《更正启事》的媒体原件或光盘。

（二）违法发布医疗器械广告企业的整改报告。

（三）解除行政强制措施的申请。

做出行政强制措施决定的药品监督管理部门在收到违法发布医疗器械广告企业提交的材料后，在十五个工作日内做出是否解除行政强制措施的决定。

第十九条　对提供虚假材料申请医疗器械广告审批，被医疗器械广告审查机关发现的，一年内不受理该企业该品种的广告审批申请。

第二十条　对提供虚假材料申请医疗器械广告审批，取得医疗器械广告批准文号的，医疗器械广告审查机关在发现后应当撤销该医疗器械广告批准文号，并在三年内不受理该企业该品种的广告审批申请。

第二十一条　按照本办法第十五条、第十六条、第十七条、第二十条收回、注销或者撤销医疗器械广告批准文号的医疗器械广告，必须立即停止发布。

医疗器械广告审查机关按照本办法第十五条、第十六条、第十七条、第二十条收回、注销或者撤销医疗器械广告批准文号的，应当及时报国家食品药品监督管理总局，同时在做出行政处理决定之日起五个工作日内通知同级广告监督管理机关。该广告继续发布的，由广告监督管理机关依法予以处理。

第二十二条　药品监督管理部门应当对审查批准的医疗器械广告发布情况进行监测检查。对违法发布的医疗器械广告，药品监督管理部门填写《违法医疗器械广告移送通知书》，连同违法医疗器械广告等样件，移送同级广告监督管理机关查处。

属于异地发布篡改经批准的医疗器械广告内容的，发布地医疗器械广告审查机关还应当向原审批的医疗器械广告审查机关提出依照本办法第十七条撤销医疗器械广告批准文号的建议。

第二十三条　对违法发布的医疗器械广告情节严重的，省、自治区、直辖市药品监督管理部门应当定期予以公告，并及时上报国家食品药品监督管理总局，由国家食品药品监督管理总局汇总发布。

对发布虚假医疗器械广告情节严重的，必要时，由国家工商行政管理总局会同国家食品药品监督管理总局联合予以公告。

第二十四条 未经审查批准发布的医疗器械广告以及发布的医疗器械广告与审查批准的内容不一致的，广告监督管理机关应当依据《广告法》第四十三条规定予以处罚；构成虚假广告或者引人误解的虚假宣传的，广告监督管理机关应当依照《广告法》或者《中华人民共和国反不正当竞争法》有关规定予以处罚。

第二十五条 广告监督管理机关查处违法医疗器械广告案件，涉及医疗器械专业技术内容需要认定的，应当将需要认定的内容通知省级以上药品监督管理部门，省级以上药品监督管理部门应当在收到通知书后的十个工作日内将认定的结果反馈广告监督管理机关。

第二十六条 医疗器械广告审查工作人员和广告监督管理工作人员应当接受《广告法》《医疗器械监督管理条例》等有关法律法规的培训。医疗器械广告审查机关和广告监督管理机关的工作人员玩忽职守、滥用职权、徇私舞弊的，应当按照有关规定给予行政处分；构成犯罪的，依法追究刑事责任。

第二十七条 医疗器械广告批准文号为"X 医械广审（视）第 0000000000 号""X 医械广审（声）第 0000000000 号""X 医械广审（文）第 0000000000 号"。其中"X"为各省、自治区、直辖市的简称；"0"由 10 位数字组成，前 6 位代表审查的年月，后 4 位代表广告批准的序号。"视""声""文"代表用于广告媒介形式的分类代号。

第二十八条 本办法自 2009 年 5 月 20 日起施行。1995 年 3 月 8 日发布的《医疗器械广告审查办法》（国家工商行政管理总局、国家中医药管理局令第 24 号）同时废止。